Stephan Cinkl | Uwe Uhlendorff
Sozialpädagogische Familiendiagnosen

Stephan Cinkl | Uwe Uhlendorff

# Sozialpädagogische Familiendiagnosen

## Deutungsmuster familiärer Belastungssituationen und erzieherischer Notlagen in der Jugendhilfe

3., überarbeitete und erweiterte Auflage

BELTZ JUVENTA

Die Autoren

Stephan Cinkl, Jg. 1963, Dipl.-Psychologe, Freiberuflich tätig als Fortbildner, Supervisor, Familientherapeut und Praxisforscher. Seine Arbeitsschwerpunkte sind Sozialpädagogische Diagnosen für Kinder, Jugendliche und Familien, Kindeswohlgefährdung und „Systemsprenger".

Uwe Uhlendorff, Dr. disc. pol., Jg. 1961, ist Professor am Institut für Sozialpädagogik, Erwachsenenbildung und Pädagogik der frühen Kindheit der Universität Dortmund. Seine Arbeitsschwerpunkte sind Sozialpädagogik und Fachdidaktik der Sozialpädagogik.



MIX
Papier aus verantwortungsvollen Quellen
FSC® C089473
FSC www.fsc.org

Dieses Buch ist erhältlich als:
ISBN 978-3-7799-6350-9 Print
ISBN 978-3-7799-5656-3 E-Book (PDF)

3., überarbeitete und erweiterte Auflage 2021


in der Verlagsgruppe Beltz · Weinheim Basel
Werderstraße 10, 69469 Weinheim


Herstellung: Ulrike Poppel
Satz: Helmut Rohde, Euskirchen
Druck und Bindung: Beltz Grafische Betriebe, Bad Langensalza
Printed in Germany

Weitere Informationen zu unseren Autor_innen und Titeln finden Sie unter: www.beltz.de

# Vorwort zur 3., überarbeiteten und erweiterten Auflage

Mittlerweile sind fast 15 Jahre seit dem Erscheinen der ersten Auflage der „Sozialpädagogischen Familiendiagnosen" im Jahr 2006 vergangen. In der Zwischenzeit konnte das damals von uns entwickelte Diagnoseverfahren in zahlreichen sozialpädagogischen Einrichtungen in Deutschland und in Österreich implementiert werden. Auch liegt eine umfangreiche Evaluation des Diagnoseansatzes vor (Cinkl/Krause 2012). Die Ergebnisse der Evaluation bestätigten uns darin, den Ansatz in der Praxis weiterzuverbreiten. Nach wie vor, das zeigt die hohe Beteiligung an den jährlich von uns angebotenen Fortbildungen, sind Praktiker*innen an der Umsetzung der Methode in ihren Arbeitsfeldern interessiert. Die Sozialpädagogische Familiendiagnose gehört mittlerweile in vielen Einrichtungen zum Standardrepertoire der Sozialen Arbeit mit Eltern, Kindern und Jugendlichen.

Die Ergebnisse der von uns in den „Sozialpädagogischen Familiendiagnosen" vorgelegten Forschungsstudie warf in der Fachöffentlichkeit die Frage auf, ob die eruierten Deutungsmuster und Typen spezifisch seien für Familien, die Hilfe zur Erziehung in Anspruch nehmen. Unsere Antwort lautet: ‚teils teils'. Die Langzeitstudie zur Alltagsbewältigung von Familien (2014–2016), die ein breiteres Sample an Familien umfasste, belegt, dass Familien, die keine Hilfen zur Erziehung in Anspruch nehmen, ähnliche Deutungsmuster, Konflikt- und Aufgabenstellungen thematisieren (Euteneuer/Uhlendorff 2020). Im Vergleich der beiden Studien zeigt sich, dass die von uns 2006 beschriebenen Typen von Selbstdeutungen immer noch aktuell sind.

Bei dem vorliegenden Buch handelt es sich um eine überarbeitete und erweiterte Fassung der ersten Auflage. Das Kapitel 7 ist völlig neu geworden: Wir stellen hier die theoretisch relevanten Handlungsmaximen der Sozialpädagogischen Familiendiagnose vor unter Einbeziehung des Fachdiskurses (was wir in der ersten Auflage vernachlässigt hatten und deshalb auch kritisiert wurde). Gleichzeitig verweisen wir auf wichtige Ergebnisse der Evaluation (7.1). Die Diagnose-Methode hat sich seit dem Erscheinen der ersten Auflage leicht verändert, nicht zuletzt dank der Evaluation. Wir stellen in Kapitel 7.2 die Diagnoseschritte und den Diagnoseverlauf dar, so wie er zurzeit praktiziert und in den Fortbildungen vermittelt wird. In Kapitel 7.3 schließlich folgen zwei Beispiele von Familiendiagnosen aus der Praxis.

Wir haben uns entschlossen, die Darstellung des Forschungsstandes im ersten Kapitel unverändert zu lassen. Grund dafür ist, dass hier dem Leser, der Leserin nochmals deutlich wird, warum wir damals das Forschungsprojekt durchgeführt und auf welche Forschungslücken wir seinerzeit Bezug genommen haben. Stattdessen haben wir in Kapitel 7 den neueren Forschungs- und Fachdiskussionsstand aufgearbeitet. Selbstredend nehmen wir auch im Ausblick im Schlusskapitel auf die aktuellen Entwicklungen Bezug und entwickeln Perspektiven für neue Arbeitsfelder und für eine Weiterentwicklung der Sozialpädagogischen Familiendiagnose.

Dortmund und Strausberg, Februar 2021
*Stephan Cinkl und Uwe Uhlendorff*

# Danksagung

Die vorliegende Untersuchung war das Ergebnis einer Kooperation der Universität Kassel, der Internationalen Gesellschaft für erzieherische Hilfen (IGfH), der Universität Osnabrück, dem Brandenburgischen Institut für Familientherapie, der Alida Schmidt-Stiftung Hamburg und der Universität Dortmund. Das Projekt und das vorliegende Buch wären ohne die großzügige finanzielle Unterstützung der Stiftung Deutsche Jugendmarke e.V. und eines Zuschusses des Landes Brandenburg nicht durchführbar gewesen.

An dieser Stelle möchten wir uns bei den Familien bedanken, die uns offen und bereitwillig von ihrem Leben, ihrem Alltag und von ihren Nöten und Wünschen berichtet haben. Folgende Einrichtungen haben uns bei der Realisierung der Interviews tatkräftig unterstützt:

- AKGG (Arbeitskreis gemeindenahe Gesundheitsversorgung gGmbH, Regionalteams Kassel, Schwalm-Eder, Werra-Meißner und Georg-Büchner-Schule),
- Jugendamt der Stadt Kassel,
- St. Elisabeth-Verein e.V. Marburg-Biedenkopf,
- Evangelische Jugendhilfe Obernjesa e.V.,
- Alida Schmidt-Stiftung Hamburg,
- Jugendamt Osnabrück (Stadt und Landkreis),
- Märkisches Sozial- und Bildungswerk Eisenhüttenstadt,
- Märkisches Sozial- und Bildungswerk Erkner,
- Kinderland e.V. Liebenwalde,
- Flexible Jugendarbeit Frankfurt/Oder e.V. und Jugendamt der Stadt Frankfurt,
- Diakonie Fürstenwalde,
- Schule für Erziehungshilfe Bernau,
- WIBB GmbH Rüdersdorf (Belinda Doberekşky),
- Chance e.V. Neuenhagen,
- Jugendamt Landkreis Elbe-Elster.

Die Mitarbeiter dieser Einrichtungen haben sich über ihre Arbeitszeit hinaus für das Projekt engagiert. Klaus Münstermann, Karina Schwermann und Susanne Nadapdap (Universität Osnabrück) sowie Michael Kluttig und Martina Feistritzer (Alida Schmidt-Stiftung Hamburg) waren an der Interviewerhebung und -auswertung wesentlich beteiligt. Unser besonderer Dank gilt Wolfgang Trede, dem ehemaligen Geschäftsführer der Internationalen Gesellschaft, der uns überhaupt zu dieser Untersuchung angeregt hat und uns die geschäftlichen Angelegenheiten abgenommen hat. Josef Koch hat diese Aufgaben weitergeführt und uns über weite Strecken auch inhaltlich beraten. Er hat uns über manche Fallstricke hinweggeholfen. Auch Xenia Spernau (IGfH) stand dem Projekt beratend und als Organisatorin zur Seite. Klaus Wolf (Universität Siegen) und Werner Freigang (FH Neubrandenburg) haben das Projekt im Sinne eines wissenschaftlichen Beirats kritisch begleitet. Martin Hoffmann vom sozialpädagogischen Fortbildungswerk Brandenburg hat mit dafür gesorgt, dass die Ergebnissen der Fachöffentlichkeit vorgestellt werden konnten.

Wir danken Jens Bukowski und Erwin Lautsch (Universität Kassel) für die Beratung bei der statistischen Auswertung und Jens Maienschein, Kerstin Rudolph, Nicole Andernach sowie Oliver Pfankuch, die als studentische Hilfekräfte uns bei der Erhebung und Auswertung tatkräftig zur Seite standen. Die Studenten und Studentinnen an der Universität Kassel und der Universität Dortmund haben in den Begleitseminaren die schwierige Aufgabe gehabt, die Interviews zu deuten.

Unser Dank gilt auch Christina Brekau, Stephanie Spanu, Christoph Spenner und Nicole Rosenbauer (Universität Dortmund), die das Buchmanuskript betreut und ihm den letzten Schliff gegeben haben.

# Inhalt

# 1. Familien in der Jugendhilfe: Sozialpädagogische Diagnosen familiärer Notlagen und Hilfekonzepte – Zum Konzept der Studie

## 1.1 Die Fragestellung der Untersuchung

Seit dem In-Kraft-Treten des Kinder- und Jugendhilfegesetzes Anfang der 1990er Jahre sind die Jugendämter in der Bundesrepublik Deutschland dazu verpflichtet, bei Hilfen zur Erziehung, die sich über einen längeren Zeitraum erstrecken, Hilfepläne zu erstellen. Die Entscheidung über die im Einzelfall angezeigte Hilfeart soll im Zusammenwirken mehrerer Fachkräfte getroffen werden. Auf der Grundlage einer fachlichen Teameinschätzung des Hilfebedarfs sollen sie dann gemeinsam mit den betroffenen Eltern und Jugendlichen einen Hilfeplan aufstellen, der Feststellungen des erzieherischen Bedarfs und die Ziele der in Aussicht gestellten Hilfe enthält. Im Unterschied zu früher spielt die Mitwirkung der Eltern und Jugendlichen bei der Hilfeplanung eine bedeutende Rolle.

In den 90er Jahren entwickelten die Jugendämter, teilweise in Zusammenarbeit mit Wissenschaftlern, Modelle der Hilfeplanung, die die Mitwirkung der Eltern und Jugendlichen, aber auch die Entscheidungsfindung im Fachteam berücksichtigten (vgl. Uhlendorff 2002). Untersuchungen zeigen, dass das Gelingen der Hilfeplanung unter Mitwirkung der Eltern und Kinder u. a. von drei Faktoren abhängt: Eine produktive Zusammenarbeit zwischen Jugendamtsmitarbeitern und Klienten kann zumeist nur dann realisiert werden, wenn die Eltern noch die Kontrolle über ihre Lebensführung haben, wenn also die Alltagsbewältigung noch einigermaßen funktioniert, und wenn sich ein Vertrauensverhältnis zwischen Fachkraft und Betroffenen entwickeln konnte. Eine aktive Beteiligung der Betroffenen hängt auch davon ab, ob die Eltern in der Beratungsphase genügend informiert worden sind, ihr Bild des Jugendamtes als eine Eingriffsbehörde revidieren und sich tatsächlich als Leistungsberechtigte definieren konnten (Sander 1996, S. 195). Es zeigte sich aber, dass besonders belastete Familien und Jugendliche mit dieser auch als Aushandlungsmodell bezeichneten gemeinsamen Hilfeplanung überfordert sind. Nach den einschlägigen Untersuchungen zur Umsetzung der Hilfeplanung (§ 36 SGB VIII) in der Jugendamtspraxis in Deutschland gelang bei schätzungsweise 10 bis 20 Prozent der Familien, denen Hilfen zur Erziehung in Aussicht gestellt werden, die Hilfeplanung nur unzureichend (vgl. Schefold/Glinka u. a. 1998, Soest 1998). Oft haben die Helfer andere Sichtweisen als die Adressaten, so dass es zu keiner gemeinsamen Situationsdefinition kommt. Eine bekannte Studie des Verbandes katholischer Einrichtungen der Heim- und Heilpädagogik (1995) kommt zu dem Ergebnis, dass die („häufig treffenden") Problembeschreibungen von Eltern in der Hilfeplanung oft nicht angemessen berücksichtigt würden. Dies sei mit dem „sozioökonomischen Hintergrund" der Eltern verbunden: „Je höher er ist, um so angemessenere Maßnahmen können die Eltern für ihre Kinder durchsetzen" (S. 94 f). Teilweise sind die Problemlagen dieser psychosozial schwer belasteten Familien so komplex und für die Fachkräfte des Jugendamts so undurchsichtig, dass die Entscheidung für eine geeignete Hilfeart im Fachteam sehr schwer fällt. Daraus lässt sich folgern, dass zumindest bei diesen Familien eine genauere Abklärung der Lebens- und Problemlage durch Diagnosen angebracht ist. Im Zuge der Sozialraumorientierung und der Flexibilisierung der erzieherischen Hilfen erscheint eine präzise Fallabklärung in der Falleingangsphase notwendig.

Allerdings werden in den Jugendämtern, bis auf wenige Ausnahmen, keine familienbezogenen sozialpädagogischen Diagnosemethoden angewendet, welche das Fallverstehen erleichtern und dem Partizipationsgedanken des KJHG gerecht werden. Die in einigen Jugendämtern gebräuchliche psychosoziale Diagnose ist, da es sich im Wesentlichen um einen psychologischen Ansatz handelt, zu wenig auf sozialpädagogische Aufgabenstellungen im Erziehungsalltag bezogen. Für die Entscheidung über die Hilfeart ist sie zwar sehr nützlich, die Selbstdeutungen der Familienmitglieder werden aber bei diesem Ansatz für die pädagogische Aufgabenfindung nicht ausreichend berücksichtigt.

Die Sozialpädagogik hat die oben genannten Schwierigkeiten erkannt. In letzten Jahren sind einige Publikationen erschienen, welche die Bedeutung sozialpädagogischer Diagnosen bzw. Fallanalysen diskutieren sowie Konzepte und Methoden sozialpädagogischen Verstehens in Forschung und Praxis aufzeigen (Jakob/Wensierski 1997, Peters 1999, Ader/Schrapper u. a. 2001, Heiner 2004). Die Probleme und Aufgaben vor denen die Sozialpädagogik steht, werden dabei deutlich erkennbar: Es fehlen nicht nur praxistaugliche sozialpädagogische Familiendiagnoseverfahren, es mangelt auch an einer Grundlagenforschung zur Situation von psychosozial belasteten Familien, auf die eine solche Diagnostik aufbauen könnte.

Die Erforschung von Problemlagen von Familien in der Jugendhilfe unter sozialpädagogischer Perspektive befindet sich noch in den Anfängen; dies wird auch im Elften Kinder- und Jugendbericht beklagt (BMFSFJ 2002, S. 130). Die sozialwissenschaftliche Forschung hat sich in den vergangenen Jahren aus guten Gründen in erster Linie auf die Untersuchung von Familien in Armutslagen konzentriert (vgl. Eggen 1998, Hock/Holz/Wüstendörfer 2000, Weiß 2000, Hauser/Hübinger 1993, vgl. auch die Beiträge von Otto, Neuberger und Joos in

Otto 1997). Einige dieser Studien unterbreiten Typologien von problematischen Familienphasen oder Familiensituationen, bezogen auf Armutslagen. Die gefolgerten Handlungsansätze sind sozialpädagogisch angelegt, bleiben aber sehr allgemein (vgl. Eggen 1998, S. 89–113; Hock/Holz/Wüstendörfer 2000, S. 139–157). Überlegungen im Hinblick auf eine Typologie von Familien in der Jugendhilfe finden sich auch in der Untersuchung von Allert/Bieback-Diel u. a. (1994). Die Studie ist insofern vorbildlich, als sie auf einem hermeneutischen, lebensweltorientierten Ansatz beruht und die Tiefenschichten familiärer Problemgenesen auslotet. Allerdings bezieht sich die Typologie im Wesentlichen auf Herkunftsmilieus (Mittelschicht, ländliche Unterschicht, traditionelle Unterschicht, traditionell randständige Milieus). Die Autoren kommen zu zwei Haupttypen von Problemgenesen: (1) Die familiäre Problemlage als Ausdruck psychischer Abweichung, (2) die Familie als Modernisierungsverlierer bzw. -verweigerer. Die Studie liefert aus soziologischer Perspektive Anregungen für eine jugendhilferelevante Familiendiagnostik. Allerdings sind diese für differenzierte Interventionsformen zu grob.

Neben den sozialwissenschaftlichen Forschungsansätzen unterbreiten einige Untersuchungen, die sich der systemischen Familientherapie zuordnen lassen, sozialpädagogisch relevante Familienklassifikationen. Hier sind insbesondere die familiären Beziehungstypen von Helm Stierlin zu nennen. Er unterteilt Familien mit schwierigen Kindern und Jugendlichen nach dem vorherrschenden Beziehungsmodus zwischen Eltern und Kindern (vgl. Stierlin 1980). Stierlin unterscheidet bekanntlich drei Beziehungsmodi, den Bindungsmodus, Delegations- und Ausstoßungsmodus. Über die Familientherapie hinaus hat der Ansatz von Stierlin und seiner Mitarbeiter/innen in der Kinder- und Jugendhilfe Eingang gefunden; die Typologie von Bindungsmustern spielt in der Diagnose zwar eine wichtige Rolle, aber für sozialpädagogisch orientierte Handlungsansätze in der Jugendhilfepraxis ist sie nur schwer transformierbar, da sie für therapeutische Milieus bzw. Handlungsansätze gedacht ist.

Ein für die Kinder- und Jugendhilfe ebenfalls sehr einflussreicher theoretischer Ansatz ist der von I. Boszormenyi-Nagy und G. M. Spark. Er geht von Loyalitäten als wesentliche familiäre Bindungsfaktoren aus. Die Autoren bieten zwar keine Familienklassifikation an, stellen aber Zusammenhänge zwischen problematischen Verhaltensweisen von Kindern und Jugendlichen und Rollenzuweisungen her (das „parentifizierte Kind", „Sündenbock", Kinder als sexualisierte Partner, das „Nesthäkchen"; vgl. Boszormenyi-Nagy/Spark 1981, S. 306 ff.). Sie gehen von der These aus, dass unsichtbare Bindungen häufig ein Grund dafür sind, dass die Unterbringung von Kindern in der stationären Erziehungshilfe und bei Pflegeeltern scheitert. Deshalb sei es notwendig, auch bei sehr schwierigen Familienkonstellationen intensiv mit der Herkunftsfamilie zu arbeiten.

Zu nennen ist hier auch das Circumplex-Modell von Olsen. Er unterscheidet 16 verschiedene Typen von Familiensystemen. Das Modell geht davon aus, dass eine bestimmte Balance von Kohäsion und Anpassungsfähigkeit für die Entwicklung und das Funktionieren der Familie optimal ist. Extreme Formen der Anpassungsfähigkeit sind chaotische bzw. rigide Familienstrukturen; Extreme der Kohäsion sind „Verfilzung" bzw. Unterorganisation im Sinne von Schwierigkeiten hinsichtlich der Rollendefinitionen und Funktionen in den Familienbeziehungen (vgl. Stierlin/Simon 1984, S. 52 f.). Der auf dem Circumplex-Modell beruhende Familiensystemtest (vgl. Gehring 1993) ist an empirisch begründete Aussagen zur Verteilung von Anpassungsfähigkeit und Kohäsion angelehnt. Dem Modell fehlen aber die empirischen Grundlagen hinsichtlich der Häufigkeit der Typen von Familiensystemen.

Salvador Minuchin analysiert Familien unter dem Aspekt der Grenzen familiärer Subsysteme und Hierarchien. Minuchin hält eine klare Hierarchie für die Erhaltung elterlicher Entscheidungskompetenz für notwendig. Grenzen haben die Funktion, die Differenzierung des Systems zu beschützen (vgl. Minuchin 1977, S. 69). Er unterscheidet Familien nach der Art der Grenzen: Neben klaren und damit funktionalen Grenzen gibt es dysfunktionale Grenzen, und zwar als unangemessen starre Grenzen (mit der Tendenz der Loslösung) und als diffuse Grenzen (mit der Tendenz der Verstrickung). Minuchins Ansatz ist für die Sozialpädagogik insofern interessant, da er sein Modell an Multi-Problem-Familien entwickelt hat (vgl. Minuchin u. a. 1967). Einige familientherapeutische Ansätze in der Arbeit mit Multi-Problem-Familien beziehen sich auf Minuchin, wie die aufsuchende Familientherapie oder der Ansatz von T. S. Trepper und M. J. Barrett für Inzestfamilien (vgl. Trepper/Barett 1991). Auch in der Sozialpädagogischen Familienhilfe und in den neueren Ansätzen zum Krisenmanagement für Familien haben die familientherapeutischen Ansätze Eingang gefunden (vgl. Gehrmann/Müller 1998, Koch/Lambach 2000). Alle diese Ansätze folgen mehr oder weniger einem Störungsansatz, der die Selbstdeutungen und die äußeren Lebensumstände („Lebenslagen") nur wenig einbezieht.

Zusammenfassend lässt sich sagen, dass sozialpädagogisch relevante Kategorisierungen familiärer Problemlagen und Erziehungsprobleme, an die sich auch sozialpädagogische Handlungskonzepte anbinden lassen, noch fehlen. Es wäre für die Jugendhilfe, insbesondere im Umgang mit psychosozial besonders belasteten Familien, hilfreich, wenn man die psychologisch-therapeutischen Ansätze mit sozialpädagogisch-diagnostischen Konzepten ergänzen könnte. In der Jugendhilfepraxis zeigt sich, dass die therapeutischen Konzepte bedeutsam sind, sich aber für die konkrete Familienarbeit (wie z. B. sozialpädagogische Familienhilfe) bei bestimmten familiären Problemkonstellationen nicht eignen. Hilfreich wäre es, wenn die Jugendhilfe über pragmatische, auf den Familienalltag und das Familienleben bezogene Diagnosemodelle und sozialpädagogische Methoden verfügte. Eine Aufgabe besteht in der Profilierung eines sozialpädagogischen Ansatzes, der nicht in Konkurrenz zu den oben zitierten familientherapeutischen Konzepten tritt, sondern sie ergänzt, indem er Erziehungsprobleme und Alltagsaufgabenstellungen von Familien ins Zentrum stellt. Die vorliegende Untersuchung versucht, diese Lücke ansatzweise zu schließen.

## 1.2 Ziele und Anknüpfungspunkte der Untersuchung

Die Studie, die wir im Folgenden vorstellen werden, zielt darauf ab, anhand einer Stichprobe von Familien, die Hilfen zur Erziehung beanspruchen, Problemtypen familiärer Belastungssituationen sowie erzieherischer Notlagen zu eruieren. Diese sollen anschließend auf sozialpädagogische Aufgabenstellungen bezogen werden. Gleichzeitig wollen wir Hypothesen entwickeln, inwiefern die bestehenden Angebote der Jugendhilfe diesen Problemtypen gerecht werden, und in welcher Hinsicht sie verbessert werden müssten. Insbesondere soll auf der Basis der Forschungsergebnisse ein Konzept einer sozialpädagogischen Familiendiagnose erarbeiteten werden, das im Rahmen der Hilfeplanung oder bei der Ausgestaltung der Hilfe in der Praxis angewendet werden kann. Die vorliegende Studie gliedert sich also in zwei Teile: eine Grundlagenforschung im Sinne einer Eruierung unterschiedlicher Selbstdeutungsmuster und Problemtypen einerseits und die Konzeption eines sozialpädagogischen Falldiagnoseverfahrens andererseits.

Die Untersuchung lehnt sich hinsichtlich ihrer theoretischen Anknüpfungspunkte an die Theorie der Familienerziehung von Klaus Mollenhauer, Micha Brumlik und Hubert Wudtke an (1975). Sie stammt zwar aus den 1970er Jahren, die Grundannahmen sind aber nach wie vor gültig: Ausgehend von dem symbolischen Interaktionismus wird die Familie als ein komplexes Lernfeld und Familienerziehung als Kommunikation aufgefasst. Die Familie ist demnach ein nach Regeln geordnetes Lernmilieu, das strukturell im Alltagshandeln verankert ist. Aus der Sicht des Kindes und der Eltern stellen sich familiäre Konflikte innerhalb der Familie als Interaktionsprobleme dar. Dabei lassen sich drei ineinander greifende Teil-Systeme unterscheiden: das Eltern- bzw. Erwachsenensystem, also die Interaktion zwischen den Eltern, das Eltern-Kind-System, d. h. die Interaktion zwischen den Eltern und Kindern. Letzteres zeichnet sich durch starke Abhängigkeiten der Kinder von ihren Eltern aus. Ein drittes Subsystem bildet schließlich das Interaktionsgefüge zwischen den Kindern. Das Kinder-System hat im Sinne einer kindlichen „Gegenwelt“ eine gewisse Eigenständigkeit. In allen drei Teilsystemen ergeben sich unterschiedliche Aufgabenstellungen:

Die Eltern müssen sich im Hinblick auf die Aufgabenverteilung im Haushalt und die Kindererziehung einigen, aber auch die Frage der Erwerbstätigkeit klären (männliches Alleinverdienermodell versus Eineinhalb-Verdienermodell oder Vollzeitbeschäftigung beider Elternteile etc.). Dabei spielen auch Abstimmungsprozesse im Hinblick auf gemeinsame Erziehungsorientierungen und Erziehungsziele eine zentrale Rolle. Das Familienleben muss auch zeitlich strukturiert werden, d. h. die familiale Zeit mit den zeitlichen Erwartungen außerfamiliärer Institutionen (Schule, Arbeitsbetrieb) in Einklang gebracht und die Erwartungen an Intimität innerhalb der Partnerschaft mit den anderen familiären und gesellschaftlichen Verpflichtungen abgestimmt werden. Dies sind nur einige Beispiele innerhalb eines breiten Aufgabenspektrums. Im Hinblick auf die sozialen Rollen innerhalb der Familie hat das Erwachsenen-System eine Doppelstruktur, die Erwachsenen begegnen und bestimmen sich als Partner und Elternteil. Im Unterschied zum Eltern-System ist das Eltern-Kind-System insbesondere durch erzieherische Interaktionen geprägt. Die Eltern präsentieren den Kindern durch ihre Lebensform die Erwartungen der Schule, die Bedingungen des Arbeitsmarktes, ihre eigenen Erfahrungen in Produktion und Konsum. Sie repräsentieren den Kindern gesellschaftliche Werte, normative Erwartungen aber auch soziale Hoffnungen und Enttäuschungen (Mollenhauer u. a. 1975, S. 63). Erziehung basiert auf einer Generationenbeziehung; die ältere Generation vermittelt der jüngeren dabei nicht nur die gesellschaftliche Wirklichkeit und normative Erwartungen, sondern gewährt ihr gleichzeitig auch eine gewisse Autonomie, innerhalb derer sie die Erwartungen und Verhaltensmuster für sich sinnstiftend aufgreifen, aber auch gleichzeitig neu interpretieren kann.

Innerhalb des Kinder-Systems ergeben sich wieder andere Aufgaben. Es geht um die Entwicklung symmetrischer Beziehungen, die Selbstregulation von sozialem Handeln und die Konstitution eigener Regeln und Beziehungsmodi, wie z. B. älterer Bruder, jüngere Schwester, dem Erlernen von Basisregeln von Interaktion, z. B. im Spiel.

Die Bewältigung dieser Alltags- und Erziehungsaufgaben innerhalb dieser drei Teilsysteme lässt sich als „kommunikatives Handeln“ beschreiben:

> „In kurzer Zeitperspektive geht es dabei um die täglichen Regeln, die täglich zu leistende Organisation der Verbindung von Haushalt und Erziehung, in langer Perspektive um die Verständigung über den Ort ihrer Mitglieder in der Gesellschaft, ihre Bildungsschicksale, schließlich den ‚Sinn‘ ihres Lebens. Solche Verständigung ... kann glücken oder nicht glücken, kann dauerhaft, verzerrt oder nur situationsabhängig gestört sein; die Balance zwischen den Bedürfnissen und Intentionen der Mitglieder kann gelingen oder verfehlt werden.“ (Mollenhauer u. a. 1975, S. 89)

Die Bewältigung der Aufgaben setzt Kompetenzen voraus, die erlernt werden müssen, wie z. B. das Abstimmen wechselseitiger Erwartungen (role making), die Fähigkeit zur Perspektivenübernahme, zum Perspektivenwechsel sowie zu Rollendistanz, Selbstreflexion und Empathie. Je stärker diese Fähigkeiten entwickelt sind, umso eher gelingt es, die alltäglichen Aufgaben und Erziehungsprobleme zu lösen. Die familiäre Interaktion ist strukturell anfällig für Paradoxien und Konflikte, die durch äußere Bedingungen verursacht werden. Gerade weil die Familie kein autonomes Beziehungssystem bildet, ist das familiale Kommunikationsnetz konflikthaft, widersprüchlich und häufig paradox. Es müssen nämlich einerseits die als fundamental geltenden Erwartungen nicht nur an das soziale Verhalten der Kinder gerichtet, sondern auch an deren Vorstellungswelt angepasst werden, und andererseits die gesellschaftlich institutionalisierten Erwartungen (subkulturelle Normen, schulische Leistungen, antizipierter beruflicher Status der Kinder usw.) mit den Bedürfnissen von Eltern und Kindern abgestimmt werden (Mollenhauer u. a. 1975, S. 99). Die Erwartungen, mit denen sich Kinder und Eltern dabei auseinandersetzen, sind abstrakt, sie ragen gleichsam als etwas Fremdes in ihre Lebenswelt hinein. Sie müssen aber dennoch, um eine befriedigende Bildung zum geltenden Erwachsenstatus zu ermöglichen, dem Kind vermittelt werden; dadurch „... entsteht für die Familie die Aufgabe, solche Erwartungen derart mit den Bedürfnissen und ‚privaten' Orientierungen zu balancieren, dass der Kommunikationszusammenhang nicht entweder ritualisiert wird oder zusammenbricht." (ebd., S. 100).

Der hier angedeutete theoretische Rahmen, der sich vom symbolischen Interaktionismus herleitet, wurde in der empirischen Sozialforschung innerhalb der Erziehungswissenschaft aufgegriffen. Jutta Ecarius zeigt in ihrer empirischen Längsschnittstudie, wie sich die Interaktionsmuster des Eltern-Kind-Systems in den letzten Jahrzehnten vom autoritären Anordnen (Befehlshaushalt) zum Abstimmen wechselseitiger Erwartungen (Verhandlungshaushalt) gewandelt haben (Ecarius 2002). Allerdings wurde eine empirische Forschung, die sich diesen theoretischen Ansatz im Hinblick auf sozialpädagogische Fragestellungen zunutze macht, bisher noch nicht systematisch verfolgt, obwohl dies sehr nahe liegt. Im Unterschied zur sozialpädagogischen Forschung hat die Psychotherapie, wie wir oben gesehen haben, die Interaktionstheorie aufgegriffen und beispielsweise in der systemischen Familientherapie umgesetzt.

Im Hinblick auf eine sozialpädagogisch interessierte Familienforschung lässt sich der familientheoretische Ansatz, wie er von Mollenhauer, Brumlik und Wudtke in die Erziehungswissenschaft eingeführt und hier kurz skizziert wurde, noch erweitern. Einen Anknüpfungspunkt bietet der so genannte „Care-Ansatz" (vgl. Conradi 2001, Tronto 2000, Brückner 2001) und der Begriff „Sorge" (vgl. Foucault 1986). Ausgehend von einer grundlegenden Angewiesenheit des Menschen auf andere und dessen Einbindung in Interaktionen, die insbesondere durch Fürsorge und asymmetrische Beziehungen geprägt sind, kommt der Familie eine grundlegende Funktion zu: Sie kann verstanden werden als eine privat organisierte Form der Sorge um den Anderen und um sich selbst im Rahmen einer potentiell auf Dauer gestellten Lebensgemeinschaft. Die Interaktionen der gegenseitigen Fürsorge sind eingebettet in ein Mehrgenerationengefüge und beziehen sich auf einen gemeinsamen Lebensort (Wohnung). Die Familie ist also gekennzeichnet durch eine enge Verflechtung von symmetrischen und asymmetrischen Beziehungen, bei denen die Sorge um den Anderen und die gegenseitige Angewiesenheit eine zentrale Rolle spielen.

Familien entwickeln nicht nur situative Formen der Zuwendung, sondern auch wiederkehrende Fürsorgemuster im Sinne einer Kultur von Alltagsritualen (vgl. Wulff 2001). Es handelt sich um ein Netz von Fürsorgemustern. Auch hier ergeben sich innerfamiliäre Konfliktlinien: Aufgrund unterschiedlicher biografischer Erfahrungen der Eltern können unterschiedliche Fürsorgementalitäten aufeinander treffen; die Sorge um sich selbst und die Sorge um den Anderen müssen ausbalanciert werden, wobei unterschiedliche Vorstellungen von Gerechtigkeit aufeinander stoßen können.

Tabelle 1: Familiale Alltagsdimensionen, Konfliktthemen und Aufgabenstellungen

| **Alltagsdimensionen** | Mögliche Konfliktthemen und Aufgabenstellungen |
|---|---|
| 1. Biografische Erfahrungen, lebenslaufbezogene Belastungen | Unterschiedliche biografische Erfahrungen und Sozialisationsmuster der Familienmitglieder (Eltern), Zusammentreffen unterschiedlicher Fürsorgementalitäten, die durch die Herkunftsmilieus geprägt sind (Befehlshaushalt/Verhandlungshaushalt), Abstimmen eines gemeinsamen Familienkonzeptes |
| 2. Aktuelle sozio-ökonomische Situation | Spannung zwischen Bedürfnissen und ökonomischen Rahmenbedingungen: Arbeitslosigkeit, Armut, Wohnsituation |
| 3. Familiäre Arbeitsteilung | Rollenkonflikte, Überlastung eines Elternteils, Geschlechterfrage (Berufstätigkeit der Frau), Gleichberechtigung, Abstimmen wechselseitiger Erwartungen |
| 4. Zeitschemata | Balance zwischen den unterschiedlichen Bedürfnissen der Familienmitglieder, Balance zwischen institutionellen Zeitstrukturen, die in die Familie greifen, und familiären Zeitstrukturen |
| 5. Kindererziehung | Balance zwischen gesellschaftlichen Normalitätserwartungen und eigenen Wertvorstellungen, Konflikte zwischen älterer und jüngerer Generation (Vermittlung veralteter Werte und Lebensziele), unterschiedliche Erziehungskonzepte |
| 6. Sorge um sich Selbst/Selbstkonzepte | Balance zwischen familialen Aufgaben/Erwartungen und eigenen Bedürfnissen und Lebenskonzepten, Stress und Ausgleich im Alltag |
| 7. Einbindung in Helfersysteme | Unterschiedliche Hilfekonzepte, Balance zwischen subjektiven Hilfeplan und dem der Institutionen und Verwandten/Freunde. |

Aus dem bisher Gesagten ergeben sich zentrale Prämissen für eine sozialpädagogisch ambitionierte Familienforschung: Wir gehen davon aus, dass die theoretisch angenommenen Konfliktlinien Bestandteil der familialen Lebenswelt sind, im Sinne einer sozialen Konstruktion der Wirklichkeit, und dass sie als subjektive Deutungsmuster sprachlich zum Ausdruck gebracht werden (vgl. Schütz/Luckmann 1975) Weiterhin gehen wir von der Prämisse aus, dass diese Deutungsmuster nicht nur auf „individuelle“ familiäre Problemstellungen, sondern auch auf allgemeine Konfliktthemen und Aufgabenstellungen Bezug nehmen. Für unser Forschungsprojekt ergibt sich daraus ein heuristisches Modell (vgl. Tab. 1).

Auf der Grundlage dieser theoretischen Vorannahmen zielt die vorliegende Untersuchung auf Typenbildungen auf drei analytischen Ebenen ab. Wir werden versuchen, anhand von Interviews mit Familien, die Zuwendung durch professionelle Helfer im Rahmen der Hilfen zur Erziehung bekommen, „subjektive“ Deutungsmuster im Hinblick auf die oben genannten Alltagsdimensionen zu eruieren. Im zweiten Schritt soll versucht werden, diese Deutungsmuster im Hinblick auf typische familiäre Konfliktthemen zu untersuchen. Auf einer dritten analytischen Ebene sollen anhand der Konfliktthemen und Deutungsmuster jugendhilferelevante Aufgabenstellungen entwickelt werden (Aufgabentypen).

## 1.3 Zum methodischen Vorgehen

Von empirisch begründeten Typen soll im Folgenden die Rede sein. Der Begriff wird hier pragmatisch, im Sinne einer bestimmten Kombination von Merkmalen und Merkmalsausprägungen verstanden, mit Hilfe derer sich eine Teil- oder Untergruppe charakterisieren und von anderen Gruppen abgrenzen lässt. Die Untersuchung lehnt sich methodologisch an die in der empirischen Sozialforschung üblichen Verfahren an (vgl. Kelle/Kluge 1999, Gerhardt 1991). Es handelt sich dabei um die folgenden methodische Schritte:

1. Datenerhebung mittels Interview, Transkription
2. Kodierung des Datenmaterials
3. Bildung von Synopsen
4. Konstruktion von Merkmalen/Subkategorien
5. Erarbeitung relevanter Vergleichsdimensionen/Konstruktion von Merkmalsräumen
6. Gruppenbildung und Analyse empirischer Regelmäßigkeiten
7. Charakterisierung der Typen durch Fallkontrastierung und -vergleich

Die hier genannten methodischen Schritte sollen im Folgenden näher erläutert werden: Im Rahmen der Studie wurden 81 Familien in verschiedenen Regionen Deutschlands (Nordhessen, Hamburg, Osnabrück, Brandenburg) unter Berücksichtigung verschiedener Formen der Hilfen zur Erziehung interviewt (aufgrund der mangelhaften Qualität der Interviews wurde vier Familien aus der Untersuchungsgruppe herausgenommen, sodass sie schließlich 77 Familien umfasst). Die Familien waren bei Jugendämtern vorstellig geworden oder wurden in Einrichtungen der Jugendhilfe – insbesondere Tagesgruppen, sozialpädagogischen Familienhilfen, Beratungsstellen – betreut. Es fanden Einzelinterviews mit den Elternteilen und Jugendlichen – soweit sie im Haushalt der Familie lebten – statt. Darüber hinaus wurden mit den fallzuständigen Fachkräften Interviews zur Lebens- und Problemlage der Familien geführt. Die Gesprächsprotokolle der Fachkräfte dienten der Außenkontrolle, d. h. zur Überprüfung, ob die Familien tatsächlich den Projekt-Kriterien entsprachen. Die Interviewleitfäden enthielten narrative Frageimpulse, aber auch standardisierte Fragen. Sie waren alltagsbezogen angelegt und nach Themenbereichen geordnet, sodass die Abfolge der einzelnen Bereiche je nach Interviewsituation auch flexibel gehandhabt werden konnte. Damit sollte sichergestellt werden, dass sich das Interview am Erzählfluss des Befragten orientierte. Eine kurze Liste von Stichworten zu jedem Themenbereich sollte gegebenenfalls erforderliche Nachfragen steuern, so dass eine möglichst hohe Vergleichbarkeit der Interviews gewährleistet war (siehe Interviewleitfäden im Anhang).

Die Interviews wurden in der Regel von gemischtgeschlechtlichen Teams (zwei Personen) am Ort der Wahl der Befragten durchgeführt, überwiegend in der Wohnung der Familien. Es fanden nach Möglichkeit mit beiden im Haushalt lebenden Erwachsenen Einzelinterviews statt, ebenso mit den in der Familie lebenden Kindern und Jugendlichen (soweit sie aufgrund ihres Alters dazu in der Lage waren). Insgesamt lagen uns 62 Einzelinterviews mit Frauen, 25 Einzelinterviews mit Männern und 24 mit Jugendlichen vor. Bei 19 Familien konnten zwei Erwachsene einzeln befragt werden. In neun Fällen wollten die Partner gemeinsam interviewt werden. Pro Familie lagen ein bis vier Interviews zur Auswertung vor. Die Interviews wurden auf Tonband aufgezeichnet, anschließend transkribiert und themenbezogen nach 13 Auswertungskategorien codiert. Die gesamte Codierung des Interviewmaterials wurde mit Hilfe des Computerprogramms MaxQDA bewerkstelligt.

Die Auswertungskategorien wurden in zwei Schritten entwickelt. Zunächst entstand auf der Grundlage der theoretischen Vorüberlegungen (siehe oben) ein heuristisches Modell. Im zweiten Schritt konnten die darin enthaltenen Kategorien im Rahmen einer Pilotstudie in Zusammenarbeit mit Mitarbeitern des Jugendamtes Kassel und anhand von vier Fallstudien getestet und modifiziert werden. Auf diese Weise entstanden die folgenden Auswertungskategorien:

1. Biografische Erfahrungen und Familiengeschichte
2. Sozioökonomische Rahmenbedingungen
3. Erfahrungen mit öffentlichen Institutionen
4. Einbindung in informelle Unterstützungs- und Helfersysteme
5. Aktuell relevante sozialpädagogische und therapeutische Belastungen der Familienmitglieder
6. Familiäre Arbeitsteilung
7. Familiäre Zeitstruktur
8. Kindererziehung
9. Selbstbilder und Personenentwürfe
10. Familiäre Interaktionserfahrungen, Fürsorgemuster, Bindungen
11. Allgemeine Normen und Werte
12. Partnerschaftskonzepte
13. Subjektiver Hilfeplan

Nach diesen Kategorien wurde das gesamte Interviewmaterial mit Hilfe von MaxQDA codiert, und zwar zunächst bei 40 Familien. Im nächsten Schritt wurden die so nach Kategorien geordneten Interviewaussagen ausgedruckt. Auf diese Weise erhielten wir zu jedem Fall einen Ausdruck im Umfang von mehr als 60 Seiten. Anhand dieser Ausdrucke wurden „Fallskripte“ angefertigt. Es handelt sich dabei um Fallbeschreibungen, die die wichtigsten Mitteilungen und signifikanten Zitate enthalten. Jedes „Fallskript“ umfasst ungefähr 10 Seiten; in ihm sind die wichtigsten Mitteilungen der einzelnen Familienmitglieder in Form von Stichworten und Zitaten zusammengefasst. Diese Protokolle dienten als Grundlage für die weitere Auswertung und Typenbildung. Bei der Erstellung der Fallskripte wurde darauf geachtet, dass die Formulierungen sehr stark an die Sprache der Familien angelehnt waren, dabei wurden Interpretationen streng vermieden.

Nun wurden mithilfe der Fallskripte zu allen 13 Auswertungskategorien Übersichten bzw. Synopsen erarbeitet, die als Materialübersicht dienten. Jede der kategorienbezogenen Synopsen enthält alle signifikanten Mitteilungen aus den 40 Fallskripten. Bei diesem Auswertungsschritt zeigte sich, dass fast alle Kategorien gut inhaltlich gefüllt werden konnten; bei der Kategorie „Normen und Werte“ war dies nicht möglich, sodass diese für die weiteren Auswertungsschritte unberücksichtigt blieb und nunmehr mit 12 Kategorien gearbeitet wurde.

Die Auswertung des so codierten und strukturierten Interviewmaterials zielte auf eine Typenbildung auf drei analytische Ebenen ab (vgl. Tab. 2):

1. Es wurden Deutungsmuster der Familienmitglieder bezogen auf konkrete Erfahrungsdimensionen herausgearbeitet. Es handelt sich dabei um Dimensionen, die mit der Alltagsbewältigung einhergehen.
2. Auf einer zweiten analytischen Ebene haben wir mithilfe der Deutungsmuster typische eltern- und erwachsenenbezogene Konfliktthemen konstruiert und inhaltlich beschrieben.
3. Schließlich haben wir Aufgabentypen entwickelt, einerseits bezogen auf Hilfestellungen, die das Elternsystem betreffen (eltern- und erwachsenenbezogene Hilfethematiken), und andererseits bezogen auf Aufgaben, die das gesamte Familiensystem berücksichtigen. Den Aufgabentypen konnten Helfer- und Aufgabenprofile zugeordnet werden.

Tabelle 2: Ebenen der Typenbildung

| **Analytische Ebene** | **Typen** |
|---|---|
| Ebene I:<br>Erfahrungsdimensionen | Deutungsmuster |
| Ebene II:<br>Familiäre Konflikte | Eltern- und erwachsenenbezogene Konfliktthemen |
| Ebene III:<br>Aufgabentypen | Eltern- und erwachsenenbezogene Hilfethematiken<br>Familiale Aufgabentypen |

Für die Bildung von Deutungsmustern (Ebene I) standen uns zwei unterschiedliche Textkonglomerate zur Verfügung: 40 Fallskripte (Fallbeschreibungen), die nach 12 Auswertungskategorien strukturiert sind und 12 Synopsen, die als Materialübersicht im Sinne einer Gesamtschau alle Mitteilungen zu der entsprechenden Auswertungskategorie enthalten. Die Konstruktion von Deutungsmustern orientierte sich an innovativen qualitativen Verfahren empirischer Sozialforschung (vgl. zusammenfassend Kelle/Kluge 1999). In einem ersten interpretativen Schritt haben wir anhand der beiden Textkonglomerate zu jeder Auswertungskategorie Merkmale (signifikante Selbstdeutungen) identifiziert, wie z. B. Gewalterfahrungen, Heimeinweisung während der Kindheit in der Auswertungskategorie „Biografische Erfahrungen". In jeder Kategorie ließen sich so 10 bis 20 Merkmale identifizieren, die bei unseren Fällen häufiger auftauchten. Mithilfe dieser Merkmale, die wir aus dem Interviewmaterial generiert hatten, wurde nun versucht, die 40 Fälle zu gruppieren, und zwar nach unterschiedlichen Kombinationen von Merkmalen (z. B. Gewalterfahrungen während der Kindheit, Heimerfahrungen, mehrere Scheidungen). Es stellte sich so heraus, welche Merkmale sich für die Typenbildung (hier Konstruktion von Deutungsmustern) eigneten und welche unbrauchbar waren. Um die Typenbildung theoretisch zu untermauern, haben wir in Anlehnung an Kelle/Kluge Merkmalsräume gebildet. In der Kategorie „Biografische Erfahrungen" sah der Merkmalsraum folgendermaßen aus (vgl. Tab. 3):

Tabelle 3: Merkmalsraum biografische Erfahrungen

| **Belastungsverlauf** | **Biografische Zeiträume mit Belastungen** | |
|---|---|---|
| | Belastungen seit der Kindheit | Belastungen seit der eigenen Familiengründung |
| Durchgängiger Belastungsverlauf | Typ/Deutungsmuster 1 | Typ/Deutungsmuster 2 |
| Vorübergehender (episodischer) Belastungsverlauf | Typ/Deutungsmuster 3 | Typ/Deutungsmuster 4 |

Mithilfe des Merkmalsraumes ließen sich Typen theoretisch bilden. Bei dem Beispiel „Biografische Erfahrungen" ergaben sich vier Typen bzw. Deutungsmuster:

1. Das Leben als durchgängige Leidensgeschichte: Belastungen seit der Kindheit bei einem oder beiden Elternteilen/Partnern.
2. Das Leben als Erfahrung des Scheiterns der eigenen Familiengründung: Leidenserfahrungen seit der Familiengründung.
3. Das Leben als ein episodischer Krisenverlauf.
4. Das Leben als eine mit Erziehungsproblemen belastete Eltern-Kind-Beziehung.

Diese Typen wurden dann mit Hilfe der Synopsen und Fallskripte inhaltlich überprüft. Manche Typen ließen sich im Material empirisch nicht nachweisen. So tauchte der Biografie-Typ 3 bei unseren Fällen nicht auf. Bei einigen Merkmalsräumen konnten aufgrund der inhaltlichen Überprüfung am Material in einzelnen Feldern, wo theoretisch nur ein Typ pro Feld denkbar war, sogar zwei Typen gebildet werden. Durch Fallvergleiche und Fallkontrastierungen wurden die zunächst formal gebildeten Muster inhaltlich weiter beschrieben und so deutlich voneinander abgegrenzt. Durch die Zuordnung der Familien zu den Typen (Deutungsmustern) wurde deren Trennschärfe und Relevanz nochmals überprüft. Insgesamt konnten somit in den 12 Erfahrungsdimensionen 45 Deutungsmuster (Typen) gebildet werden (weitere Erläuterungen hierzu erfolgen in Kap. 3).

Danach haben wir unter Hinzuziehung der restlichen codierten 37 Familieninterviews versucht, die Typen, wir nennen sie im Folgenden Deutungsmuster, inhaltlich zu beschreiben, und zwar mit Zitaten aus den Interviews (Ankerzitate) und mit Hilfe von Fallbeispielen (Prototypen). Auf diese Weise wurden bei der Typenbildung die Auswertungskategorien thematisch verengt bzw. fokussiert. Bei der Auswertungskategorie „Selbstbilder und Personenentwürfe" haben wir Deutungsmuster hinsichtlich der Selbstzufriedenheit in Bezug auf familiäre Aufgaben und Beruf präzisiert. Wir nennen im Folgenden diese inhaltlich verengten Dimensionen Erfahrungsdimensionen (vgl. Abb. 1).

Abbildung 1: Auswertungskriterien und Erfahrungsdimensionen

In einem weiteren Schritt wurden auf zwei weiteren analytischen Ebenen Typen konstruiert: Auf der Ebene von eltern- bzw. erwachsenenbezogenen Konfliktthematiken und auf der Ebene von familiären Aufgabentypen. Hierfür wurden explorative, computergestützte Clusteranalysen durchgeführt; als Material dienten die Deutungsmuster bezogen auf die 77 Familien. Ziel war es, anhand von häufig auftretenden Kombinationen von Deutungsmustern über die 12 Erfahrungsdimensionen hinweg sozialpädagogisch relevante Hilfethematiken und Aufgabentypen zu konstruieren. Mithilfe der Clusteranalysen entstanden

Gruppierungen von Fällen mit unterschiedlichem Ähnlichkeitsniveau in Bezug auf die Kombination von Deutungsmustern. Entscheidend war, dass diese formal-analytisch gewonnenen Gruppen auch durch den Vergleich der gruppierten Einzelfälle inhaltlich überprüft (interne Homogenität) und beschrieben werden konnten. So wurden mit einer sehr feinen Rasterung (kleine Gruppen) 16 „eltern- bzw. erwachsenenbezogene Konfliktthemen" identifiziert (vgl. Kap. 4). Eine gröbere Rasterung führte zu fünf Gruppen, für die sich „eltern- bzw. erwachsenenbezogene Hilfethematiken" formulieren ließen (vgl. Kap. 5). Durch eine weitere Clusteranalyse ließen sich sechs familiäre Aufgabentypen formulieren (vgl. Kap. 6).

Schließlich konnten wir im letzten Schritt anhand von Fallanalysen und unter Einbeziehung der Ergebnisse der Studie ein sozialpädagogisches Familiendiagnosemodell entwickeln. Es wurde bei acht Familien eingesetzt. Die Ergebnisse der Diagnose haben wir mit den zuständigen Fachkräften erörtert und in die Hilfeplanung eingebracht. Auf diese Weise konnten Hilfepläne entwickelt werden, die im Unterschied zur gegenwärtigen Praxis der Hilfeplanung konkrete, auf den Familienalltag bezogene Aufgabenstellungen enthalten. Die Familiendiagnose basiert auf Interviews mit den Familienangehörigen, die im Haushalt zusammen leben. Die Auswertung der Interviews orientiert sich an den zwölf Kategorien, die sich bei der Untersuchung bewährt haben. Anhand des Interviewmaterials werden konflikthafte Familienthemen diagnostiziert. Mithilfe eines Diagnosemanuals, das auf der Grundlage der Forschungsergebnisse entwickelt wurde, werden sozialpädagogische Aufgabenstellungen erarbeitet, die schließlich in die Aushandlungs- und Abstimmungsprozesse mit der Familie bei der Hilfeplanung einfließen (die Diagnose wird in Kapitel 7 vorgestellt).

# 2. Beschreibung der Stichprobe

Die Gesamtzahl der befragten Familien beträgt 81. Vier Familieninterviews waren aufgrund technischer Mängel nicht auswertbar. Damit setzt sich unsere Stichprobe aus letztlich 77 Familien zusammen. Das Projekt wurde bei öffentlichen und freien Trägern der Kinder- und Jugendhilfe im Umkreis der Projektstandorte vorgestellt (vgl. Tab. 4). In Absprache mit den Trägern, die sich zu Kooperation bereiterklärten, wurden Familien für Interviews nach folgenden Kriterien ausgewählt:

1. Es lebt mindestens ein(e) personensorgeberechtigte(r) Erwachsene(r) mit mindestens einem Kind oder Jugendlichen zum Interviewzeitpunkt in einem gemeinsamen Haushalt zusammen. Es besteht eine Hilfe zur Erziehung nach § 27 KJHG bzw. es wird aktuell ein solcher Hilfebedarf geklärt. (Ausnahme: Ein Kind lebt zwar aktuell außerhalb des Haushalts, eine Rückführung ist aber konkret geplant und es findet eine Elternarbeit mit dieser Zielsetzung statt).
2. Nach Einschätzung der vermittelnden Fachkräfte besteht zum Interviewzeitpunkt ein besonderer aktueller Klärungsbedarf, im Sinne der Fortschreibung einer laufenden Hilfe oder der Ermittlung des Hilfebedarfs im Vorfeld einer Hilfe. Die Hilfeplanung fällt nach der subjektiven Einschätzung der betreuenden Fachkräfte schwer.

Die Familien erklärten sich freiwillig zum Interview bereit. Im Sinne eines qualitativen Samplings wurde im letzten Drittel der Erhebungsphase versucht, bis dato unterrepräsentierte Familien- und Hilfeformen stärker zu berücksichtigen.

Tabelle 4: Verteilung der Fälle nach Projektstandorten und Regionen

| **Standorte/Region** | **Anzahl** | **Prozent** |
|---|---|---|
| Kassel/Hessen und Südniedersachsen | 34 | 44,2 |
| Hamburg | 5 | 6,5 |
| Osnabrück/Stadt und Landkreis | 7 | 9,1 |
| Strausberg/Brandenburg | 31 | 40,3 |
| Gesamt | 77 | 100,0 |

Die überwiegende Anzahl von Familien wurde durch kooperierende freie Träger der Kinder- und Jugendhilfe vermittelt. Lediglich am Standort Osnabrück konnten mehrere Familien durch den öffentlichen Träger der Kinder- und Jugendhilfe vermittelt werden (vgl. Tab. 5).

Tabelle 5: Fallvermittelnde Einrichtungen

| Einrichtungen | Anzahl | Prozent |
|---|---|---|
| freie Träger Westdeutschland | 36 | 46,8 |
| freie Träger Ostdeutschland | 30 | 39,0 |
| öffentliche Träger Westdeutschland | 10 | 13,0 |
| öffentliche Träger Ostdeutschland | 1 | 1,3 |
| Gesamt | 77 | 100,0 |

Zum jeweiligen Zeitpunkt des Interviews wurden in den Familien unterschiedliche erzieherische Hilfen geleistet (vgl. Tab. 6).

Tabelle 6: Aktuelle Hilfeformen innerhalb der Stichprobe

| Hilfeformen | Anzahl | Prozent der Fälle |
|---|---|---|
| keine laufende Hilfe/Klärung | 7 | 9,1 |
| § 28 Erziehungsberatung | 2 | 2,6 |
| § 30/35 u. a. Einzelbetreuung | 11 | 14,3 |
| § 31 Sozialpädagogische Familienhilfe | 34 | 44,2 |
| § 32 Tagesgruppe | 17 | 22,1 |
| § 33/34 Vollzeitpflege/betreutes Wohnen | 7 | 9,1 |
| Familien- (oder Paar-)Therapie | 2 | 2,6 |
| Sonstige[1] | 21 | 27,3 |
| Gesamt (Mehrfachantwort) | 101 | 131,2 |

Es wird deutlich, dass in der Gruppe Familien dominieren, in denen Sozialpädagogische Familienhilfe geleistet wird. In der dargestellten Tabelle ist zu beachten, dass teilweise mehrere Hilfen parallel geleistet wurden (im Durchschnitt 1,31 Hilfen), wobei die Prozentangaben sich auf die Gesamtheit der Familien und nicht der Hilfen beziehen. Über die Gründe für diesen hohen Anteil an Sozialpädagogischer Familienhilfe, der bei der Interpretation unserer weiteren Ergebnisse zu berücksichtigen ist, können wir nur Mutmaßungen anstellen. Im Idealfall könnte sich hier ein Hinweis darauf verbergen, dass Sozialpädagogische Familienhilfe eine letztlich intensive Hilfeform darstellt, gleichzeitig aber einen recht unspezifischen Charakter hat. Sie wird teilweise als Hilfe zur Klärung eingesetzt, so dass vermutet werden kann, dass sich in dem hohen Anteil die Vorgabe aus unseren Forschungskriterien wiederspiegelt: Es besteht ein aktueller Klärungsbedarf bzw. die Hilfeplanung fällt nach der subjektiven Einschätzung der betreuenden Fachkräfte schwer – ein Hinweis also

1 Diese Kategorie beinhaltet vorwiegend unterschiedliche Formen der Nachbetreuung im Anschluss an eine Hilfe.

auch auf die besondere Komplexität von Problemlagen, die mit Sozialpädagogischer Familienhilfe bearbeitet werden sollen. Ein anderer, pragmatischer Grund könnte in der Tatsache bestehen, dass diese Hilfe (wie die Tagesgruppenbetreuung) eine langfristige Hilfeform darstellt, so dass es den Fachkräften aufgrund einer längeren Zusammenarbeit und einer größeren Vertrauensbeziehung leichter fiel, die Familien für eine Teilnahme am Forschungsprojekt zu gewinnen.

Ein weiteres äußeres Merkmal, das sich auf das Umfeld der Familien bezieht, soll an dieser Stelle noch dargestellt werden (weitere Merkmale werden in Kapitel 3.2 besprochen). Die Familien sind hinsichtlich der Größe ihrer Wohnorte relativ gleichmäßig verteilt (vgl. Tab. 7).

Tabelle 7: Wohnortgröße der befragten Familien

| | **Anzahl** | **Prozent der (gezählten) Fälle** |
|---|---|---|
| Dorf/Kleinstadt ländlich | 23 | 31,5 |
| Dorf/Kleinstadt[2] großstadtnah | 13 | 17,8 |
| Mittelgroße Stadt | 17 | 23,3 |
| Großstadt | 20 | 27,4 |
| Gesamt | 73 | 100,0 |
| Unklar/keine Angaben | 4 | |

Der Untersuchung lag ein weiter Familienbegriff zugrunde. Er spiegelt sich in den Vorgaben wider, die dem ersten Auswahlkriterium entsprechen (s. o.): Familien sind Haushalte, in denen erwachsene Personensorgeberechtigte mit einem oder mehreren minderjährigen Kindern zusammen leben; dazu gehören auch die anderen leiblichen Kinder der Erwachsenen, sofern sie außerhalb des Haushaltes leben.

Unter den befragten Familien fanden sich ganz unterschiedliche Wohnformen und Beziehungsstrukturen. Einen Überblick darüber gibt Tabelle 8.

Es wird deutlich, dass die Zwei-Eltern-Familien (verheiratet oder nicht verheiratet) mit 22,1% der Fälle nur etwas mehr als ein Fünftel der Untersuchungsgruppe stellen. Es überwiegen die anderen Familienformen. Alleinerziehende (Mütter und Väter) leben nicht mit einem Partner oder einer Partnerin in einem gemeinsamen Haushalt. Die Fälle, in denen ein Partner oder eine Partnerin „sporadisch" mit im Haushalt lebt sowie andere Konstellationen, die als Übergang zu einer neuen Familienform verstanden werden können, haben wir als „Familien im Übergang" klassifiziert. Unter dem, Begriff „reorganisierte

2 Dorf/Kleinstadt: Bis 20.000 Einwohner, „großstadtnah": Im Umkreis von 20 km einer Großstadt bzw. im Einzugsbereich des öffentlichen Personen-Nah-Verkehrs

Familien“ sind Stiefeltern- und die so genannten „Patchwork-Familien“ zusammengefasst; (in der englischsprachigen Literatur wird von „reorganized families“ gesprochen).

Tabelle 8: Familienformen innerhalb der Stichprobe

| Familienform | Anzahl | Prozent |
|---|---|---|
| Alleinerziehende Mütter | 27 | 35,1 |
| Alleinerziehende Väter | 3 | 3,9 |
| Reorganisierte Familien | 23 | 29,9 |
| Zwei-Eltern-Familien | 17 | 22,1 |
| Familien im Übergang | 7 | 9,1 |
| Gesamt | 77 | 100,0 |

Hinsichtlich der Anzahl der von uns befragten Familien mit Kindern unter 18 Jahren (vgl. Abb. 2) zeigt sich, dass die Familien mit einem sowie drei oder mehr Kindern zu ungefähr gleichen Anteilen dominieren (39% bzw. 38%). Die Familien mit zwei Kindern unter 18 Jahren im Haushalt sind dagegen eher unterrepräsentiert (19%). In drei Fällen lebt zum Zeitpunkt des Interviews kein Kind unter 18 Jahren im Haushalt der befragten Eltern. Die Kinder waren fremduntergebracht, wobei eine Rückführung in die Familie geplant ist (vgl. die Erläuterungen zu den Kriterien der Stichprobenziehung am Anfang dieses Kapitels).

Abbildung 2: Anzahl der Kinder der befragten Familien unter 18 Jahren

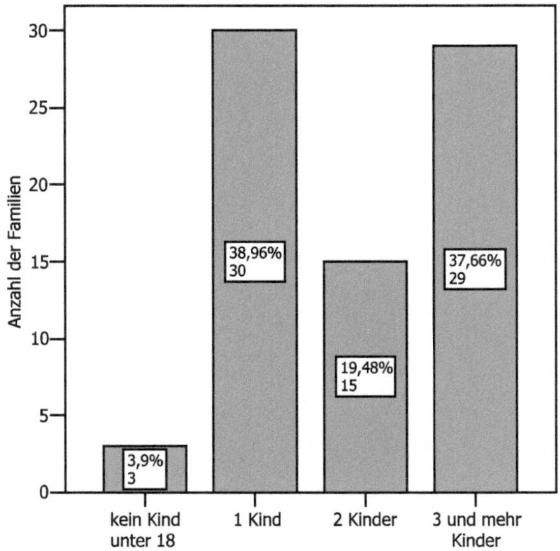

Auch wenn die Stichprobe relativ klein ist, fällt doch auf, dass sich die Familien hinsichtlich ihrer Größe deutlich vom bundesdeutschen Durchschnitt abheben. Nach dem Mikrozensus 2003 (vgl. Statistisches Bundesamt 2004, Tab. A1–18) leben nur in 11,5% der Haushalte mit Minderjährigen drei und mehr Kinder, in 36,6% der Haushalte leben zwei, und in 51,9% nur ein Kind.

Auffällig sind hier die hohen Anteile sowohl der Familien mit einem Kind und daneben die Familien mit drei und mehr Kindern. In dieser Gruppe bilden die Familien mit drei Kindern die Mehrheit (ca. 2/3). Unter den Familien mit über drei minderjährigen Kindern finden sich auch Haushalte, in denen bis zu acht minderjährige Kinder leben.

# 3. Selbstdeutungsmuster

Auf einer ersten analytischen Ebene wurden anhand der 77 Familieninterviews Selbstdeutungsmuster eruiert. Wir haben insgesamt 45 solcher Deutungsmuster in 12 Erfahrungsdimensionen konstruieren können. Die einzelnen methodischen Schritte wurden weiter oben schon ausführlich besprochen. Im Folgenden werden die Ergebnisse dieses ersten Auswertungsschritts dargestellt.

## 3.1 Biografische Leidensmuster

Über biografische Erfahrungen von Eltern und Kindern, die im Rahmen der Hilfen zur Erziehung betreut werden, wurden in den letzten Jahren einige interessante Forschungsarbeiten veröffentlicht (vgl. Faltermeier 2002, Allert u. a. 1991, Mollenhauer/Uhlendorff 1992 und 1995). Die Erforschung von Biografien der Jugendhilfe-Adressaten, insbesondere der Herkunftserfahrungen der Eltern, wird bedeutsam vor dem Hintergrund einer „neuen Fachlichkeit", wie sie von Vertretern der Disziplin gefordert wird. Neuerdings hat Josef Faltermeier die Diskussion um biografische Erfahrungen von Eltern und Kindern in der Jugendhilfe intensiviert (vgl. Faltermeier 2001). Die „biografische Fallarbeit" ist nicht neu, sie wurde aber von Faltermeier systematisiert (vgl. Forum Erziehungshilfen Heft 3, 2005). Ein wesentlicher Bestandteil des Konzeptes der „biografischen Fallarbeit" ist die biografieanalytische Perspektive des Sozialpädagogen. Erst durch diese Form der Perspektivenübernahme wird die biografische Begleitung im Sinne einer „neuen Fachlichkeit" möglich:

> „Das heißt ..., die Interaktion zwischen sozialhelfenden Institutionen und Herkunftseltern wird nicht mit dem Ziel der Überprüfung und Kontrolle eröffnet und durchgängig gestaltet, sondern eben mit dem Ziel, Menschen, die in Verlaufskurven verstrickt sind und sich in Verlaufskurvenhöhepunkten befinden, zu helfen, sich hieraus zu befreien und intentionales Handeln zurückzugewinnen. Dies gelingt nur, wenn die kreative Identität der Betroffenen derart gestärkt wird, dass sie in der Lage sind, an Situationsdefinitionen in der Form mitzuwirken, dass ihr Leben wieder in geordnete Orientierungsmuster eingebettet werden kann. Die Befreiung aus den Verlaufskurvenhöhepunkten gelingt eben nur mit der Perspektivenübernahme in der Rolle des signifikanten Anderen, weil er derjenige ist, der versteht, warum Herkunftseltern so handeln, wie sie handeln, und der bereit ist, sich für die soziobiografischen Entstehungsbedingungen zu interessieren, und der zuhört, ohne zu verurteilen." (Faltermeier 2001, S. 283)

Dieser Perspektivenwechsel und das Erkennen von „Verlaufskurven des Erleidens“ ist der Beginn einer Selbstreflexion, welche die Chance eröffnet, familiäre Ressourcen aus biografischer Sicht zu entdecken und neu zu mobilisieren. An dieses hier kurz skizzierte Konzept einer „neuen Fachlichkeit“ knüpft unser Forschungsprojekt an. In Abgrenzung zum Begriff „Verlaufskurven des Erleidens“ im Sinne einer kleinräumigen Perspektive auf Ereignisketten (Schicksalsschläge, von außen gesetzte Zwänge etc.) im Lebenslauf (vgl. Schütze 1981, Schütze 1995), konzentrieren wir uns auf biografische Leidensmuster, im Sinne einer eher „großräumigen“ Perspektive der Betroffenen auf ihren eigenen Lebenslauf. Es geht uns insbesondere um die Auffindung von Mustern, mithilfe derer die eigene Biografie konstruiert wird.

Schon ein Blick auf die von den Erwachsenen unserer Untersuchungsgruppe erinnerten Belastungsarten und die Häufigkeit der Nennungen zeigt, dass die meisten auf einen vergleichsweise schwierigen Lebenslauf zurückblicken. Von den 74 von uns erfassten Frauen[3] berichten 46 von einer oder sogar von mehreren psychisch schwer belastenden Erfahrungen während der eigenen Kindheit und Jugend (vgl. Tab. 9). 23 Frauen wurden fremd untergebracht, 19 erlebten Trennungen von Familienmitgliedern oder Scheidung der eigenen Eltern. Von Gewalterfahrungen im Elternhaus berichten 19 und von sexuellem Missbrauch im Kindesalter neun Befragte.

Tabelle 9: Biografische Belastungen der Mütter im Kindes- und Jugendalter (N=46)

| Art der Belastung | Anzahl der Mütter mit Nennungen |
|---|---|
| Fremdunterbringung | 23 |
| Trennung/Scheidung | 19 |
| Gewalt | 19 |
| Alkohol/Drogenmissbrauch | 15 |
| Sexueller Missbrauch | 10 |
| Tod/lebensbedrohliche Situationen | 9 |
| Vernachlässigung durch die Eltern | 6 |

Auch mit dem Eintritt in das Erwachsenenalter hatten die von uns interviewten Mütter unter belastenden Erfahrungen zu leiden – bei einigen sind die Leiderfahrungen sogar noch stärker ausgeprägt, als während der Kindheit (vgl. Tab. 10). Von den 74 erfassten Müttern berichten 59 über psychische Verletzungen

3 In den 77 von uns erfassten Familien lebten 74 Frauen und 50 Männer. Davon wurden 62 Frauen in Einzelinterviews befragt, 9 in Paarinterviews. Von den Männern liegen uns 25 Einzelinterviews vor. Von den übrigen Erwachsenen, die wir nicht befragen konnten, liegen uns aber die Informationen der interviewten Partner vor. Diese Daten haben wir bei der Zählung der Belastungen berücksichtigt, somit n (Frauen) = 74; n (Männer) = 50.

während der Adoleszenz und des Erwachsenalters, am häufigsten werden Trennungen und Scheidungen (50) sowie Drogen- und Alkoholmissbrauch genannt.

Tabelle 10: Belastungen der Mütter im Erwachsenenalter (N=59)

| Art der Belastung | Anzahl der Mütter mit Nennungen |
|---|---|
| Trennung/Scheidung | 50 |
| Drogen/Alkoholmissbrauch | 24 |
| Tod/lebensbedrohliche Situationen | 20 |
| Gewalt | 20 |
| Fremdunterbringung | 12 |
| Sexueller Missbrauch | 6 |

Nicht nur die Mütter berichten von einer schwierigen Kindheit oder von belastenden Phasen während der Adoleszenz, sondern auch die von uns befragten Männer (vgl. Tab. 11). Von den insgesamt 50 Männern beschreiben 21 schwierige Kindheitserinnerungen: 10 Männer haben als Kind in ihren Familie Gewalt erlebt, sieben waren von Fremdunterbringungen in Heimen und Pflegefamilien betroffen, wieder andere sieben Männer wissen von Trennungen und Scheidungen ihrer Eltern zu berichten. Die Belastungen im Erwachsenalter sind auch bei den Vätern relativ häufig (Tab. 12). Ungefähr die Hälfte der befragten Männer ist davon betroffen. Am häufigsten werden Trennungen und Scheidungen genannt, bei insgesamt 14 Männern. Vergleicht man allerdings die biografischen Belastungen der Männer und Frauen, dann zeigt sich, dass prozentual gesehen wesentlich mehr Frauen schwerwiegende belastende Erfahrungen während ihres Lebens einschließlich des Erwachsenenalters gemacht haben als Männer. Auch sind die Nennungen prozentual gesehen wesentlich häufiger. Weniger als die Hälfte der Männer ist betroffen, bei den Frauen sind es rund 80%. Hinsichtlich der biografischen Belastungen ergeben sich also deutliche Geschlechtsunterschiede.

Tabelle 11: Belastungen der Männer während der Kindheit (N=21)

| Art der Belastung | Anzahl der Väter mit Nennungen |
|---|---|
| Gewalt | 10 |
| Trennung/Scheidung | 7 |
| Fremdunterbringung | 7 |
| Tod/lebensbedrohliche Situationen | 6 |
| Alkohol/Drogenmissbrauch | 5 |
| Vernachlässigung | 4 |

Tabelle 12: Belastungen der Männer im Erwachsenenalter (N=24)

| Art der Belastung | Anzahl der Männer mit Nennungen |
|---|---|
| Trennung/Scheidung | 14 |
| Tod/lebensbedrohliche Situationen | 9 |
| Alkohol/Drogenmissbrauch | 8 |
| Gewalt | 2 |
| Fremdunterbringung (Kinder) | 2 |
| Sexueller Missbrauch (Kinder) | 1 |

Die oben beschriebenen Fallzahlen sagen natürlich nichts über die Dauer der Belastungen im Lebenslauf aus. Bei der Durchsicht der Fallskripte ergaben sich zwei signifikante Merkmalsausprägungen, und zwar im Hinblick auf die beiden Lebensphasen (Kindheit/Jugend und Erwachsenenalter) und hinsichtlich der Dauer der Belastungen im Lebenslauf (episodisch oder durchgehend):

Bei einer Gruppe der befragten Erwachsenen werden sowohl Belastungen während der Kindheit und im Erwachsenalter beschrieben; bei einer anderen Gruppe verdichten sich die Belastungen erst im Erwachsenenalter. Es gibt keine Fälle mit biografischen Belastungen ausschließlich im Kindesalter. Dies ist nicht verwunderlich, da es sich bei den Familien um eine psychosozial schwer belastete Gruppe handelt. Die Durchsicht der Fälle ergab, dass in allen Familien mindestens ein Elternteil über schwerwiegende biografische Belastungen berichtet. Auch hinsichtlich der Belastungsdauer im Lebenslauf ergeben sich markante Unterschiede: Einige der Befragten beschreiben ihren Lebenslauf als durchgängig belastet. Aus der Sicht der befragten Eltern gibt es in ihrem Leben keine längeren Lebensphasen, die als glücklich und entspannt erlebt werden. Andere Elternteile blicken auf einen Lebenslauf zurück, in dem die Belastungen eher episodisch auftreten, d. h., mehr oder weniger glückliche und unglückliche Lebensabschnitte wechseln sich ab. Legt man diese beiden Merkmalsausprägungen möglichen „Verlaufskurven des Leidens" zugrunde, so ergibt sich ein Merkmalsraum, der theoretisch die Konstruktion von vier Typen zulässt (vgl. Tab. 13).

Tabelle 13: Merkmalsraum biografische Leidensmuster

| Belastungsverlauf | Biografische Zeiträume mit Belastungen | |
|---|---|---|
| | Belastungen seit der Kindheit | Belastungen seit der eigenen Familiengründung |
| Durchgängiger Belastungsverlauf | Typ 1 | Typ 2 |
| Vorübergehender (episodischer) Belastungsverlauf | Typ 4 | Typ 3 |

Bei der Zuordnung der Fälle zu den Typen und bei der inhaltlichen „Verifizierung" der Muster ergab sich ein methodisches Problem. Die Kategorie „biografische Erfahrungen" legt es nahe, Einzelinterviews, also die Männer und die Frauen getrennt, zuzuordnen und die Typen einzelfall- und nicht familienbezogen zu charakterisieren. Dies entspricht aber nicht dem Ziel der Untersuchung, familiäre Thematiken und Aufgabentypen zu rekonstruieren. Von der theoretischen Anlage her hatten wir die Familie als Interaktionssystem bestehend aus Eltern-, Eltern-Kind- und Kinder-System definiert. Auch die Jugendhilfe nimmt die Familie in ihrer Gesamtheit wahr. Vieles spricht also dafür, nicht Einzelbiografien, sondern die Biografien der Familienmitglieder in ihrer Verflechtung im Hinblick auf sozialpädagogische Aufgabenstellungen zu betrachten. Aus diesem Grund entschieden wir uns dafür, „familiale" biografische Leidensmuster, d. h. die biografischen Erfahrungen in ihrer Verflechtung, inhaltlich zu bestimmen, und zwar bezogen auf das aktuelle Elternsystem. Bei den Alleinerziehenden war dies kein Problem, da die biografischen Thematiken des anderen Elternteils nur peripher die Familiendynamik beeinflussen. Bei den anderen Familienformen – Zwei-Elternfamilien, reorganisierten Familien, Familien im Übergang – war dies bedeutend schwieriger. Hier spielten zwei biografische Verlaufskurven in die aktuelle Familiendynamik hinein. Es mussten also beide biografischen Leidensmuster berücksichtigt werden. Theoretisch war es möglich, dass ein Elternteil einen durchgehenden Belastungsverlauf, der andere einen eher episodischen Belastungsverlauf hat. Bei der Durchzählung der Fälle ergab sich, dass dies nur bei vier Elternsystemen der Fall war. Bei diesen Familien blickten die Frauen auf ein biografisches Leidensmuster zurück, das dem Typ 1 entsprach. Die Biografie der Männer folgte hingegen einem Verlaufsmuster, das dem Typ 3 und 4 entsprach. Bei diesen Fällen zeigte sich, dass die biografische Verlaufsdynamik der Mutter ein zentrales Familienthema bildete.

Diese Vorüberlegungen berücksichtigend ergaben sich bei der Durchsicht der Fallskripte drei inhaltlich homogene Gruppen: Zu der Ersten zählen Familien, bei denen die Lebensgeschichte eines Elternteils oder beider als durchgängige Leidensgeschichte beschrieben werden; innerhalb der aktuellen Familiendynamik steht das biografische Leidensmuster vom Typ 1 (siehe Merkmalsraum) im Vordergrund. Daneben gibt es eine zweite Gruppe, bei denen die Konstruktion der Biografie der Eltern einem Muster folgte, das wir „das Leben als Erfahrung des Scheiterns der eigenen Familiengründung" genannt haben – dies entspricht dem Typ 2 des Merkmalsraums. Bei einer dritten Gruppe sind die biografischen Erfahrungen von dem Leidensmuster des dritten Typs geprägt. Wir haben es als „das Leben als eine mit Erziehungsproblemen belastete Eltern-Kind-Beziehung" bezeichnet. In unserer Untersuchungsgruppe gab es keine Frauen, deren self-report dem Leidensmuster „episodischer Belastungsverlauf im Kindes-, Jugend- und Erwachsenenalter" entsprach. Nur einige

Männerbiografien ließen sich diesem Muster zuordnen (insgesamt vier), allerdings lebten sie mit einer Partnerin zusammen, deren Lebenslauf durchgängig belastet war und deren biografische Belastungen sie mittragen mussten (wir haben diese Fälle der ersten Gruppe zugeordnet).

Im Folgenden sollen die drei Leidensmuster näher beschrieben werden:

### 1. *Das Leben als durchgängige Leidensgeschichte*

Diesem Deutungsmuster ließen sich 29 Familien zuordnen. Es handelt sich dabei überwiegend um Alleinerziehende (14 Mütter, 1 Vater). Des Weiteren gehören sieben neuorganisierte Familien, vier Zwei-Elternfamilien und drei „Übergangsfamilien" dieser Gruppe an. Innerhalb dieser Gruppe blicken ein oder sogar beide befragten Erwachsene einer Familie auf eine Lebensgeschichte zurück, die seit der Kindheit durch Trennungen und psychische Belastungen gekennzeichnet sind. Die Leidensgeschichte beginnt teilweise schon in der frühen Kindheit oder setzt in der mittleren Kindheit ein und zieht sich dann mehr oder weniger durch den gesamten Lebenslauf. Verschiedene Schicksalsschläge wechseln sich ab oder sind derart verkettet, dass es dazwischen kaum Lebensphasen gibt, die als entspannt oder als glücklich erlebt werden. Die Lebensgeschichte gliedert sich gleichsam in ein „Etappendrama". Typisch für diesen Biografieverlauf sind folgende Merkmalskombinationen:

Die Erfahrungen der Kindheit sind entweder von Beziehungsabbrüchen, Trennungen sowie Scheidungen geprägt oder von Gewalt und sexuellem Missbrauch (zum Teil auch von Alkohol- bzw. Drogenmissbrauch der Eltern). Gelegentlich kommt es zur Unterbringung im Heim oder in Pflegefamilie. Das Erwachsenenalter ist ebenfalls geprägt von Trennungen und Scheidungen. Die Leiderfahrungen sind ab der Adoleszenz durch Gewalterfahrungen (zwischen den Eltern), sexuellem Missbrauch (an den eigenen Kindern) oder Drogenmissbrauchs (meistens des Partners) gekennzeichnet. Eine oder mehrere Familiengründungen sind gescheitert. Aufgrund dieser Schicksalsschläge und der dadurch ausgelösten familialen Konflikte besteht häufig die Gefahr einer teilweisen oder periodischen Trennung der Eltern von den Kindern.

### 2. *Das Leben als Erfahrung des Scheiterns der eigenen Familiengründung*

Bei diesem Deutungsmuster beginnt die Leidensgeschichte mit dem Beginn der eigenen Familiengründung. Im Unterschied zum ersten Leidensmuster blicken die Eltern auf eine relativ glücklich Kindheit und Jugend zurück. Im eigenen Elternhaus kam es nicht zu Trennungen und Scheidungen. Hier und da gab es zwar Lebensphasen mit besonderen Krisen, sie wurden aber bewältigt und stellen somit keine besondere Schwierigkeiten im weiteren Lebenslauf mehr dar. Es handelte sich somit nur um episodische Belastungen. Erst mit der Familiengründung kommt es zu Lebenskrisen und dramatischen Ereignissen, die sich bis zur Gegenwart hinziehen. Aufgrund von Krisen in der Partnerschaft kommt es zu Trennungen, die Familiengründung misslingt. Auch die Versuche einer Neuorganisation der Familie durch eine neue Partnerschaft schlagen fehl oder sind mit Dauerkrisen verbunden. Die Familienkrisen sind von Gewalterfahrungen, teilweise auch von Drogen- und Alkoholmissbrauch begleitet.

Diesem Muster ließen sich insgesamt 22 Familien zuordnen. Es handelt sich überwiegend um Alleinerziehende (Frauen: 9; Väter: 1) und reorganisierte Familien (insgesamt 7). Es gab aber auch zwei „Familien im Übergang" und drei Zwei-Elternfamilien, deren Biografien diesem Muster entsprachen.

### 3. *Das Leben als eine mit Erziehungsproblemen belastete Eltern-Kind-Beziehung*

Das dritte biografische Leidensmuster ist gekennzeichnet durch besonders schwierige Erziehungsprobleme mit einem oder mehreren Kindern. Die „Verlaufskurve" beginnt mit der Familiengründung. Im Unterschied zur zweiten Gruppe ist die Leidensgeschichte aber nicht durchgängig, sondern wird immer wieder unterbrochen von Phasen eines mehr oder weniger „gelungenen Lebens". Das Deutungsmuster ist durch folgende Merkmalskombination gekennzeichnet:

Die Eltern beschreiben ihre Kindheit mit Ausnahme von wenigen kritischen Einschnitten als positiv; sie sind von Trennungen und Scheidungen der Großeltern verschont geblieben und haben keine Erfahrungen von Gewalt und Missbrauch gemacht. Die eigene Familiengründung gelingt, das Elternsystem wird als relativ stabil beschrieben. Im Verlauf der Familiengeschichte treten häufig Erziehungsprobleme mit einem oder mehreren Kindern auf, die das Eltern-System belasten und es von professionellen Helfersystemen abhängig machen.

Dieses Deutungsmuster trat bei 17 Familien auf, und zwar überwiegend bei Zwei-Elternfamilien (9) und reorganisierten Familien (5). Innerhalb der Gruppe befanden sich einige wenige Alleinerziehende (ein Vater, eine Mutter) und eine „Familie im Übergang".

## 3.2 Sozioökonomische Rahmenbedingungen

Insgesamt ist der Anteil von Arbeitslosen und Langzeitarbeitslosen in unserer Stichprobe sehr hoch. Von den 74 befragten Frauen[4] gehen 49 (66%) keiner Erwerbstätigkeit nach (vgl. Tab. 14). Nur 24 Frauen üben zum Zeitpunkt der Befragung einen Beruf aus, einschließlich Teilzeitarbeit von geringem Umfang. Auch bei den 50 Männern (Vätern, Stiefvätern, neue Partnern), die dem Haushalt der befragten Familien angehören, liegt die Arbeitslosigkeit weit über dem Durchschnitt: 24 Männer (48%) haben keine Arbeit. Nur 34%, insgesamt 17 Männer, sind erwerbstätig (vgl. Tab. 15).

Tabelle 14: Erwerbstätigkeit der Frauen (N=74)

| **Erwerbstätigkeit** | **Anzahl** | **Prozent** |
|---|---|---|
| Keine Erwerbstätigkeit | 49 | 66,2 |
| Geringfügige bis volle Erwerbstätigkeit | 24 | 32,4 |
| Unklar/keine Angaben | 1 | 1,4 |
| Gesamt | 74 | 100,0 |

Tabelle 15: Erwerbstätigkeit der Männer* (N=50)

| **Erwerbstätigkeit** | **Anzahl** | **Prozent** |
|---|---|---|
| Keine Erwerbstätigkeit | 24 | 48,0 |
| geringfügig bis volle Erwerbstätigkeit | 17 | 34,0 |
| Sonstige | 1 | 2,0 |
| Unklar/keine Angaben | 8 | 16,0 |
| Gesamt | 50 | 100,0 |

* Es handelt sich ausschließlich um die Männer (Väter, Stiefväter und Partner), die zum Haushalt der befragten Familien gehören.

Wirft man einen Blick auf die Berufsausbildung der Befragten, dann zeigt sich, dass die Einkommenserwartungen der Untersuchungsgruppe nicht besonders hoch sind. Nur eine Frau hat einen Hochschulabschluss. Die meisten haben eine Ausbildung in einem Arbeitsbereich gemacht, der nur einen verhältnismäßig geringen Lohn erwarten lässt, wie Land- und Hauswirtschaft, Gastronomie, Handwerk (43%). Dass die Berufsaussichten der Frauen nicht besonders gut sind, zeigt sich schon daran, dass 21, das sind 31% der Frauen, keinen Ausbildungsabschluss vorweisen können.

Im Vergleich zu den Frauen ergibt sich bei den Männern kein wesentlich besseres Berufs- und Beschäftigungsbild. Von den insgesamt 50 Männern haben nur drei einen Hochschulabschluss. Die Hälfte (25 Männer) hat eine Aus-

4 Vgl. Fußnote 1, S. 27.

bildung im handwerklichen oder landwirtschaftlichen Bereich absolviert; sieben sind ohne Ausbildung.

Die prekäre Berufs- und Ausbildungssituation der Eltern spiegelt sich auch in der Art des Familieneinkommens wider. Insgesamt waren 50 der 77 Familien zum Zeitpunkt der Befragung von Transferleistungen – Hilfen zum Lebensunterhalt, Arbeitslosenhilfe, Arbeitslosengeld – abhängig, das entspricht einem Anteil von rund 65%. Nur 37 Familien (48% der Untersuchungsgruppe) können ihr Einkommen teilweise oder vollständig durch Erwerbsarbeit bestreiten. Die meisten Familien verfügen über mehr als eine Einkommensart (vgl. Tab. 16), im Durchschnitt über 1,7 Einkommensformen. Die Annahmen der einschlägigen Forschung scheinen sich zu bestätigen, dass Familien, die an der Armutsgrenze leben, von verschiedenen Einkommensarten abhängig sind.

Da die Höhe des Einkommens von einigen Familien nicht präzise genannt wurde (die Angaben waren freiwillig), haben wir darauf verzichtet, die Untersuchungsgruppe im Hinblick auf die in der Armutsforschung gängige Armutsgrenze zu lokalisieren. Weil objektive Daten fehlten, haben wir – was auch der Anlage der Untersuchung entspricht – ausschließlich die Einschätzungen der Familien im Hinblick auf „subjektive Armut" berücksichtigt.

Tabelle 16: Art des Familieneinkommens (N=77)

| Art des Einkommens | Anzahl der Familien* | Familien in Prozent |
|---|---|---|
| Erwerbsarbeit | 37 | 48,1 |
| Transferleistung | 50 | 64,9 |
| Unterhaltszahlung | 14 | 18,2 |
| Unterhaltsvorschuss | 3 | 3,9 |
| Erziehungsgeld | 7 | 9,1 |
| Rente/Pension | 5 | 6,5 |
| Halb- und Vollwaisenrente | 4 | 5,2 |
| Sonstiges | 9 | 11,7 |
| Unklar/keine Angabe | 2 | 2,6 |

* Doppelnennungen wurden bei der Auszählung berücksichtigt.

In den Interviews wurden die Eltern hinsichtlich der Zufriedenheit mit ihrer materiellen Situation befragt, und zwar bezogen auf Wohnsituation und Einkommensverhältnisse. Es zeigte sich, dass die Familien mit ihrer Wohnsituation überwiegend zufrieden sind (knapp 60%, vgl. Tab. 17). Nur 14,3% fühlen sich unzufrieden mit ihrer Wohnung. Ein ganz anderes Bild ergab die Einschätzung der finanziellen Verhältnisse. Hier verhält es sich genau umgekehrt, die meisten Familien sind unzufrieden mit ihrer finanziellen Situation.

Tabelle 17: Zufriedenheit mit der Wohnsituation

| | | Häufigkeit | Prozent |
|---|---|---|---|
| Gültig | Zufrieden | 45 | 58,4 |
| | Ambivalent | 20 | 26,0 |
| | Unzufrieden | 11 | 14,3 |
| | keine Angaben | 1 | 1,3 |
| | Gesamt | 77 | 100,0 |

Insgesamt ließen sich drei Deutungsmuster hinsichtlich der Zufriedenheit mit den finanziellen Rahmenbedingungen feststellen: „sehr zufrieden, keine Einschränkungen", „es reicht so, wir sind sehr sparsam", „es reicht nicht":

## 1. *„Sehr zufrieden, keine Einschränkung"*

Bei diesem Deutungsmuster werden die regelmäßigen Einkünfte und die finanzielle Ausstattung von den Eltern als ausreichend eingeschätzt. Sie müssen keine Einschränkungen hinnehmen. Dieses Deutungsmuster ließ sich bei 13 Familien feststellen (vgl. Tab. 18). Bei den Familienformen handelt es sich überwiegend um Zwei-Elternfamilien (5) und um reorganisierte Familien (5). Das Muster kam bei den Alleinerziehenden nur in drei Fällen vor (zwei Frauen, ein Vater). Die materielle Zufriedenheit wird bei den meisten Familien dadurch erreicht, dass beide Elternteile arbeiten, wie sich beim folgenden Fallbeispiel (W1-6) zeigt:

Es handelt sich um eine westdeutsche Familie (Familie M.) mit zwei Söhnen im Alter von 17 und 16 Jahren. Beide Elternteile gehen einer Vollzeitbeschäftigung nach, der Vater als Kraftfahrer, die Mutter als Chefsekretärin. Zusammen verdienen sie, je nach Spesen des Vaters, zwischen 3.500 und 4.000 Euro: „Wir sind damit sehr zufrieden ... Ja natürlich, die berufliche Situation hätten wir sonst geändert, wenn wir damit nicht zufrieden wären ... Unsere Söhne bekommen 35 Euro Taschengeld im Monat" (W1-6, Mutter). Die Familie bewohnt eine 4-Zimmer-Wohnung mit insgesamt 85 qm, jedes Kind hat ein Einzelzimmer.

Die alleinerziehenden Frauen, die dieser Gruppe angehören, verfügen, wie das folgende Fallbeispiel belegt, über unterschiedliche Einnahmequellen:

> Frau Z. lebt mit ihrem Sohn (12 Jahre,), ihrer Tochter (4 Jahre) und ihrem neuen Partner zusammen. Sie arbeitet seit drei Jahren bis zu sieben Tage die Woche in einem Fitness-Studio, „... ich kann mir die Arbeitszeiten frei einteilen". Saisonbedingt arbeitet sie zusätzlich als Köchin. Sie bezeichnet sich, obwohl sie keine Ausbildung hat, als „gelernte Köchin, ... weil ich den Beruf seit 24 Jahren mache". Frau Z. bekommt zusätzlich Unterhalt von den Vätern der Kinder und „... natürlich auch Kindergeld". Ihr neuer Partner, gelernter Koch, ist ebenfalls in dem Fitness-Studio

beschäftigt, „... als Elektriker oder so was“. Mit 2000 Euro monatlich „... haben wir Geld genug“. Die Mutter kann sich einen PKW leisten. Die Familie wohnt in einem Wohnblock in einer westdeutschen Großstadt in ziemlich „beengten Verhältnissen“. Der Umzug in eine 100qm-Wohnung steht allerdings kurz bevor „... vier Zimmer, genug Platz, wird ruhig sein, Spielplatz, Grünflächen, Kita und Schule in der Nähe ...“ (W 1–12).

Wie die Beispiele zeigen, ist die materielle Zufriedenheit mit hohen Kosten verbunden: Die Arbeitsbelastungen der Eltern sind relativ hoch. Einige arbeiten mehr als 40 Stunden in der Woche.

Tabelle 18: Deutungsmuster und Familienformen (N=77)

| **Familienform** | **„Sehr zufrieden, keine Einschränkung“** | **„Reicht so, wir sind sparsam“** | **„Es reicht nicht“** |
|---|---|---|---|
| Alleinerziehende | 3 | 15 | 11 |
| Reorganisierte Familien | 5 | 13 | 3 |
| Zwei-Eltern Familie | 5 | 9 | 2 |
| Familien im Übergang | – | 4 | 2 |
| Familien insgesamt* | 13 | 41 | 18 |

* Fünf Familien ließen sich nicht zuordnen (Mischtypen, geringe Angaben)

## 2. *„Reicht so, wir sind sparsam“*

Diesem zweiten Deutungsmuster folgten 41 Familien. Bei ihnen sind die regelmäßigen Einkünfte knapp bemessen, die Betroffenen haben sich aber mit der Situation arrangiert und stellen sich auf ein sparsames und bescheidenes Leben ein. In dieser Gruppe sind sowohl Alleinerziehende (15) als auch reorganisierte Familien (13) und Zwei-Elternfamilien (9) sowie Familien im Übergang (4) vertreten. Typisch für die Familien ist, dass sie sich „viele Wünsche vom Munde absparen müssen“, wie das folgende Beispiel zeigt:

Die Mutter (Frau E., 43 Jahre) lebt nach dem Umzug von Ostdeutschland allein mit ihren drei Kindern (15, 11 und 7 Jahre) in einer westdeutschen Kleinstadt in einer „Doppelwohnung“ auf 85 qm. Seit dem Umzug ist sie, die jahrelang im Gartenbau gearbeitet hat, arbeitslos. Die Familie muss von einem Einkommen von 1600 Euro leben. Es setzt sich aus Unterhaltsvorschuss vom Jugendamt, Halbwaisenrente, Hilfen zum Lebensunterhalt und Wohngeld zusammen. Die Mutter würde gern wieder arbeiten gehen, dies sei aber nicht möglich, „... in dieser Region gibt es nichts in meinem Beruf“. Das Geld „ist oft knapp, besonders wenn Sonderausgaben fällig werden, wie die Klassenfahrt von A“. Die Bewilligung und Erstattung durch das Sozialamt dauere oft zu lang, so dass sie das Geld auslegen müsse. Das Taschengeld sei für die Kinder sehr eng bemessen („10 Euro für die Älteste... 2,50 Euro für die

Jüngste pro Monat"), was immer wieder zu Unzufriedenheit führe. Alle drei wünschten sich ein Fahrrad. Die Mutter ist sich unsicher, ob die Kosten vom Sozialamt getragen werden. Kino-Besuche seien finanziell zurzeit nicht möglich. Mit der Wohnsituation ist die Familie zufrieden, es befänden sich Spielplätze in der Nähe, allerdings fehle ein offener Jugendtreff. (W1–27)

In dieser Gruppe befinden sich auch typische Handwerkerfamilien im ländlichen oder kleinstädtischen Milieu, die teilweise sogar ein eigenes Haus bewohnen und aufgrund der wirtschaftlichen Situation in Bedrängnis geraten zu drohen:

> Familie Kreuzer bewohnt ein eigenes Zwei-Familienhaus. Zu der Familie gehören die Eltern und zwei Söhne (18 und 15 Jahre). In dem Haus wohnt ebenfalls die Mutter von Herrn Kreuzer, die von seiner Frau gepflegt wird. Herr Kreuzer ist selbstständiger Maurermeister. Das Einkommen schwankt je nach Auftragslage und Saison zwischen 1500 und 2000 Euro pro Monat. Herr Kreuzer arbeitet phasenweise „fast rund um die Uhr", dann „fehlen wieder Aufträge", so dass finanzielle Engpässe entstehen: „... es muss halt immer Geld angespart werden ... manchmal ist das Fettpolster ziemlich dünn". (W 1–11)

### 3. *„Es reicht nicht"*

Schließlich gab es eine dritte Gruppe von Familien, bei denen die soziökonomischen Rahmenbedingungen den Selbsteinschätzungen zufolge nicht ausreichend sind. Dieses Deutungsmuster tauchte bei immerhin 18 Familien auf. Es handelt sich hierbei überwiegend um Alleinerziehende (11 Fälle):

> Frau H. bewohnt mit ihren drei Kindern (14, 12 und 4 Jahre) eine 80 qm Wohnung in einer Hochhaussiedlung. Die Familie lebt nach eigenen Aussagen von 800 Euro Sozialhilfe im Monat, die Miete wird vom Sozialamt getragen. Der Vater der Kinder bezahle keinen Unterhalt, er verweigere die Auskunft über sein Einkommen. Bei seinen gelegentlichen Besuchen „beglückt er die Kinder mit Geschenken ... das war's". Unterhaltsvorschuss „... gibt es nicht". Das Geld „reicht vorne und hinten nicht". Frau H. holt zwei Mal die Woche für sich und ihre Familie Lebensmittel von der „Tafel", um Geld zu sparen für das Taschengeld der Kinder. Die Familie sei verschuldet. Die Mutter macht sich finanzielle Sorgen, ihre Zähne müssten „dringend saniert werden". Die Tochter musste „ihren Hund weggeben". Die ihr angebotene Arbeit konnte sie nicht antreten, da sie die Kinder zu den Therapien begleiten muss: „... zwei Stunden pro Tag sitze ich im Bus mit den Kindern". Mit der Wohnung ist sie sehr zufrieden: „unser Traumziel". Die Umgebung biete den Kindern sehr viel: Vereine, Freibad, Spielplätze. (W1–36)

Bei der Verteilung der Familien auf die hier genannten drei Deutungsmuster ergaben sich signifikante Unterschiede zwischen Ost- und Westdeutschland. Dies trifft insbesondere auf das letzte Deutungsmuster zu. Zehn der 31 Familien aus Ostdeutschland leben nach ihrer eigenen Einschätzung in Armut („Es reicht nicht"), das sind 32% der ostdeutschen Familien. Bei den westdeutschen Familien handelt es sich um acht von 44 Fällen, das entspricht 17% der „Westfälle".

## 3.3 Erfahrungen mit professionellen Helfersystemen

Da es sich bei der Untersuchungsgruppe um Familien handelt, die sehr weit reichende und z. T. ambivalente Erfahrungen mit öffentlichen Institutionen wie Jugendamt, Schule, Kindergarten etc. gemacht haben, war das Interviewmaterial in der Auswertungsdimension „Erfahrungen mit öffentlichen Institutionen" sehr umfangreich. Die Erfahrungen mit öffentlichen Institutionen, die von den befragten Erwachsenen unserer Untersuchungsgruppe geschildert werden, sind überaus heterogen. Eine Typenbildung, die diese Bandbreite öffentlicher Institutionen berücksichtigen und umfassen sollte, erwies sich aus diesem Grund als unmöglich. Das Blickfeld wurde also auf den Teilbereich der „professionellen Helfersysteme", insbesondere das Jugendhilfesystem, verengt. Bevor wir auf die Deutungsmuster in dieser Erfahrungsdimension eingehen, sollen die theoretischen Vorüberlegungen, die bei der Auswertung eine Rolle spielten, im Folgenden kurz erläutert werden:

„Öffentliche Institutionen" greifen deutlich bemerkbar oder fast getarnt in unsere „privaten" Lebensvollzüge ein. Kohli (1985) prägte den Begriff des „institutionalisierten Lebenslaufes". In der neueren Forschung werden „Lebenslaufregimes" als institutionelle Regulierungen von Lebensläufen (vgl. z. B. Leisering/Müller/Schumann 2001) untersucht. „Öffentlich" ist in unserem Zusammenhang von „Privat" abzugrenzen. „Institution" verweist für uns auf einen hohen Grad der Organisation und ist damit abzugrenzen vom Begriff „informell", der auf freundschaftliche und nachbarschaftliche Beziehungen verweist. „Öffentliche Institutionen" sind somit für uns die angesprochenen lebenslaufstrukturierenden Institutionen wie Kindergarten und Schule, weiterhin das öffentliche Gesundheitssystem, Einrichtungen der öffentlichen Verwaltung wie Polizei, Finanzamt, Sozialamt, Jugendamt sowie alle weiteren Einrichtungen der öffentlich organisierten Kinder- und Jugendhilfe, einschließlich der so genannten „Freien Träger" der Kinder- und Jugendhilfe. Zu Verläufen von Hilfen im Kontext der Kinder- und Jugendhilfe unter Berücksichtigung der Interaktionen zwischen Betroffenen und Helfern (vgl. z. B. Hanses 2004) liegen einige empirische Arbeiten vor (Gintzel/Schone 1990, Freigang 1986, Baur/Finkel/Hamberger u. a. 1998). In ihrer Untersuchung zur Praxis der Überweisung von Kindern und Jugendlichen aus Heimen in die Kinder- und Jugendpsychiatrie identifizieren Gintzel und Schone drei Muster: „permanente Ratlosigkeit – die geplante Suche von Hilfe nach Ausschöpfung der eigenen Ressourcen", „plötzlich auftretende Hilflosigkeit – die Überweisung nach situativer Überforderung" sowie das Muster „langfristige Eskalation". Auch wenn es hier um die „Hilfesuche" von professionellen Helfern in Heimen geht, werden allgemeine Strategien der Hilfevermittlung deutlich, die sicherlich für das gesamte Jugendhilfesystem gelten könnten.

Über zwei Drittel der befragten Eltern unserer Stichprobe, äußerten sich überwiegend zufrieden zur laufenden Hilfe, fast ein Viertel bewertete die laufende Hilfe ambivalent und nur zwei Familien waren deutlich unzufrieden.[5] Bei den Themen der laufenden Hilfen stand die Verbesserung der schulischen Leistungen im Vordergrund (31 Nennungen; Mehrfachnennungen waren möglich). Es folgen in absteigender Reihenfolge die Entlastung der Eltern im Alltag, z. B. durch Betreuung eines oder mehrerer Kinder, Hilfe bei der Alltagsorganisation, die Arbeit an der Änderung des Verhaltens eines oder mehrerer Kinder, die Verbesserung der Beziehung zwischen Eltern und Kindern, die Unterstützung der Eltern bei Behördengängen (15 Nennungen) und Hilfen bei der sozialen Integration eines Kindes (13 Nennungen). Zwölf Mal wurde als Thema der laufenden Hilfe die Steigerung des Selbstwertes von Kindern und Eltern genannt. Weitere Ziele waren die Verbesserung der materiellen Situation der Familie (sieben Nennungen) und Hilfen zur Verbesserung der Mobilität.

25 Familien haben Erfahrungen mit einer dauerhaften oder vorübergehenden Unterbringung eigener Kinder außerhalb des Haushaltes gemacht, mehrere Monate dauernde Aufenthalte in der Kinder- und Jugendpsychiatrie eingeschlossen. 23 Frauen, d. h. fast ein Drittel der Frauen, waren in ihrer Kindheit oder Jugend selbst mit einer Unterbringung außerhalb ihrer Herkunftsfamilie konfrontiert. Von den insgesamt 50 Männern unserer Stichprobe war dies nur bei sieben der Fall; hier ist der Anteil deutlich geringer als bei den Frauen.

Tabelle 19: Merkmalsraum der Erfahrungsdimension „Professionelle Helfersysteme"

| **Fokus der Hilfen** | **Zeitlicher Verlauf des Kontakts** | |
|---|---|---|
| | Episodisch/ unvermittelt einsetzend | Kontinuierlich (langer Prozess über größere biografische Abschnitte) |
| Überwiegend ein Kind | 1. Professionelle Hilfe als Schicksalsschlag in Bezug auf ein Kind | 2. Lange Suche nach passender Hilfe für das Kind |
| Mehrere familiäre Subsysteme | 3. Professionelle Hilfe als Schicksalsschlag in Bezug auf die Familie | 4. Leben mit professionellen Helfersystemen |

5 Die zum Zeitpunkt des jeweiligen Interviews laufenden Hilfen zur Erziehung verteilten sich wie in Tabelle 6 in Kapitel 2 abgebildet.

Nach der Durchsicht des Interviewmaterials konnten wir die Erfahrungen der befragten Erwachsenen mit professionellen Helfersystemen in zwei Dimensionen differenzieren: Einerseits werden völlig unterschiedliche zeitliche Verläufe des Kontakts mit professionellen Helfersystemen beschrieben. Andererseits gibt es bedeutende Unterschiede hinsichtlich der familiären Teilsysteme, die im Fokus der Helferkontakte standen bzw. aktuell stehen. Mit diesen ließ sich ein Merkmalsraum konstruieren, der für unsere Typenbildung prägend war (vgl. Tab. 19).

Mithilfe von Fallkontrastierung und Vergleich ließ sich in jedem Feld ein typisches Deutungsmuster inhaltlich verdichten, bis auf sieben konnten alle Familien einem Deutungsmuster zugeordnet werden.

### 1. *Professionelle Hilfe als Schicksalsschlag in Bezug auf ein Kind (N=14 Familien)*

Die Familien, die dieses Deutungsmuster aufweisen, haben keine kontinuierliche Hilfegeschichte. D. h. die Erwachsenen haben meist keine Erfahrung mit professionellen Helfersystemen in ihrer eigenen Kindheit oder Jugend gemacht. Der Kontakt zu professionellen Helfersystemen setzt für sie daher unvermittelt ein, teilweise ausgelöst durch ein konkretes äußeres Ereignis oder mit Beginn der Pubertät eines Kindes, teilweise verbunden mit auffälligem oder „abweichendem" Verhalten (Drogen, Kleinkriminalität). Die familiären Umstände, die eine Hilfe erforderlich machen, werden als „Schicksalsschlag" erlebt, der die Familie aus der Normalität reißt. Die Erwachsenen selbst sehen sich überwiegend nicht als Adressat der Hilfen, diese sollen viel mehr dem Kind bzw. Jugendlichen angedacht werden.

Die Familien, die diesem Deutungsmuster folgen, erhielten zum Zeitpunkt der Befragung Hilfen in Form von Tagesgruppen, Einzelbetreuung eines Kindes oder Sozialpädagogische Familienhilfe. Letztere wurde meist im Kontext von Trennung, Scheidung bzw. der Reorganisation der entsprechenden Familie geleistet. In diesen Fällen zeigten die Erwachsenen eine ambivalente Haltung hinsichtlich der Hilfen – sie fühlten sich durch die Helfer kontrolliert. Zu der Gruppe zählen vier reorganisierte Familien, zwei Zwei-Eltern-Familien, drei Familien im Übergang, zwei alleinerziehende Mütter sowie alle drei alleinerziehenden Väter.

### 2. *Lange Suche nach passender Hilfe für das Kind (N=14 Familien)*

Seit dem Kleinkindalter des „problematischen" Kindes, es wird oft als „Schreikind" beschrieben, suchen die Eltern Hilfe und Unterstützung bei unterschiedlichen professionellen Helfern wie Ärzten, Erziehungsberatungsstellen, Logopäden u. Ä. Besonders schwierig gestalten sich die Übergänge von einer Regeleinrichtung in die andere (Kindergarten – Schule – Ausbildung). Vielfach gibt es Erfahrungen mit der Kinder- und Jugendpsychiatrie und mit medikamentösen Behandlungen (z. B. Ritalin). Insgesamt intensivieren sich die Hilfen mit dem Alter des Kindes. Der Kontakt zur Kinder- und Jugendhilfe kommt meist auf Initiative der Eltern zustande und wird überwiegend als entlastend empfunden. Die Eltern sehen sich meist nicht selbst als Adressaten der Hilfe und wollen überwiegend nur Tipps zur Erziehung des Kindes. Die Fachkräfte halten eine verstärkte Arbeit mit den Eltern dagegen für erforderlich.

Die Familien dieser Fallgruppe erhielten zum Zeitpunkt der Befragung erzieherische Hilfen in Form von Einzelbetreuung eines Kindes oder Jugendlichen, oder in Form von Tagesgruppenbetreuung. Bei fast der Hälfte der Familien gibt es Erfahrungen mit einer Fremdunterbringung des Kindes, meist im Kontext der Kinder- und Jugendpsychiatrie. Überwiegend handelt es sich um Familien aus Westdeutschland (11 von 14). Deutlich dominieren die Zwei-Eltern-Familien (acht Familien sowie drei reorganisierte Familien).

Aus der Sicht der Familien erweisen sich die so genannten „Regeleinrichtungen", wie Grundschule oder Hauptschule, als sehr einflussreich für den Übergang in den Bereich der „spezielleren Helfersysteme". Oft wird auf ihre Initiative der Kontakt zum Jugendamt angebahnt. Die Regeleinrichtungen wie Kindergarten und Schule definieren Normalitätsstandards und wirken diesbezüglich selektiv, was von den Eltern als Problem erkannt wird. „Abweichungen" von Verhaltens- und Leistungsnormen werden hier (oft zum ersten Mal) benannt und „öffentlich". Für die Kinder und noch mehr für die Eltern baut sich so ein Handlungsdruck auf, der eher zu Maßnahmen der Kinder- und Jugendhilfe führt. Dies ist ein nicht zu unterschätzender Faktor, der weiterhin die gängige Differenzierung nach „Selbst- oder Fremdmeldern" in Frage stellt. Die Familien, die selbst ihren „Hilfebedarf" öffentlich machen, so unsere Erkenntnis, werden häufig von subtilen Zwängen geleitet.

### *3. Professionelle Hilfe als Schicksalsschlag in Bezug auf die Familie (N=18 Familien)*

Wie beim ersten Deutungsmuster gibt es auch hier keine kontinuierliche Hilfegeschichte, der Kontakt zu professionellen Helfersystemen setzt ebenso unvermittelt ein, meist kann ein konkretes äußeres Ereignis als Auslöser benannt werden. Die Erwachsenen selbst sehen sich dabei überwiegend als mitbetroffen oder beschreiben eigene Belastungen, die ebenfalls professionelle Hilfen aus ihrer Sicht erforderlich machen oder gemacht haben – dabei handelt es sich um eigene biografische Belastungen. Die Kinder- und Jugendhilfe wird hier teilweise in ihrer „hoheitlichen" Funktion wahrgenommen, d. h. als von außen eingreifend. Somit ist die Haltung zu den professionellen Helfersystemen ambivalent: Einerseits wünschen sie sich Hilfen, andererseits möchten sie sich von ihnen wieder befreien. Sie wollen sich auf keine bestimmte Hilfeform festlegen lassen und nehmen unterschiedliche Systeme in Anspruch, wie z. B. therapeutische Hilfen. Alles in allem nehmen die Erwachsenen gegenüber den Institutionen der Kinder- und Jugendhilfe eine sehr kritische Haltung ein. Insgeheim wünschen sie sich, dass die „Normalität" ohne professionelle Helfer wieder gewonnen wird.

In dieser Gruppe finden sich viele Familien, in denen ein Kind fremduntergebracht ist, aber auch solche, die Hilfen in Form von Einzelbetreuung, Tagesgruppenbetreuung und Sozialpädagogischer Familienhilfe erhalten. Bei einigen Fällen wurde zum Zeitpunkt der Untersuchung der Hilfebedarf geklärt. Von den 18 Familien leben jeweils neun in Ost- und in Westdeutschland. Es handelt sich überwiegend um alleinerziehende Mütter bzw. reorganisierte Familien.

### *4. Leben mit professionellen Helfersystemen (23 Familien)*

Die Kontakte zu professionellen Helfersystemen, überwiegend zur Kinder- und Jugendhilfe, sind mit dem Lebenslauf mindestens eines Elternteils und mit der Familienbiografie fast durchgehend verwoben. Sie werden als selbstverständlicher Teil der Biografie betrachtet. Oft haben die Eltern selbst Erfahrung mit dem Leben in einem Heim oder einer Wohngruppe gemacht. Die „Hilfegeschichte" setzt sich zum Teil übergangslos fort (Wohngruppe – betreutes Wohnen – Mutter-Kind-Einrichtung – Sozialpädagogische Familienhilfe). Die Eltern sehen sich auch heute noch selbst als Adressaten der Hilfen. Im Kinder-System sind meist mehrere Kinder betroffen, teilweise im zeitlichen Wechsel und mit unterschiedlicher Intensität. Die professionellen Helfer werden überwiegend als sehr hilfreich erlebt. Die Hilfen sind überwiegend alltagsbezogen angelegt. Teilweise spielen die Helfer die Rolle bedeutsamer Bezugspersonen für die Erwachsenen im Sinne eines „signifikanten Anderen" bzw. „biografischen Begleiters" (vgl. Faltermeier 2001).

Die Familien, die dieses vierte Deutungsmuster aufweisen, erhielten überwiegend Sozialpädagogische Familienhilfe (14 von 23) sowie teilstationäre (Tagesgruppe) und stationäre Hilfen. 14 der 23 Familien leben in Westdeutschland. In der Gruppe dominieren die alleinerziehenden Mütter (ebenfalls 14).

Zusammenfassend lässt sich sagen, dass die (Vor-)Erfahrungen mit professionellen Helfersystemen in hohem Maße die Wahrnehmung der „aktuellen" Helfer und damit den Erfolg von Hilfen beeinflussen. Dies ist trivial aber für die Jugendhilfe folgenreich. Permien und Zink (1998) beschreiben das Scheitern der Kinder- und Jugendhilfe in der Zusammenarbeit mit Herkunftsfamilien von „Straßenkindern" im Vorfeld ihrer „Straßenkarriere" und kommen zu der Einschätzung, dass „die Aufmerksamkeitsschwelle für die Probleme ihrer Herkunftsfamilien zu hoch" sei (S. 138). Dies lenkt den Blick auf den Zugang zu

Leistungen der Kinder- und Jugendhilfe noch vor der Eskalation in den Familien. In dieser Hinsicht verweist unser Deutungsmuster 4 auf einen fast zwangsläufigen und „natürlichen" Zugang zu den Helfersystemen. Muster 2 („Lange Suche …") legt nahe, dass die Kinder- und Jugendhilfe als hilfreiche Instanz sich schwer finden ließ bzw. erst ein hoher Leidensdruck die Schwelle überwinden hilft. Muster 1 und 3 lassen auf eine „Hilfe-Ferne" schließen, die für eine gelingende Hilfe überbrückt werden muss.

## 3.4 Einbindung in informelle Helfersysteme

„Informelle Helfersysteme" werden in der sozialwissenschaftlichen Literatur meist unter dem Begriff „soziale Netzwerke" diskutiert. Exemplarisch sei hier für den deutschsprachigen Bereich auf Nestmann (1997) verwiesen (vgl. ausführlich auch Nestmann/Hurrelmann 1994, Lüschen 1989). Die sozialen Netzwerke werden dabei meist in ihrer Funktion als Schutzfaktoren zum Erhalt oder der Wiederherstellung der Gesundheit sowie der Bewältigung von Stress oder kritischen Lebensereignissen betrachtet. In diesem Bereich hat sich in den letzten Jahrzehnten eine differenzierte und umfassende Forschungslandschaft entwickelt (vgl. z. B. Straus/Höfer 2000, Straus/Höfer u. a. 1987, Filipp 1981 und die aktuelle Resilienzforschung, exemplarisch dazu Furman 1999). In den Fachdiskursen der Kinder- und Jugendhilfe wird von einer notwendigen Stärkung des „sozialen Kapitals" ihrer Adressaten gesprochen (vgl. z. B. Buchholz-Graf 2001). In unserer Analyse steht die Frage nach nicht-professioneller, alltäglicher Unterstützung bzw. Unterstützungspotenzialen aus dem Umfeld der Familie im Vordergrund. Dazu gehören für uns sowohl Verwandte, d. h. Mitglieder der erweiterten Familie als auch Nachbarn und Freunde.

Untersuchungen zeigen, dass die Großeltern im privaten Unterstützungssystem von jungen Familien eine bedeutsame Rolle spielen (vgl. zusammenfassend Nave-Herz 2004, Schneider u. a. 2001). In unserer Untersuchungsgruppe erklären 22 von 72 befragten Familien, die Angaben zu diesem Thema machten, dass sie „regelmäßig" von den Großeltern der im Haushalt lebenden Kinder Unterstützung erhielten. Dabei wurde keine Differenzierung von Art und Inhalt der Unterstützung vorgenommen. 13 Familien erhalten „selten" eine Unterstützung von dieser Seite. 37 Familien, knapp die Hälfte, erhalten „nie" eine Unterstützung durch die Generation der Großeltern. Der Anteil der Eltern unserer Stichprobe, die auf keine Unterstützung der Großeltern bauen können, ist also relativ hoch. Eine zweite Schwierigkeit ergibt sich im Hinblick auf die Zuverlässigkeit und Dauerhaftigkeit von privaten Helfernetzen. Da sie überwiegend lokal gebunden sind und sich meist im sozialen Nahraum verorten, bringt ein Ortswechsel immer die Anforderung neuer Einbindungsbemühungen in lokale soziale Netzwerke mit sich. In unserer Untersuchungsgruppe hat deutlich mehr als die Hälfte der Familien, die Angaben dazu machten, innerhalb der letzten drei Jahre vor der Befragung einen Umzug hinter sich gebracht (36 von 60 Familien, das entspricht einem Anteil von 60%). 24 dieser Familien sind sogar innerhalb des letzten Jahres vor der Befragung umgezogen. Nur 40% der Familien (24 von 60), die Angaben dazu machten, lebten schon über drei Jahre am aktuellen Wohnort.

Unterschiede hinsichtlich der Einbindung in informelle Helfersysteme lassen sich aufgrund der Selbstbeschreibungen der Familien in zwei Dimensionen abbilden (siehe Merkmalsraum Tab. 20). Informelle Helfer können einerseits aus der Verwandtschaft oder aber aus Nachbarschaft und Freundeskreis kommen. Zum Anderen lässt sich eine Unterscheidung hinsichtlich der Häufigkeit der Kontakte und des „Hilfepotenzials" treffen: Ein „hohes" Hilfepotenzial wird dann angenommen, wenn zwei oder mehr hilfreiche Personen oder Parteien benannt werden.

Tabelle 20: Merkmalsraum der Erfahrungsdimension „Informelle Helfersysteme" und Verteilung der Fälle

<table>
<tr><th rowspan="2">Verwandtschaft/<br>erweiterte Familie</th><th colspan="2">Nachbarschaft/Freunde</th></tr>
<tr><td>Häufige Kontakte und hohes Hilfepotenzial</td><td>Keine oder sehr wenige Kontakte, geringes Hilfepotenzial</td></tr>
<tr><td>Häufige Kontakte und hohes Hilfepotenzial</td><td>1. Eingebundene Familien (14 Familien)</td><td>2. Familiensolidarität (19 Familien)</td></tr>
<tr><td rowspan="2">Keine oder sehr wenige Kontakte, geringes Hilfepotenzial</td><td rowspan="2">3. Hilfe von Freunden und Nachbarn (12 Familien)</td><td>4. Nicht eingebundene Familien (16 Familien)</td></tr>
<tr><td>5. Ein guter Freund/eine gute Freundin (11 Familien)</td></tr>
</table>

Bei der Konstruktion des Merkmalsraumes und der empirischen Überprüfung zeigte sich eine große inhaltliche Differenz innerhalb einer Gruppe von Familien, die zunächst dem (nach dem o. g. Kriterium) vierten Feld des Merkmalsraumes zugeordnet wurde: Der Unterschied besteht im Vorhandensein einer sehr wichtigen Person (Muster 5), zu der eine besondere Beziehung besteht. In Muster vier wird keine solche Person beschrieben. So konnten hier zwei abgrenzbare Deutungsmuster identifiziert werden. Im Folgenden sollen nun die fünf Deutungsmuster erläutert werden:

Die Eltern, die dem Deutungsmuster *„eingebundene Familien"* folgen, nennen mehrere hilfreiche Kontakte sowohl aus dem Bereich der Verwandtschaft als auch aus dem nichtfamiliären sozialen Nahraum. Dabei nehmen die von uns befragten Erwachsenen, die auch schon eigene Enkelkinder haben, selbst die Funktion als Großeltern aktiv wahr und stehen so zur Unterstützung ihrer eigenen, erwachsenen Kinder zur Verfügung. Teilweise wird auch für die eigenen pflegebedürftigen Eltern Hilfe geleistet. Neben der Verwandtschaft als verlässliche soziale „Stütze" werden mehrere hilfreiche Kontakte aus Nachbarschafts- oder Freundeskreisen genannt. Der außerfamiliäre Bereich tritt bei diesem Deutungsmuster ebenfalls als Hilfepotenzial auf, aber die Kontakte sind weniger dicht und bestehen aus Beziehungen zu Arbeitskollegen oder in der Zugehörigkeit zu Vereinen. Von den 14 Familien, die dieses Deutungsmuster aufweisen, leben neun in Westdeutschland. Die Gruppe setzt sich zusammen aus fünf alleinerziehenden Müttern, vier Zwei-Eltern-Familien und drei reorganisierten Familien.

Bei dem Deutungsmuster *„Familiensolidarität"* sind die helfenden Beziehungen fast ausschließlich im Bereich der Großfamilie bzw. der erweiterten Verwandtschaftsbeziehungen verortet. Eine wichtige Rolle spielen dabei die Großeltern („Dritte Generation"), die teilweise in unmittelbarer Nachbarschaft oder sogar mit im Haushalt der befragten Familie gleichsam „unter einem Dach" leben. Wie beim ersten Muster nehmen die Erwachsenen hier häufig selbst auch die Rolle von Großeltern ein bzw. sorgen für ihre eigenen Eltern. Diese Solidarität und die Reziprozität in den Unterstützungsleistungen werden von den Familien hervorgehoben. Sie stellen teilweise eine recht hohe Verpflichtung dar. Allerdings wird das enge räumliche Zusammenleben häufig ambivalent beschrieben (ähnliches trifft auch auf das erste Deutungsmuster zu): Einerseits sind die Großeltern als potenzielle Helfer leicht verfügbar und werden entsprechend auch gerne nachgefragt, gleichzeitig wird das Zusammenleben als vielfach konfliktbeladen und belastend beschrieben, d. h. eine Einmischung in die Erziehung der Kinder oder eine falsche Erziehung durch die Großeltern wird von einigen Familien beklagt. Es zeigt sich eine Abhängigkeit, die konfliktgeladen ist. Von den 19 Familien, die dieses Deutungsmuster aufweisen, leben 13 in West- und sechs in Ostdeutschland. Die Gruppe besteht aus sechs Zwei-Eltern-Familien, fünf alleinerziehenden Müttern und fünf reorganisierten Familien.

Wichtige informelle Helfer kommen bei dem Deutungsmuster *„Hilfe von Freunden und Nachbarn"* vorwiegend aus dem Bereich der nicht-verwandtschaftlichen Kontakte. Besonders häufig werden Nachbarn und Freunde genannt, aber auch die Unterstützung aufgrund der Zugehörigkeit zu Vereinen (z. B. Kleingartenverein) oder Kirchengemeinden. Auffällig ist der hohe Anteil von Familien aus Ostdeutschland: Dies betrifft acht von 12 Familien. Auch zwei der vier Familien, die in Westdeutschland leben, kommen ursprünglich aus Ostdeutschland, eine Familie weist einen (internationalen) Migrationshintergrund auf. Fünf der Familien sind reorganisierte Familien, vier entsprechen der Familienform alleinerziehende Mütter.

Die Familien mit dem Deutungsmuster *„Nicht eingebundene Familien"* kommen zum größten Teil (12 von 16) aus Westdeutschland. Zu unterscheiden sind innerhalb dieser Gruppe die Familien, die deutlich machen, dass sie keine informellen Helfer brauchen, und diejenigen, die als eher ungewollt isoliert erscheinen. Die erste Untergruppe stellt sich so dar, dass sie sich mit den Nachbarn verstehen, weil sie keinen Ärger machen. Mit Verwandten haben sie höchstens sporadisch zu tun. Weiterhin sind im Zusammenhang dieses Deutungsmusters Familien zu finden, die gerne das Modell der Familiensolidarität (Muster 2) verwirklichen würden oder dies über lange Zeit praktizierten. Dann aber fiel die „Dritte Generation" plötzlich weg – durch Alter oder Tod, häufig aber auch im Kontext eines Ortswechsels – sodass nun eine Neuorientierung erforderlich wird. Auffällig ist dabei, dass den im Haushalt lebenden Partnern vielfach eine außerordentlich hohe Bedeutung als „informellen Helfern" zugesprochen wird. In dieser Gruppe sind sechs alleinerziehende Mütter, vier reorganisierte Familien und vier Zwei-Eltern-Familien zu finden.

Das Deutungsmuster *„Ein bester Freund/eine beste Freundin"* findet sich überwiegend bei den von uns befragten alleinerziehenden Frauen. Sie haben keine Helfer-Netze, sondern beschreiben lediglich einen besonders bedeutsamen Kontakt zu einer Person. Diese erscheint dann in der Rolle eines „signifikanten Anderen" oder biografischen Begleiters. Es fällt auf, dass es sich dabei oft um Personen handelt, mit denen die Befragten in institutionalisierten Zusammenhängen in Kontakt gekommen sind (TherapeutInnen, SozialarbeiterInnen). Bei einem Fall, einer alleinerziehenden Mutter, führte der Kontakt zu einer sozialpädagogischen Betreuerin zu einer Freundschaft und schließlich zu einem Zusammenleben in einem gemeinsamen Haushalt. Dieses Deutungsmuster weisen überwiegend biografisch stark belastete alleinerziehende Mütter auf, die deutliche Schwierigkeiten in der Aufnahme sozialer Kontakte beschreiben. Ihre Beziehung zu den besten Freunden nimmt vielfach Züge eines Abhängigkeitsverhältnisses an. Auch die Beziehung zu den eigenen Kindern erscheint ambivalent: Sie stellen eine wichtige Ressource für die Erwachsenen dar, wobei die Generationengrenzen zu verschwimmen scheinen und Parentifzierung droht. Von den 11 Familien, die dieses Muster aufweisen, leben sieben in Westdeutschland. Es handelt sich um sieben alleinerziehende Mütter, zwei reorganisierte Familien und zwei Familien „im Übergang". Zwei-Eltern-Familien sind in dieser Gruppe nicht vertreten.

Den Mustern drei bis fünf ist gemeinsam, dass aus dem Bereich der erweiterten Familie keine Helfer zur Verfügung stehen. Dies scheint ein wichtiger Befund zu sein, der mit 39 Familien fast genau die Hälfte aller Befragten betrifft. Die Gründe sind zunächst vielfältig: Häufig ist ein Umzug an einen anderen Ort oder Alter und Tod der eigenen Eltern ein Grund für das Nichtvorhandensein eines solchen Helfersystems. Wichtig erscheint aber auch der Hinweis, dass ein sehr hoher Anteil der Familienmitglieder, die auf das informelle Helfersystem recht bewusst „verzichten", dies mit äußerst belastenden Erfahrungen in der eigenen Herkunftsfamilie oder starken Konflikten mit den eigenen Eltern begründet.

Der explorative Vergleich einer Untergruppe von 27 Alleinerziehenden (Müttern und Vätern) aus unserer Untersuchung mit der Gruppe aus der Studie von Schneider, Krüger, Lasch u. a. (2001, S. 264) ergab, dass die Letztere im Vergleich deutlich stärker auf die Hilfe der Großelterngeneration zurückgreifen kann (60% der Alleinerziehenden geben als wichtigste Unterstützungspersonen Familienangehörige an). Von den 27 alleinerziehenden Müttern unserer Untersuchungsgruppe verweisen nur zehn auf eine Unterstützung aus dem Bereich der erweiterten Familie, während 17 Alleinerziehende diese Bezüge nicht haben. Fehlende Hilfe durch die erweiterte Familie, insbesondere bei Alleinerziehenden, könnte ein relevanter Faktor für die Inanspruchnahme erzieherischer Hilfen sein – im Kontext der immer noch dünn gesäten Regeleinrichtungen zur Tagesbetreuung von Kindern in Deutschland.

## 3.5 Aktuell relevante familiäre Belastungen

Ein zentrales Thema der Interviews waren die aktuell relevanten Belastungen der Familienmitglieder. Sie haben offen und ausführlich darüber berichtet. Im ersten Schritt haben wir alle signifikanten Mitteilungen zu diesem Thema in einer Synopse zusammengestellt und nach verschiedenen Belastungsarten analysiert. Die Ergebnisse dieser Bemühungen zeigt die Tabelle 21. In der Tabelle sind die Anzahl der Nennungen der einzelnen Belastungsarten aufgeführt. Aufgrund von Doppelnennungen ist deren Anzahl höher als die der Familien.

Tabelle 21: Belastungen der Familien (N=77)

| Belastungsart | Anzahl der Nennungen | Anzahl der Familien |
|---|---|---|
| 1. Biografische Belastungen | 37 | 28 |
| 2. Beziehungsprobleme | | |
| • Belastungen durch die dritte Generation | 23 | 19 |
| • Paarprobleme | 30 | 27 |
| • Belastende Beziehungen Eltern(-teil) – Kind | 37 | 23 |
| • Belastungen als Geschwister – Geschwisterkonflikte | 7 | 7 |
| 3. Kindbezogene Probleme | | |
| • Belastungen der Kinder | 51 | 40 |
| • Innerfamiliäre Erziehungsprobleme | 23 | 23 |
| • Probleme der Kinder in Kita, Schule oder Ausbildung | 38 | 34 |
| 4. Sozioökonomische Belastungen | 50 | 34 |
| 5. Gesundheitliche Belastungen der Erwachsenen | 12 | 10 |
| 6. Selbstwertprobleme | 32 | 27 |
| 7. Alltagsbelastungen | 29 | 26 |

Bei einer absoluten Gesamtzahl von 376 Nennungen ergibt sich pro Familie eine durchschnittliche Anzahl von rund fünf Nennungen. Hinsichtlich der verschiedenen Belastungsarten ergibt sich eine Verteilung von vier pro Familie. Wir haben es in unserer Stichprobe also mit Familien zu tun, die über viele und gleichzeitig unterschiedliche Belastungen berichten. Sie verteilen sich auf verschiedene familiäre Subsysteme (Eltern-Kind-Beziehung, Paarebene, Eltern-Großeltern-Beziehung, Erwachsenenebene) und unterschiedliche Zeitachsen (Vergangenheit und Gegenwart). Im Folgenden soll auf die Belastungsarten im Einzelnen eingegangen werden:

Bei über einem Drittel der Familien (N=37) werden noch aktuell wirksame biografische Belastungen beschrieben (vgl. Punkt 1 der Tabelle). Im Unterschied zu der Erfahrungsdimension „Biografische Leidensmuster“ geht es hier um biografische Belastungen, die nach wie vor die Lebenssituation beeinträchtigen. Zu den aktuell noch wirksamen biografischen Belastungen zählen traumatische biografische Erfahrungen, wie sexuelle oder körperliche Misshandlungen, Alkoholprobleme, Scheidung der Eltern oder Todesfälle. In einigen Familien verknüpfen die Erwachsenen biografische Belastungen mit den Schwierigkeiten ihrer Kinder. Aus Sicht der Erwachsenen wird die Gefahr beschrieben, dass die Kinder die Fehler der Eltern wiederholen.[6] Beispielsweise fürchtet ein junger Vater, dass er seinen Söhnen gegenüber gewalttätig werden könnte, weil er von seinem Vater körperlich misshandelt wurde. Wenn man die Familien, die aktuell relevante biografische Belastungen beschreiben, mit der Erfahrungsdimension „Biografische Leidensmuster“ korreliert, dann fällt auf, dass zwei Drittel dieser Familien bei der Beschreibung ihrer Lebensgeschichte dem Deutungsmuster „Das Leben als durchgängige Leidensgeschichte“ folgen.

Bei einem Viertel der untersuchten Familien stellen die Großeltern eine Belastung dar. Zum einen handelt es sich dabei um Konflikte um Geld oder Erziehungsfragen (eine Großmutter kritisiert ihre Tochter, dass sie ihrem Sohn „keine Liebe gibt“), zum anderen – und dies macht die Hauptgruppe aus – sind die Großeltern ernsthaft krank, die Erwachsenen müssen sich mit dem möglichen Tod ihrer eigenen Eltern auseinandersetzen. Ein alleinerziehender Vater spricht davon, dass bei seinem Vater die „Uhr abgelaufen“ sei.

Bei knapp einem Drittel der Familien werden Belastungen auf der Paarebene beschrieben.[7] Die Erwachsenen nennen unterschiedliche Entstehungszu-

---

6 Zur Problematik, wie belastende biografische Erfahrungen an die nächste Generation weitergegeben werden, hat insbesondere die Bindungstheorie im Rahmen der Kinder- und Jugendhilfe zu empirischen Untersuchungen angeregt (Julius 2001, Schleiffer 2001).

7 Auf die Bedeutung des Subsystems „Paar“ haben im Rahmen der Sozialpädagogik schon früh Mollenhauer, Brumlik und Wudtke (1975) hingewiesen, ohne dass dies von der Profession aufgegriffen wurde. Im familientherapeutischen Kontext haben Selvini-Palazzoli

sammenhänge: Paarkonflikte als Folge von Uneinigkeit in Erziehungsfragen bzw. aufgrund ungerechter familiärer Arbeitsteilung oder von Eifersucht etc. In einigen Familien bleiben die Paarkonflikte auch nach der Trennung bestehen und werden über die gemeinsamen Kinder ausgetragen. Manche Paarkonflikte führen zu gewalttätigen Auseinandersetzungen bzw. es wird Gewalt befürchtet.

Bei den meisten Familien stehen kindbezogene Probleme im Vordergrund (insgesamt 112 Nennungen). Beziehungsprobleme der Eltern mit den Kindern resultieren häufig aus Stiefkind- bzw. Stiefelternteil-Konstellationen, etwa wenn eine Mutter Konflikte mit ihrem Sohn beschreibt, weil dieser ihren neuen Freund ablehnt. In anderen Familien entfachen sich typische Konflikte um jugendliche Verhaltensweisen (ein Vater nennt seine Töchter „pubertätsgestört"). Geschwisterkonflikte ergeben sich aus restriktiven Lebensbedingungen (zu kleine Wohnung) oder aufgrund von Konkurrenz zwischen den leiblichen Kindern und den Kindern, die der Partner oder die Partnerin mit in die reorganisierte Familie gebracht hat. In unserer Stichprobe gibt es 40 Familien, die mehr oder weniger schwerwiegende Belastungen der Kinder beschreiben (insgesamt 51 Nennungen). Es handelt sich um die größte Gruppe. Die Belastungen der Kinder reichen von körperbezogenen Problemen, wie Essstörungen, epilepsieähnlichen Anfällen, Einnässen, körperliche Behinderungen, Drogenprobleme etc., über aggressive Verhaltensweisen bis hin zu Kontaktschwierigkeiten und sozialem Rückzug. Bei den Jungen dominieren die offensiven Verhaltensweisen, vor allem Aggressionen, während die Mädchen ihre Probleme eher defensiv zu lösen scheinen, z. B. in Form von Essstörungen, sozialem Rückzug etc. Die zweitgrößte Teilgruppe mit insgesamt 34 Familien berichtet über familiäre Stresssituationen, die von außen – von Kindertagesstätten, Schulen etc. – in die Familie getragen werden: schulverweigernde Kinder, Schüler-Lehrer-Konflikte, Konzentrationsschwierigkeiten. In der dritten Teilgruppe (23 Familien) stehen innerfamiliäre Erziehungsprobleme im Zentrum: Eltern, die mit der Erziehung ihrer Kinder überfordert sind oder sich nicht durchsetzen können.

Zu den sozioökonomischen Belastungen, von denen die Hälfte der Familien betroffen ist, zählen knappe Finanzen, Wohnungsprobleme – wie enger Wohnraum, gefährliches Wohnumfeld – und Arbeitslosigkeit. Im Bereich der gesundheitlichen Belastungen werden von den Erwachsenen verschiedene Probleme wie Übergewicht („Kummerspeck") Asthma, Alkoholabhängigkeit oder Multiple Sklerose genannt. Die gesundheitlichen Belastungen werden ausschließlich von Frauen beschrieben.

---

u. a. (1992) paartherapeutische Vorgehensweisen geschildert, wenn kindliche Probleme auf Paarprobleme zurückzuführen sind.

Bei 27 Familien finden sich Selbstwertprobleme. Bei den Frauen zeigen sich dabei zwei Problemkomplexe: Einige haben das Gefühl, der Mutterrolle nicht gerecht zu werden oder als Mutter versagt zu haben. Anderen gelingt es nicht, Familie und Beruf zu verbinden. Letzteres wird damit begründet, dass sie keinen Arbeitsplatz bekommen können, weil Kinderbetreuungsmöglichkeiten fehlen oder der Partner sie zu wenig im Alltag unterstützt. Bei den Männern ergeben sich Selbstwertprobleme überwiegend aus der Arbeitslosigkeit, aufgrund von beruflichen Schwierigkeiten oder weil sie im Rahmen der familiären Arbeitsteilung mehr an Haushalt und Kindererziehung beteiligt sind als ihre Frauen. Im Übrigen sind die Alltagsbelastungen in unserer Untersuchungsgruppe quantitativ fast genauso stark vertreten wie die Selbstwertprobleme (26 Familien). Von ihnen sind überwiegend Frauen, insbesondere alleinerziehenden Müttern, betroffen.

Neben den hier aufgezählten Belastungsarten gibt es noch andere, die in der Tabelle nicht auftauchen, aber die oben genannten Dimensionen gleichsam durchziehen: Stresssituationen und Leiderfahrungen im Zusammenhang mit Trennung und Scheidung, Konflikte durch ungeklärte Umgangsregelungen, fehlende Unterstützung durch den ehemaligen Partner etc. Sehr häufig wird der fehlende Kontakt zum Vater beklagt. Belastungen im Zusammenhang mit Trennung und Scheidung wurden insgesamt 32 Mal in 25 Familien genannt.

Wie oben schon erwähnt, findet sich bei fast allen Familien ein Komplex unterschiedlicher Belastungen und nur in wenigen Ausnahmefällen eine, die so weit herausragt, dass sich die Belastungssituation hinreichend durch sie beschreiben ließe. Von daher haben wir bei der Typenbildung nicht die oben beschriebenen inhaltlichen Merkmale berücksichtigt, sondern uns darauf konzentriert, in welchem familiären Subsystem die Befragten die Belastungen primär lokalisieren. Theoretisch lassen sich drei „Belastungszentren" unterscheiden: Das Erwachsenensystem, das Eltern-Kind-System und das Kindersystem. Nach der Durchsicht des codierten Interviewmaterials und auf der Basis von Fallvergleichen konnten wir drei Deutungsmuster inhaltlich konturieren:

| **Merkmalsraum „Aktuell relevante Belastungen"** | |
|---|---|
| 1. Erwachsenenzentriertes Belastungsmuster | Die beschriebenen Belastungen beziehen sich vorwiegend auf die Erwachsenen, die kindbezogenen Belastungen sind sekundär. |
| 2. Kindzentriertes Belastungsmuster | Die beschriebenen Belastungen beziehen sich vorwiegend auf die Kinder, die erwachsenenbezogenen Belastungen scheinen sich eher aus ersteren zu ergeben. |
| 3. Zirkuläres Belastungsmuster | Die beschriebenen Belastungen der Kinder und die der Erwachsenen bedingen sich gegenseitig und schaukeln sich hoch. |

### 1. *Erwachsenenzentriertes Belastungsmuster (N=27 Familien)*

Bei diesem Deutungsmuster stehen die Belastungen der Erwachsenen im Vordergrund. Sie sind primär im Elternsystem verhaftet. Weil die Stressbelastungen der Eltern das Familienklima belasten, wirken sie sich sekundär auf die Eltern-Kind-Beziehung aus. Zu den Belastungen der Erwachsenen zählen u. a. aktuell wirksame biografische Belastungen, kritische Lebensereignisse (z. B. plötzliche Todesfälle wichtiger Bezugspersonen), Paarkonflikte und Belastungen durch die eigenen Eltern (Großelterngeneration). Wie sich die psychischen Belastungen der Erwachsenen auf die Kinder auswirken, zeigt das folgende Fallbeispiel:

> Eine alleinerziehende Mutter (Frau W.) lebt mit ihrer achtjährigen Tochter zusammen. Das Mädchen sei, so die Mutter nach Auskunft des Arztes, entwicklungsverzögert. Sie zeige ein schwieriges Essverhalten. Die Mutter führt die Probleme ihrer Tochter auf ihre eigenen Belastungen zurück: Bedingt durch die schwierige Beziehung zu ihrem mittlerweile verstorbenen Ehemann sei sie drogenabhängig. Sie fühlt sich durch den frühen Tod des Vaters und durch den sexuellen Missbrauch durch den Stiefvater nach wie vor belastet. Ebenso sei ihre Mutter vor kurzem verstorben. Als Folge ihrer biografischen Belastungen, zu denen sie auch ihren Heimaufenthalt in den ersten 12 Lebensjahren zählt („Meine Mutter hatte nichts Besseres zu tun, als mich ins Heim zu stecken"), habe sie Ängste im Umgang mit anderen Menschen, so dass ihr soziale Kontakte fehlen. Sie fühlt sich isoliert und klammert sich deshalb an ihre Tochter. Eine zusätzliche Belastung ist die geringe finanzielle Ausstattung: „Ich bekomme die Erziehungsrente und die Halbwaisenrente und gehe bei einer Bekannten arbeiten. Aber das reicht nicht, das ist also wirklich zu knapp." (W 1–5)

### 2. *Kindzentriertes Belastungsmuster (N=27 Familien)*

Bei dem kindzentrierten Belastungsmuster werden die familiären Stresssituationen vorwiegend von den Kindern verursacht. Die Belastungen der Kinder, durch Schule, Krankheit oder Verhaltensschwierigkeiten wirken sich auf das Eltern-Kind-System aus und ziehen Erziehungsschwierigkeiten, Streitigkeiten der Eltern über die richtige Erziehung usw. nach sich. Die Belastungen der Eltern sind sekundär, d. h. bedingt durch die der Kinder. Bei der Familie Greiner z. B. stellt der Sohn die Hauptbelastung dar. Es handelt sich um eine Zwei-Eltern-Familie mit einem 16-jährigen Sohn und einer zehnjährigen Tochter. Frau Greiner berichtet:

> „Ja schon während der Schwangerschaft ... das war ja schon alles unnormal." Die Geburt wurde dann sehr schwierig, „er war richtig tot, es ist kein Sauerstoff gewesen, da war auf einmal alles tot. Dann haben sie ihn wieder ins Leben gerufen." Im Kindergarten und in der Schule sei er wegen seiner Lernschwierigkeiten gehänselt

worden. Bis vor einem Jahr schlief er noch zwischen seinen Eltern und „hat noch auf Knien gelegen und hat „brumm, brumm" gemacht wie so ein Vierjähriger, Fünfjähriger." Laut Aussage der Mutter, habe er kaum Kontakte zu Gleichaltrigen und verbringe seine Freizeit meist allein zu Hause. Frau Greiner fühle sich in bestimmten Stresssituationen mit ihrem Sohn überfordert. Manchmal schlägt sie ihr Kind, was ihr hinterher aber meist leid tut. Die Mutter ärgert sich über das Verhalten ihres Sohnes: „Er kommt nach Hause und Mama mach mal. Er kommt nach Hause, er weiß genau, dass er seine Schuhe auszuziehen hat, da latscht er erstmal alles durch. Dann sehe ich rot." Die Mutter hat Angst um die Zukunft ihres Sohnes, „also überlegen Sie mal, wie es nächstes Jahr für die Lehrjahre wird, was wir da uns anhören müssen und wie viele Bewerbungen wir schreiben müssen." All dies belaste das familiäre Zusammenleben. (W 1–19)

### *3. Zirkuläres Belastungsmuster (N=20 Familien)*

Das zirkuläre Belastungsmuster ist durch eine wechselseitige Bedingtheit der Belastungen der Kinder und der Erwachsenen charakterisiert. Keine der beiden Belastungsdimensionen wird als primär oder ursächlich für die jeweils andere beschrieben. Dies zeigt das folgende Fallbeispiel einer reorganisierten Familie (Familie B.) mit drei Mädchen (17, 13 und sieben Jahre), die aus früheren Beziehungen der Frau stammen.

„Der neue Lebenspartner berichtet, dass es häufig zu Konflikten zwischen ihm und den Töchtern komme: „Manchmal werde ich dann doch recht schnell laut. Ich rede einmal, ich rede zweimal, das dritte Mal etwas lauter und irgendwann platzt mir dann halt der Kragen." Die mittlere Tochter habe Konzentrationsschwierigkeiten in der Schule, die Diagnose ADS stehe im Raum. Aus Sicht der Frau haben ihre Töchter mit ihrem Partner eigentlich keine Probleme, allerdings würde die jüngste Tochter „ihn immer noch nicht für voll" nehmen. Der Vater des Mädchens ist der ehemalige beste Freund des Mannes; dieser habe ihn früher „sehr enttäuscht." Die Frau leidet unter den Konflikten ihres Partners mit ihren Töchtern; sie führt die Konflikte „auf schlechte Laune wegen seiner Arbeitslosigkeit" zurück. Obwohl er verschiedene Qualifikationen erworben hat, findet er keine Arbeit. Die Mutter ist durch die gesundheitliche Situation ihrer eigenen Mutter belastet, diese hat Asthma und einen Herzschrittmacher, ihre Situation ist lebensbedrohlich: „Das kann von der einen Woche auf die andere gehen." (O–19)

In Familien, die diesem Deutungsmuster zuzuordnen sind, schaukeln sich die verschiedenen Konfliktbereiche wie in einem „Circulus vitiosus" gegenseitig hoch. Es gibt häufiger Paarkonflikte. Die Anzahl der Belastungen und der verschiedenen Belastungsarten je Familie ist bei dieser Gruppe deutlich höher als bei den anderen beiden.

Zusammenfassend lässt sich sagen, dass sich in unserer Stichprobe die Annahme bestätigt, dass wir es in der Kinder- und Jugendhilfe mit Multi-Problem-Familien zu tun haben. Zu den Multi-Problem-Familien zählen wir aber auch Familien, die trotz sozioökonomisch stabiler Situation verschiedenartigste Belastungen beschreiben, sowohl auf der biografischen als auch auf der aktuellen Zeitebene. Sie betreffen die verschiedenen familiären Subsysteme (Kindersystem, Eltern-Kind-System, Paarebene, Eltern-Großeltern-Ebene, Individuum) gleichermaßen. Daher sollten sowohl sozialpädagogische Familiendiagnosen als auch daraus abzuleitende Handlungsvorschläge die verschiedenen Zeitdimensionen bzw. „zeitlichen Horizonte" (Boscolo/Bertrando 1994) sowie sämtliche familiären Subsysteme berücksichtigen.

Die quantitative Verteilung der Deutungsmuster zeigt, dass bei mehr als einem Drittel der Familien die elterlichen Belastungen als zentral für die familiäre Gesamtproblematik angesehen werden (vgl. „erwachsenenzentriertes Belastungsmuster" mit N=27 Familien). Nimmt man das „zirkuläre Belastungsmuster" hinzu, bei dem auch Elternbelastungen im Vordergrund stehen, hinzu, dann sind es sogar ca. zwei Drittel der Familien. Keinesfalls lässt sich in unserer Untersuchungsgruppe die unter Praktikern verbreitete Auffassung, dass Familien die Probleme ihrer Kinder ins Zentrum rücken und eigene Anteile gerne vernachlässigen, bestätigen.

## 3.6 Familiäre Arbeitsteilung

Dass sich mit dem Wandel von Partnerschaftskonzepten, des Familienlebens und der Familienerziehung auch die familiäre Arbeitsteilung ändert, ist hinlänglich bekannt. Mittlerweile liegen dazu einige interessante Studien vor (vgl. zusammenfassend König und Maihofer 2004, Kaufmann 1994). Es besteht Konsens darüber, dass Aufteilung und Organisation der Hausarbeit heute nicht mehr konventionell vorgegeben sind. Eine zentrale Aufgabe von Familien besteht darin, diese – je nach Lebensumständen – individuell zu bestimmen (König/Maihofer 2004, S. 209). Welche Formen bzw. Typen von familiärer Arbeitsteilung es gibt, insbesondere in der Jugendhilfe, ist eine Fragestellung, der bisher nur in Ansätzen nachgegangen wurde. Wir haben versucht, uns dieser Fragestellung anzunähern. Im ersten Schritt haben wir die Aussagen der Familienmitglieder zur familiären Arbeitsteilung in einer Synopse unter drei Aspekten zusammengefasst: (1) Thematisierungen der Arbeitsteilung im Hinblick auf Erwerbsarbeit, Hausarbeit, Kindererziehung, familiäre Fürsorge etc.; (2) konkrete Verteilung der einzelnen Aufgaben unter den Familienangehörigen und deren zeitlicher Aufwand; (3) subjektive Bewertung der familiären Arbeitsteilung insbesondere im Hinblick auf die erlebte Verteilungsgerechtigkeit und die

Veränderungsdynamik, d. h. Flexibilität und Bereitschaft, die Aufgabenverteilung zu verändern.

Auffällig war zunächst die starke Beteiligung der Kinder an der Hausarbeit. Bei 61% der Familien hilft ein Kind regelmäßig im Haushalt. Großeltern und andere Familienmitglieder werden kaum bei der konkreten Bewältigung des Alltags genannt, das Gleiche gilt für Nachbarn und Freunde. Als konfliktträchtig wird die mangelnde Beteiligung einzelner Kinder und der Partner an der Hausarbeit beschrieben. Konflikte um die familiäre Arbeitsteilung werden fast ausschließlich von Frauen benannt: Einige werfen ihren Männern mangelnde Beteiligung im Haushalt vor, andere kritisieren ihre Partner, dass diese sich nicht genug um die Erwerbsarbeit kümmern. Insgesamt zu berücksichtigen ist, dass 66% der befragten Frauen und 48% der Männer keiner Erwerbstätigkeit nachgingen (in Ostdeutschland 69% bei den Frauen, bei den Männern 50%).

Bei der Auswertung der Interviews zeigte sich, dass Aussagen zur quantitativen Aufgabenverteilung und zur Rollendynamik insgesamt im Vordergrund standen. Unter Rollendynamik ist zu verstehen, dass mindestens ein Erwachsener mit der Rollenverteilung unzufrieden ist und Veränderungen anstrebt oder schon angesetzt hat, oder dass sich durch äußere Umstände wie Arbeitslosigkeit die Rollenverteilung gezwungenermaßen ändern muss. Dies ist beispielsweise dann der Fall, wenn ein Mann sich um die Hausarbeit und die Kindererziehung kümmert und die Unzufriedenheit mit seiner Arbeitslosigkeit das familiäre Zusammenleben chronisch belastet. Dieses berücksichtigend haben wir für die Typenbildung einen Merkmalsraum konstruiert, der sich aus den Variablen „Quantitative Aufgabenverteilung“ und „Rollendynamik“ zusammensetzt (vgl. Tab. 22).

Tabelle 22: Merkmalsraum „Familiäre Arbeitsteilung“

| **Rollendynamik** | **Quantitative Aufgabenverteilung** | |
|---|---|---|
| | Aufgaben sind nicht zentriert | Aufgaben sind personenzentriert |
| Rollendynamik schwach | 1. Partnerschaftliche Arbeitsteilung | 2. „Allzuständigkeit“ |
| Rollendynamik stark | 3. Dynamisch-gleichgewichtete Arbeitsteilung | 4. Dynamisch-personenzentrierte Arbeitsteilung |

Bis auf sieben konnten alle Familien einem der vier Deutungsmuster zugeordnet werden. Wie diese sich inhaltlich begründen lassen, soll im Folgenden erläutert werden.

### 1. *Partnerschaftliche Arbeitsteilung (N=20 Familien)*

In Familien mit partnerschaftlicher Arbeitsteilung wird die familiäre Aufgabenverteilung von den Erwachsenen in quantitativer Hinsicht als gerecht beschrieben. Die verschiedenen Familienaufgaben (Erwerbsarbeit, Alltagsgestaltung, Kindererziehung) konzentrieren sich insgesamt nicht auf eine Person, sondern sind nach Einschätzung der Befragten untereinander gerecht verteilt. Die Erwartungen der Familienmitglieder im Hinblick darauf, wer welche Familienpflichten übernimmt, sind relativ festgelegt, d. h., die Rollendynamik ist schwach. Es werden keine Veränderungserwartungen oder Unzufriedenheit in Hinblick auf die Rollenzuweisungen von den Erwachsenen formuliert. Die Arbeitsteilung wird als komplementär erlebt.

Unter den 20 Familien befinden sich ein alleinerziehender Vater, eine Familie im Übergang, acht Zwei-Eltern-Familien und 10 reorganisierte Familien. Auffällig ist der Ost-West-Unterschied: Nur fünf der 20 Familien stammen aus Ostdeutschland. Ein Beispiel für partnerschaftliche Arbeitsteilung ist die Familie Otto:

> Herr und Frau Otto haben zwei Söhne (17 und 13). Frau Otto arbeitet Teilzeit als Krankenschwester, der Mann arbeitet Vollzeit als Maurer. Da die Frau regelmäßig auch am Wochenende arbeiten muss, gibt es kaum Zeit für gemeinsame familiäre Aktivitäten, allerdings kümmert sich der Mann dann um die Hausarbeit. Zeitdruck entsteht vormittags, weil der ältere Sohn in ein Schulprojekt gebracht werden muss. Dies erledigt Frau Otto, weil ihr Mann früh mit der Arbeit beginnt. Die Jungen sind „verwöhnt" und beteiligen sich nicht am Haushalt: „Sie müssen selber das Geschirr in den Geschirrspüler stellen und die dreckige Wäsche rausgeben, was sie aber selten machen." Wenn der Druck groß wird, bekommt sie Unterstützung von ihrem Mann: „Mein Mann ist so, der lässt mich auch, ich glaube, weil er aber selber so empfindet, da brauch ich einfach mal zwei Stunden für mich. Ich geh 'ne Stunde in die Wanne mit 'nem Buch, finde ich ganz toll. Oder, ich leg mich hier auf den Balkon und lese drei Stunden. Aber wie gesagt, diese Zeit krieg ich von meinem Mann, das ist so. Der übernimmt dann halt die Pflichten, von mir aus. Der sitzt dann da nicht und sagt, so es ist, drei Uhr koch du mal den Kaffee, oder so, das macht der nicht." Da Frau Otto nur kurz im Mutterschutz war, ist der Mann an der Hausarbeit beteiligt gewesen: „Bei D. (dem älteren Sohn) gab es nur ein halbes Jahr Mutterschutz, da ich schon wieder relativ früh zum Arbeiten gegangen bin, musste mein Mann Haushaltsrollen übernehmen, was er bis heute durchzieht, der wäscht, der kocht, der kauft ein." (W1–4)

### 2. *„Allzuständigkeit" (N=28 Familien)*

Bei dem Deutungsmuster „Allzuständigkeit" sind die Rollen relativ festgelegt. Die verschiedenen familiären Aufgaben zentrieren sich vorwiegend auf eine Person. Gleichzeitig ist die Rollendynamik schwach, d. h., es werden keine Veränderungswünsche hinsichtlich der Rollenerwartungen beschrieben. Bei den 28 Fällen, die diesem Deutungsmuster folgen, handelt es sich bei 20 Familien um alleinerziehende Mütter und bei vier um reorganisierte Familien. In der Gruppe befinden sich auch zwei Zwei-Eltern-Familien und zwei Familien im Übergang. Von den 20 alleinerziehenden Müttern kommen nur vier aus Ostdeutschland.

In den Familien mit alleinerziehenden Müttern sind die Kinder mehrheitlich an familiären Aufgaben, insbesondere bei der Alltagsbewältigung, beteiligt. Bei zwei Drittel dieser Familien sind die Mütter mit der Beteiligung der Kinder zufrieden. Wenn Kritik an der Aufgabenteilung geübt wird, dann sind die Kinder die Hauptadressaten. Mit dem fehlenden Engagement der nicht im Haushalt lebenden Kindesväter scheinen sich die Frauen abgefunden zu haben. Manche Frauen nehmen die Alltagsbelastung resignierend hin. Eine Mutter antwortet auf die Frage: Wer macht was? „Tja, das ist schon lustig, wer macht was."

Wenn man die Erfahrungsdimension „Familiäre Arbeitsteilung" mit der Erfahrungsdimension „Einbindung in informelle Unterstützungs- und Helfersysteme" korreliert, fällt auf, dass nur drei „allzuständige" Alleinerziehende zum Deutungsmuster „Familiensolidarität", dem häufigsten Deutungsmuster in der Erfahrungsdimension, gehören. Es fehlt also eine umfassende Unterstützung durch Freunde und Familienangehörige. Wie die Arbeitsteilung im Einzelnen beschrieben wird, zeigt der folgende Fall:

> Eine alleinerziehende Mutter mit einem Lebenspartner, der eine eigene Wohnung hat und nur gelegentlich mit in der Wohnung wohnt, lebt mit ihren drei Kindern (siebenjährige gemischtgeschlechtliche Zwillinge und ein vierjähriges Mädchen) zusammen. Auf die Frage nach der Aufgabenverteilung antwortet sie: „Also, meine Kinder können sich aussuchen, einer muss die Küche machen, also abwaschen, Tisch abwischen und so und eventuell Müll runterbringen. Und die anderen beiden müssen ja ihr Kinderzimmer aufräumen, Betten machen, Spielzeug alles wegräumen, die dreckigen Sachen rausräumen und saugen. Ich mache meistens das Schlafzimmer und mein Lebenspartner muss die Wohnstube machen." Sie ist mit der Arbeitsteilung zufrieden: „Für mich schon, für die anderen nicht." Allerdings muss sie „manchmal auf den Tisch klopfen, bis da überhaupt was passiert." Der Partner sollte den Kindern ein „Freund" sein, sie will ihn erst vollständig in den Alltag integrieren, wenn die Kinder ihn „akzeptiert" haben. Sie sieht sich alleinverantwortlich in der Mutterrolle und hat die Entscheidungskompetenz. Manchmal empfindet sie es als belastend, dass sie die Entscheidungen alleine treffen und auch Grenzen setzen muss, ist sich aber der Gefahren bewusst, wenn sie einen neuen Partner zu schnell in die Familie integriert. Sie beschreibt ihre familiäre Rolle als allzuständig: „Ich bin Köchin, Reinigungskraft, Erziehungskraft, Buchhalterin, Maler und Tapezierer." (O–5)

### 3. *Dynamisch-gleichgewichtete Arbeitsteilung (N=8)*

Charakteristisch für diese Deutungsmuster ist, dass die verschiedenen familiären Aufgaben als insgesamt gleich verteilt erlebt werden und eine Veränderung hinsichtlich der Rollen von einem oder mehreren Familienmitgliedern gewünscht wird. Die Dynamik geht in erster Linie von Rollenproblematiken aus, die die Männer betreffen: Beispielsweise sollen sie aus der Sicht der Frauen einer Erwerbsarbeit nachgehen, statt sich zu sehr im Haushalt zu engagieren. In anderen, z. B. reorganisierten Familien, möchten die Männer mehr Erziehungs- und Entscheidungsfunktionen gegenüber den Kindern übernehmen, was ihnen aber von den Partnerinnen nicht zugestanden wird. Die Erwachsenen, die dieses Deutungsmuster verwenden, sind familiär sehr engagiert, haben aber ihre Position innerhalb der familiären Arbeitsteilung noch nicht gefunden, wie folgendes Beispiel zeigt:

> Eine 19-jährige Mutter lebt mit ihrem zweijährigen Sohn und ihrem Lebenspartner zusammen. Im Alltag sind die Aufgaben gleich verteilt, auch individuelle Freizeiten ermöglichen sich die Partner: „Es gibt auch Wochenenden, wo wir (die Mutter meint hier sich und ihre Freundin) halt sagen, gut, das Wochenende sollen die Kerle weggehen. Und wir Weiber machen uns hier einen schönen Abend. Und das Wochenende darauf ist es dann halt genau umgekehrt. Und die Männer sagen: „Macht, dass ihr wegkommt. Und wir übernehmen den Lütten jetzt und wir bleiben hier". Das pendelt sich irgendwo ein. Weil, das ist eine faire Verteilung." Sie besucht ein Berufsvorbereitendes Jahr. Ihr Partner arbeitet nicht, kümmert sich aber intensiv um das Kind und den Haushalt. Sie „schwänzt" häufig ihre Maßnahme und möchte lieber „nur Mutter" sein, weil sie sich in ihrer „Mutterrolle total wohl fühlt." Sie erwartet, dass ihr Freund sich eine Arbeit sucht, weil das Geld sehr knapp ist. Er dagegen möchte zuhause bleiben und die „Ersatzvaterrolle" übernehmen: „Ich fühle mich der Rolle irgendwie gewachsen und sehe mich auch so, dass ich nicht zeige, dass es biologisch nicht mein Kind ist." Er hat seinen eigenen Vater durch Suizid verloren und möchte nicht, dass der Sohn seiner Lebenspartnerin nicht ohne „väterliches Vorbild" aufwächst. (O–3)

### 4. *Dynamisch-personenzentrierte Arbeitsteilung (N=14)*

Bei diesem Deutungsmuster konzentrieren sich die verschiedenen familiären Aufgaben auf eine Person. Aufgrund dieses Ungleichgewichts besteht der Wunsch nach einer Veränderung. Bei Familien, die sich nach diesem Muster organisieren, nehmen häufig einzelne Erwachsene unfreiwillig aufgrund ungünstiger Umstände Rollen ein, mit denen sie unzufrieden sind. Die Aufgaben passen aus ihrer Sicht nicht in ihr Selbstbild. Die Dynamik in diesen Familien entsteht u. a. durch das Verhalten der Jugendlichen, die auf ihre Situation durch Weglaufen oder das Aufsuchen eines Notdienstes aufmerksam machen. Folgendes Beispiel zeigt die Bedeutung der Arbeitslosigkeit für Familien dieses Deutungsmusters:

> In einer reorganisierten Familie (Familie S.) mit einem fünfjährigen Sohn arbeitet die Frau in einer Werkstatt für Behinderte, der Mann ist arbeitslos und meistens zuhause. Er kümmert sich aus Sicht der Frau kaum um den Haushalt und das Kind. Das Wochenende verbringt er „mit seinen Kumpels." Herr S. kritisiert, dass seine Frau sich wegen ihrer Arbeit nicht genügend um den Haushalt und die Kinderbetreuung kümmert: „Jedenfalls, wenn die Haushaltsfrau in diesem Falle arbeiten ist, dann passiert zuhause nichts. Ist die Haushaltsfrau zuhause, dann passiert auch was." Seine Dasein als „Hausmann" widerspricht so stark seinem Rollenverständnis, dass er gelegentlich ohne Bezahlung und Versicherung als Maurer arbeitet, wobei er aus seiner Sicht immerhin die Fahrtkosten ersetzt bekommt: „Wenigstens mache ich keinen Verlust." (O–18)

Zusammenfassend lässt sich sagen, dass die Rollendynamik in den ostdeutschen Familien unserer Untersuchungsgruppe im Vergleich zu den Westdeutschen stärker ausgeprägt ist (den Deutungsmustern „dynamisch-personenzentrierte Arbeitsteilung" und „dynamisch-gleichgewichtete Arbeitsteilung" wurden 15 ostdeutsche und 7 westdeutsche Familien zugeordnet). Das heißt, die Familienmitglieder sind hier mit der Aufgabenverteilung häufiger unzufriedener als die Westdeutschen. Eine mögliche Erklärung dafür könnte in der hohen Arbeitslosigkeit in Ostdeutschland liegen: Insbesondere den Männern gelingt es schlechter, die Rollenerwartungen zu erfüllen. In einigen Familien haben wir die These von Schäfer u. a. (2005) bestätigt gefunden, dass ostdeutsche Frauen weiterhin gleichberechtigt am Erwerbsleben teilhaben wollen und dabei oft erfolgreicher sind als ihre Männer.

In den Interviews unserer Stichprobe haben wir kaum Passagen gefunden, in denen von der Aushandlung der familiären Arbeitsteilung die Rede ist, wovon in den oben zitierten Studien ausgegangen wird. Die Familien werden stattdessen in der Regel von der Rollendynamik gleichsam „mitgerissen." Damit könnte die familiäre Arbeitsteilung ein weiteres Thema für eine „Familienkonzeptberatung" sein, durch die Familien unterstützt werden, eine ihrer Situation angemessene familiäre Arbeitsteilung zu „entwickeln".

## 3.7 Familiäre Zeitstruktur

Eine zentrale Aufgabenstellung von Familien ist das Abstimmen gemeinsamer Zeitstrukturen. Die Familienmitglieder müssen untereinander nicht nur die unterschiedlichen Erwartungen, sondern diese gleichzeitig auch mit außerfamiliären zeitlichen Anforderungen von Institutionen koordinieren, wie der

Schule oder Arbeitsstelle. Da Letztere gleichsam mit ihren zeitlichen Perspektiven als objektive Außenanforderung in den Familienalltag eingreifen, sind der Selbstbestimmung Grenzen gesetzt. Diese Schwierigkeit ist hinlänglich bekannt: Norbert Elias geht davon aus, dass moderne Gesellschaften jedem Einzelnen Synchronisationsleitungen von subjektiver und objektiver Zeit, von „erfahrungsbezogenen und strukturbezogenen Zeitbegriffen" abverlangen (Elias 1988, S. 51). Da insbesondere in der Arbeitswelt die Zeitstrukturen immer weniger festgelegt sind, sprechen Mollenhauer, Brumlik und Wudtke (1975) in diesem Zusammenhang von den „Flexibilitätsanforderungen des generalisierten Anderen". Dass trotz dieser Koordinationsanforderungen an einen modernen Familienalltags Alltagsrituale nach wie vor eine zentrale Rolle spielen, darauf wird in der einschlägigen Forschungsliteratur hingewiesen (u. a. Boscolo/Bertrando 1994, S. 106, Wulf 2001). Bourdieu betont die Wichtigkeit des „Organisationsprinzips der Zeitenfolge" als „Grundlage des Gruppenzusammenhaltes" (Bourdieu 2000, S. 57). Imber-Black u. a. (1998) sehen als Zeichen einer gesunden Familie Stabilität und Konsistenz von Alltagsritualen an (S. 252). Im Übrigen bestätigte sich auch in unserer Stichprobe die Bedeutung von Ritualen für den gelungenen Familienalltag: Die Familienmitglieder gaben als häufigste familiäre Rituale gemeinsame Mahlzeiten an. Auf die Bedeutung der mit gemeinsamen Mahlzeiten verknüpften „Tischgespräche" hat Keppler (1995) hingewiesen.

Dies berücksichtigend, haben wir, um die Selbstdeutungen der Familien in Hinblick auf zeitliche Strukturierungen zu erfassen, die Aussagen der Familienmitglieder in Form einer Synopse nach folgenden Merkmalen zusammengefasst:

- Ebenen und Bereiche, auf denen die verschiedenen familiären Aktivitäten im Alltag (Wochentage und Wochenende) koordiniert werden müssen (z. B. Eltern- und Kind-Ebene oder der Bereich Schule oder Arbeit),
- familiäres Zeitmanagement, d. h. Zeitabsprachen, Zeitrituale und Gemeinschaftsaktivitäten,
- Konfliktlinien des familiären Zeitmanagements innerhalb der Familie und an der Schnittstelle Familie-Außenwelt.

Mithilfe der Synopse ließen sich die oben genannten Strukturhypothesen bestätigen. Gleichzeitig konnten wir mit ihrer Hilfe Konfliktlinien der Familien im Hinblick auf eine Typenbildung ablesen. Sie betrafen in erster Linie die Koordination der zeitlichen Erwartungen einzelner Familienmitglieder. Zwei Ebenen zeichneten sich dabei ab, die Bedürfnisse der Kinder, die im Eltern-Kind-System eine zeitliche Strukturierung abverlangen, und die der Eltern, die sowohl im Eltern-Kind-System als auch im Elternsystem berücksichtigt werden wollen. Daher wurde der Merkmalsraum nach der Berücksichtigung bzw.

Nicht-Berücksichtigung der Bedürfnisse der Erwachsenen und der Kinder konstruiert (vgl. Tab. 23).

Tabelle 23: Merkmalsraum „Familiäre Zeitstruktur"

| **Bedürfnisse der Erwachsenen** | **Bedürfnisse der Kinder** | |
|---|---|---|
| | werden berücksichtigt | werden nicht berücksichtigt |
| werden nicht berücksichtigt | 1. Kindzentriertes Zeitkonzept | – |
| werden teilweise berücksichtigt | 2. Konkurrentes Zeitkonzept | |
| werden stark berücksichtigt | 3. Synchrones Zeitkonzept | 4. Erwachsenenzentriertes Zeitkonzept |

Theoretisch waren sechs Deutungsmuster möglich. Nach Durchsicht der Familien fand sich keine Familie, bei der sich die Merkmalskombination „Bedürfnisse der Kinder werden nicht berücksichtigt/Bedürfnisse der Erwachsenen werden nicht berücksichtigt" in den Interviews nachweisen ließ. Das dritte und vierte Feld des Merkmalsraums wurden zu einem Deutungsmuster zusammengefasst, weil sich beim Vergleich der Familien die Konkurrenz verschiedener Bedürfnisse als charakteristisches Merkmal der familiären Zeitstruktur herausstellte. Bis auf acht konnten alle Familien den Typen zugeordnet werden. Die Deutungsmuster sollen im Folgenden kurz portraitiert werden.

### 1. *Kindzentriertes Zeitkonzept*

Bei Familien mit einem kindzentrierten Zeitkonzept – es handelt sich um insgesamt 18 Familien – ist das alltägliche Zeitmanagement so strukturiert, dass die Bedürfnisse der Kinder berücksichtigt werden, während die Bedürfnisse der Erwachsenen kaum oder gar nicht in Erfüllung gehen. Im Zeitmanagement spielen gemeinsame Mahlzeiten, Freizeitaktivitäten mit den Kindern, Hausaufgabenbetreuung, Gestaltung der Einschlafsituation etc. eine wichtige Rolle, während autonome „kinderfreie" Zeiten der einzelnen Erwachsenen oder des Paares kaum realisiert werden. Dies wird von den Eltern auch als Mangel erlebt.

Bei der Hälfte der Familien handelt es sich um Alleinerziehende mit vorwiegend kleinen oder verhaltensschwierigen bzw. entwicklungsverzögerten Kindern. Zu der Gruppe gehören auch kinderreiche Familien, z. B. zwei Familien mit jeweils fünf Töchtern bzw. fünf Söhnen, aber auch solche mit chronisch kranken Kindern. Dass die Eltern darunter leiden, dass ihre Bedürfnisse zu kurz kommen, wird auf diese oder ähnliche Umstände zurückgeführt; sie werden als „naturgegeben" und schwer veränderbar erlebt. In einigen Familien scheinen die Erwachsenen keine Zeit für sich zu haben, weil die Kinder den Lebensinhalt bilden oder weil die Erwachsenen die Jugendliche nicht „loslassen" können. In sieben von 18 Familien wird Unzufriedenheit mit der Zeitstruktur artikuliert. Die meisten Eltern scheinen es aber für normal zu halten, dass die Bedürfnisse ihrer Kinder im Vordergrund stehen. Charakteristisch für dieses Zeitschema ist, dass die familiäre Zeitstruktur gleichsam aus den Bedürfnissen der Kinder erwächst. Da diese an einen körperbezogenen Rhythmus gebunden sind, ist die Zeitstruktur zirkulär, wie der folgende Fall zeigt. Befragt nach einem typischen Tagesablauf antwortet Frau H. (23 Jahre, mit einem anderthalbjährigen Kind):

> „Einen typischen Tagesablauf? Kind weckt mich, aufstehen, anziehen, frühstücken. Haus verlassen, dann mit E. (Tochter) Gymnastik, Ergotherapie oder sonst irgendwas, dann Mittagessen für meinen Schatz, meistens selber kochen, ähm dann geht E. ins Bett, dann steht E. wieder auf, in der Zwischenzeit habe ich ... aufgeräumt. (Interviewerin: Gibt es gemeinsame Unternehmungen, dass Sie jetzt mit Ihrem Kind was unternehmen, wegfahren, Aktivitäten?) Nur (lacht)." (W1–7)

### 2. *Konkurrentes Zeitkonzept*

Diesem Deutungsmuster ließen sich 34 Familien zuordnen. Hier konkurrieren die Bedürfnisse der verschiedenen Familienmitglieder miteinander: Entweder orientiert sich die Zeitgestaltung an den Bedürfnissen der Kinder mit der Folge, dass die Bedürfnisse der Erwachsenen nur teilweise befriedigt werden; oder die Bedürfnisse der Kinder werden weniger berücksichtigt. Im letzten Fall sind die Erwachsenen dennoch mit ihrer Situation unzufrieden, weil trotzdem nicht genügend Zeit für ihre Bedürfnisse bleibt. Es handelt sich überwiegend um Zwei-Eltern-Familien oder reorganisierte Familien. Insbesondere die Familien, in denen beide Elternteile berufstätig sind, leiden unter einem ständigen Zeit- und Koordinationsdruck.

Familien mit einem konkurrenten Zeitkonzept beklagen, dass Zeit für die Partnerschaft fehlt oder die Familie als Ganzes zu wenig Gemeinsamkeiten im Alltag herstellen kann. Beispielsweise berichtet eine Mutter, dass zwar ein großer Tisch angeschafft wurde, dass die Familie sich aber selten an ihm versammelt. Die Familien beschreiben kaum alltägliche Rituale. Es gibt selten Situationen einer gemeinsam erlebten Zeit, wie das folgende Beispiel zeigt. Es handelt sich um eine Zwei-Eltern-Familie mit einem 16-jährigen Sohn und einer zehnjährigen Tochter, der Mann ist Fernfahrer, die Frau arbeitet im Schichtdienst. Schon aufgrund dieser Umstände ergeben sich selten Momente gemeinsam erlebter Zeit. Der folgende Tagesablauf ist dem Interview der Mutter, Frau Greiner, entnommen:

> Frau Greiner steht morgens um 6 Uhr auf, macht die Kaffeemaschine an und bereitet das Frühstück vor. Danach weckt sie ihre Tochter und ihren Sohn. Dieser nimmt zurzeit kein Frühstück zu sich, da er nicht zu dick werden möchte. Sie schmiert ihren Kindern noch die Brote für die Schule, während diese sich anziehen. Wenn die

Kinder in der Schule sind, kümmert sie sich um den Haushalt: „Ich koche dann vor, wenn ich Spätschicht habe, damit die Kinder nach der Schule etwas zu Essen haben". Gegen 20.30 Uhr ist sie wieder von der Arbeit zurück und räumt noch das schmutzige Geschirr auf. Ihre Tochter kommt meistens 15.15 Uhr nach Hause, der Sohn um 18.00 Uhr. Er besucht nach der Schule eine Tagesgruppe. Den Abend verbringen sie dann gemeinsam zu Hause, bis sie von der Arbeit kommt. In der Frühschicht arbeitet die Mutter entweder von 8.00 Uhr bis 15.00 Uhr oder von 9.00 Uhr bis 16.00 Uhr. Danach kümmert sie sich noch ein bisschen um den Haushalt und widmet sich im Anschluss daran ihren Kindern. In ihrer anderen Schicht ist sie nach ihrer eigenen Aussage freitags und samstags generell weg und so sieht sie ihren Mann praktisch „drei Tage nur morgens früh und abends". Der Sohn darf bis 21.15 Uhr abends aufbleiben, meistens sehen sie dann gemeinsam fern, oder er zieht sich in sein Zimmer zurück und guckt Sport. Ihre Arzttermine mit den Kindern versucht sie immer in die Woche zu legen, in der sie zwei oder drei Tage frei hat. Am Wochenende ist meistens ihr Mann wieder da, der sich dann auch um die Kinder kümmert, sodass sie sich eine Auszeit nehmen kann. Die Mutter beklagt, den hektischen Alltag, dass sie während der Woche selten zur Ruhe kommt und dass sie ihren Mann meist nur am Wochenende zu Gesicht bekommt. Sie wünscht sich gemeinsame Familienausflüge, die sich aber nur selten realisieren lassen. (W1–19)

## *3. Synchrones Zeitkonzept*

Das Zeitmanagement von Familien mit einem synchronen Zeitkonzept berücksichtigt die Bedürfnisse der Kinder und die individuellen Bedürfnisse der Erwachsenen bzw. des Paares (falls eine Partnerschaft besteht) gleichermaßen. Das Deutungsmuster findet sich bei Alleinerziehenden und Familien mit zwei im Haushalt lebenden Erwachsenen. In unserer Stichprobe gab es zehn Familien, die ein synchrones Zeitkonzept beschreiben. Unter den Alleinerziehenden befinden sich drei Familien, bei denen die Mutter bzw. der Vater einen Partner bzw. eine Partnerin hat, der bzw. die nicht im Haushalt lebt, aber familiäre Funktionen übernimmt. Nur in einer Familie arbeiten beide Partner, die Frau allerdings halbtags, sodass sie sich um die Kinder kümmern kann. Wenn man dieses Deutungsmuster mit der Erfahrungsdimension „Einbindung in informelle Helfersysteme" korreliert, fällt auf, dass die Deutungsmuster „Familiensolidarität" und „Signifikante Andere" häufig vertreten sind, während „Nichteingebundene Familien" nicht vorkommen. Demnach scheint ein synchrones Zeitkonzept vom Vorhandensein informeller Helfer abhängig zu sein. Dies wird beim folgenden Beispiel deutlich. Es handelt sich um eine reorganisierte Familie mit einem zweijährigen Sohn. Der Mann berichtet:

„Na so gegen sechs Uhr und halb sieben Uhr. Je nach dem, wann der Kleine wach wird. Dann stehen wir halt auf. Dann wird der Kleine fertiggemacht, angezogen, dann kriegt er halt sein Frühstück, wir trinken dann meist noch einen Kaffee. Und dann wird er so gegen acht Uhr in die Kita gebracht. Vorher kriegen wir meist nichts zu essen runter. Meist setzen wir uns dann hin, frühstücken, dann wird halt so der Tagesablauf besprochen. Was dann so gemacht werden muss. Was wir vielleicht am Tag zuvor in unserer Planung vergessen haben. Oder wenn wir dann merken, die Zeit wird etwas eng. Was könnten wir rausnehmen oder was ist richtig, was muss drinnen bleiben. Und dann haben wir so ab halb 10 Uhr, so gegen 10 Uhr wird dann diese Planung halt abgearbeitet, sage ich mal. Und dann ist meist so bis halb vier Uhr so alles abgearbeitet. Und dann kommen wir wieder mal so und der Kleine wird dann aus der Kita geholt. Dann beschäftigen wir uns halt noch ein bisschen mit dem Kleinen. Und dann sagen wir mal gegen sechs Uhr, halb sieben Uhr wird dann Abendbrot gegessen, dann wird R. halt bettfertig gemacht und geht dann ins Bett. Und wir sitzen dann meistens noch hier und reden noch mal so über den Tag ... Denn nehmen wir uns mal so die Zeit und kuscheln mal ein bisschen. Es ist jetzt nicht so, dass der eine auf der Couch da sitzt und der andere macht, was weiß ich. Wenn nun gar nicht miteinander gesprochen wird, das sind dann so Sachen wo, wo wir vielleicht Kritik aneinander üben. Wo wir sagen, da hättest du vielleicht ein bisschen anders reagieren müssen. Warum hast du da nicht noch ein bisschen nachgefragt". Am Wochenende werden Familienausflüge unternommen; ein befreundetes Paar, das im gleichen Haus wohnt, passt auf das Kind auf, wenn die Eltern etwas alleine unternehmen wollen. Beide Erwachsenen haben einen eigenen Freundeskreis, der vom anderen auch akzeptiert wird. (O–3)

### *4. Erwachsenenzentriertes Zeitkonzept*

Das alltägliche Zeitmanagement orientiert sich an den Bedürfnissen der Erwachsenen. Die Beschreibung gemeinsamer Zeiten der Kinder und Erwachsenen fehlt weitgehend. Bei den Familien, die dieses Deutungsmuster aufweisen, handelt es sich ausschließlich um Familien mit Jugendlichen (N=7). In sechs Familien gibt es von den Eltern oder den Fachkräften Überlegungen in Richtung Fremdunterbringung. In zwei Familien sind die Erwachsenen mit eigenen Problemen so stark beschäftigt, dass kein Platz für die Bedürfnisse des Kindes bleibt. Bei zwei Familien gibt es eine Konkurrenzsituation aufgrund eines neuen Partners, der seit Kurzem im Haushalt lebt. In zwei Fällen finden die Alleinerziehenden keinen Zugang zu ihren Kindern. Die fehlenden Kontakte der Eltern zu ihren Kindern werden durch professionelle Helfer aus der Kinder- und Jugendhilfe kompensiert, die als Bezugsperson die Rolle des „Signifikanten Anderen" übernehmen. Bei dem folgenden Beispiel handelt es sich um einen alleinerziehenden Vater, der mit seiner 16-jährigen Tochter zusammenlebt:

Herr Wladimir absolviert eine Umschulung, „so richtig feste Zeiten habe ich nicht, ... also ich kann nicht genau sagen zu ihr, wann ich komme." Kontakte gibt es abends, „dass wir unsere Sachen mal kurz besprechen, manchmal ist das ein bisschen dürftig, ja, es könnte mehr sein", aber seiner Tochter würde auch der „Teamgeist" fehlen. Der Mann findet seine Wochenendgestaltung „trübe", unternimmt aber mit seiner Tochter nichts. Er ist stark mit Heirats- und Auswanderungsplänen beschäftigt, weil er beruflich für sich in Deutschland keine Perspektive sieht. Seine Tochter ist in seine Pläne nicht einbezogen, weil er davon ausgeht, dass sie nicht mitkommen würde. Seiner Ex-Frau wirft er vor, dass sie sich nicht genügend um ihre Tochter kümmert. (O–8)

Zusammenfassend lässt sich sagen, dass die meisten Familien unserer Stichprobe mit der Synchronisation alltäglicher Zeitabläufe Schwierigkeiten haben[8]. Nur 10 Familien weisen ein synchrones Zeitkonzept auf. Den Erwachsenen fällt es schwer, eine befriedigende Balance zwischen der Sorge für andere und der Sorge um sich selbst herzustellen. Dies ist übrigens kein neuer Befund, schon Minuchin (1967/1977) hat für „Jugendhilfefamilien" auf das Synchronisationsproblem auf der Eltern-Kind-Ebene aufmerksam gemacht. Für sie ist es hilfreich, wenn die professionellen Helfersysteme ein Zeitmanagement unterstützen, das die individuellen Bedürfnisse der Erwachsenen berücksichtigt und so die asymmetrische Sorge der Erwachsenen für die Kinder durch die symmetrische Sorge des Paares füreinander bzw. durch die Sorge um sich kompensiert.[9] Hier liegt ein weiterer Ansatzpunkt für eine Familienberatung, die darauf abzielt, die Familien bei der „Abstimmung verschiedener Zeitdimensionen – der individuellen Zeit des einzelnen Familienmitglieds, der Zeit der Familie als sozialem Gebilde und der geschichtlichen Zeit eines übergreifenden Wandels" (Hareven 1999, S. 29) zu unterstützen.

Bei der Interviewauswertung fiel uns auf, dass im Zentrum der Aufmerksamkeit der Erwachsenen die Alltagszeit steht. Der zeitliche Horizont erstreckt sich weitgehend auf die Gegenwart. Dies könnte mit den vielfältigen Belastungen oder den zum Teil prekären Lebensverhältnissen zu tun haben. Unter solchen Bedingungen sind hoffnungsvolle Zukunftsperspektiven Luxus (vgl. Bourdieu 2000). Hier scheint auch die Jugendhilfe auf Grenzen zu stoßen, da es sich um allgemeine sozialpolitische Problemstellungen handelt.

## 3.8 Erziehungsprobleme

Familienerziehung war nach der Studie von Mollenhauer, Brumlik und Wudtke (1975) über längere Zeit ein wenig erforschtes Feld in der Erziehungswissen-

---

8 Elias (1988, S. 43) bezeichnet die Tätigkeit des Synchronisierens mit dem Verb „zeiten", Boscolo/Bertrando (1994, S. 93) sprechen von „struktureller Koppelung der Zeitvorstellungen."

9 Nave-Herz (2004) zeigt an einem Beispiel, dass es auch einen umgekehrten Zusammenhang geben könnte: bei den Aka-Pygmäen beteiligen sich die Väter um so mehr an der Kinderbetreuung, je mehr Zeit das Paar miteinander verbringt (S. 215).

schaft. Dies betrifft insbesondere die Problemstellungen familialer Erziehung. Erst während der 1990er Jahre wurden einige interessante empirische Forschungsergebnisse hierzu veröffentlicht. Zu nennen sind hier die Studien von Du Bois-Reymond u. a. (1994) von Reuband (1992), Kirchhöfer (1997), Büchner/Fuhs/Krüger (1996), Wulf/Althans/Audehm (2001) und Ecarius (2002). Die Untersuchungen belegen, dass die familialen Interaktionsstrukturen insbesondere zwischen dem Erwachsenen- bzw. Elternsystem und dem Kindersystem sich in den letzten 50 Jahren deutlich verändert haben, und zwar vom „Befehlshaushalt" zum „Verhandlungshaushalt". Du Bois-Reymond u. a. unterscheiden in diesem Zusammenhang fünf verschiedene Erziehungsmuster bzw. Erziehungshaushalte: den restriktiven Befehlshaushalt, den ambivalenten Befehls- bzw. Verhandlungshaushalt, den assertiven Verhandlungshaushalt, den Verhandlungshaushalt an der langen Leine und den Verhandlungshaushalt an der kurzen Leine. Gleichzeitig konnte gezeigt werden, dass durch die hohe Lebenserwartung und aufgrund des Zusammenlebens von drei Generationen neue Versorgungserwartungen entstanden sind. Aus diesen Studien ergeben sich spannende Fragestellungen für die sozialpädagogische Forschung. Längerfristig gilt es zu untersuchen, welche Erziehungsprobleme, paradoxen Erziehungsstile oder Generationenkonflikte mit diesen Veränderungen einhergehen und welche Aufgaben sich dadurch für die sozialen Dienste im Bereich der Jugendhilfe und außerschulischen Bildung ergeben. Diese Fragestellung wurde aber bisher nur in Ansätzen verfolgt (Schmidtchen 1989, Wieners 1999, Petzold 1999, Riemann 2000).

Die oben genannten Forschungsergebnisse haben wir bei der Auswertung der Domäne Kindererziehung berücksichtigt. Wir haben versucht, Deutungsmuster der Eltern im Hinblick auf Erziehungskonflikte innerhalb der Familie aus dem Interviewmaterial herauszuarbeiten. Der erste Schritt der Interviewauswertung zielte darauf ab, Nahtstellen zu analysieren, an denen Erziehungskonflikte aus der Sicht der Eltern entstehen. Dabei zeigte sich, dass die in den Untersuchungen von Du Bois-Reymond u. a. und Ecarius beschriebenen Erziehungshaushalte sich auch in unseren Elterninterviews nachweisen ließen. Die von uns befragten Eltern beschreiben im Wesentlichen zwei Erziehungskonzepte: einen strengen, autoritären Erziehungsstil, der wenig Verhandlungsspielraum zwischen Eltern und Kindern gewährt, und einen eher permissiven Erziehungsstil, der verständigungs- und verhandlungsorientiert ist. Der erste Erziehungsstil entspricht dem „Befehlshaushalt", der Zweite dem „Verhandlungshaushalt". Bei der weiteren Analyse der Interviews zeigte sich allerdings, dass zahlreichen Eltern die Umsetzung des Konzeptes im Alltag nicht gelang. Sie waren mit ihrer tatsächlichen Erziehungspraxis unzufrieden. Die Erziehungsprobleme ergaben sich bei ihnen also an der Nahtstelle von Erziehungskonzept und dessen Umsetzung im Alltag. Ausgehend von diesen beiden Merkmalsdimensionen – Erziehungskonzept und Performanz – und den vier Merkmalen (strenger Erziehungsstil, permissiver Erziehungsstil, konsequente Umsetzung im Familienalltag, inkonsequente Umsetzung im Alltag) lässt sich ein charakteristischer Merkmalsraum abbilden (vgl. Tab. 24).

Mithilfe des Modells können theoretisch vier Typen unterschieden werden: ein strenger Erziehungsstil, der konsequent umgesetzt wird; ein strenger Erziehungsstil, der inkonsequent im Alltag verfolgt wird; ein permissiver Erziehungsstil mit konsequenter Umsetzung und ein permissiver Erziehungsstil mit ambivalenter Performanz. Dabei ergeben sich zwei Problemtypen: Eltern, die sich zu einem strengen Erziehungsstil bekennen, aber diesen gegenüber ihren Kindern nicht durchsetzen können (Typ 2), und Eltern, die einen permissiven Erziehungsstil präferieren, aber unzufrieden mit der Erziehungspraxis sind (Typ 4). Davon lässt sich noch eine dritte Gruppe von Eltern unterscheiden, bei denen die Erziehungskonzepte in der Praxis umgesetzt werden können und keine größeren Probleme auftauchen (Typ 1 und 3). Allerdings ging das Modell bei unserer Stichprobe nicht auf. Bei der Zuordnung der Einzelinterviews und der Auszählung der Familien ergaben sich folgende Schwierigkeiten. Es gab in unserer Stichprobe eine nicht unerhebliche Anzahl von Familien, in denen die Elternteile sich zu unterschiedlichen Erziehungsstilen bekannten. Der Konflikt bestand aus der Sicht der Eltern darin, dass sie sich über die richtige Erziehung der Kinder stritten. Diese Familien wären als Mischtypen herausgefallen. Aber nicht nur diese Familien wurden von dem Modell nur unzureichend erfasst: Bei der Hälfte der Interviews war kein Erziehungskonzept erkennbar. Das heißt, es gab Eltern, die keinen Erziehungsstil reflektierten. Nach der Auszählung der Familien blieben also mehr als die Hälfte der Fälle übrig.

Aber dennoch haben wir den Merkmalsraum nicht verworfen; die Ergebnisse erschienen uns als bedeutsam für die Typenbildung, dies bestätigte die inhaltliche Überprüfung der Fälle. Mithilfe des Modells ließen sich zwei Muster von Erziehungskonflikten abbilden, die sich an der Nahtstelle von Erziehungskonzept und Performanz ergaben. Wir haben das erste Muster „Wir sind uns über die Erziehung der Kinder nicht einig“ genannt und das zweite „Ich (Wir) erziehe(n) inkonsequent“. Bei dem ersten entstehen Erziehungsschwierigkeiten, weil beide Elternteile unterschiedliche Erziehungsstile verfolgen und sich dadurch im Alltag behindern. Bei dem zweiten werden die Konflikte dadurch verursacht, dass die Eltern ihr gemeinsames Erziehungskonzept gegenüber ihren Kindern nicht durchsetzen können. Das Problem ist hier weniger die Abstimmung des Erziehungsstils mit anderen als die Umsetzung des Konzeptes im Alltag. Zu den letzten der beiden Typen zählen auch alleinerziehende Väter und Mütter. Bei beiden Mustern ist der Widerspruch von gewünschtem Erziehungsverhalten und tatsächlicher Erziehungspraxis ein zentrales Familienthema. Die Eltern stehen vor der Aufgabe, ein Erziehungskonzept zu entwickeln, das sich auch im Alltag konsequent umsetzen lässt.

Tabelle 24: Merkmalsraum Performanz und Erziehungskonzept

| Erziehungskonzept | Performanz | |
|---|---|---|
| | Konsequente Umsetzung des Konzepts im Alltag; die Eltern sind mit ihrem Erziehungsverhalten relativ zufrieden | Inkonsequente bzw. ambivalente Umsetzung des Konzepts im Alltag; die Eltern sind mit ihrem eigenen Erziehungsverhalten oder dem ihres Partners unzufrieden oder fühlen sich vom Partner in der Erziehung zu wenig unterstützt |
| Strenger, autoritärer, Erziehungsstil: Den Kindern werden Regeln und Strukturen vorgegeben, es werden klare Prinzipien und Grenzen gesetzt, positives Verhalten wird belohnt, negatives Verhalten bestraft; wenig Verhandlungsspielraum zwischen Eltern und Kindern | Typ 1 | Typ 2 |
| Permissiver Erziehungsstil: verständigungs- und verhandlungsorientiert, autoritäres Vorgeben von Regeln wird vermieden, Verhandlungsspielraum zwischen Kindern und Eltern | Typ 3 | Typ 4 |

Tabelle 25: Merkmalsraum „Emotionale Zuwendung und normative Erwartungen"

| Normative Erwartungen | Emotionale Zuwendung | |
|---|---|---|
| | Die Eltern geben dem Kind emotionalen Rückhalt und Fürsorge. | Der emotionale Rückhalt des Kindes durch die Eltern (oder eines Elternteiles) ist schwach, Fürsorgestrukturen sind eher schwach ausgeprägt. |
| Hohe und spezifische normative Verhaltenserwartungen der Eltern an die Kinder | Typ 1 | Typ 2 |
| Eher niedrige Verhaltenserwartungen an das Kind, die normativen Erwartungen der Eltern an das Kind sind eher gering oder sehr allgemein | Typ 3 | Typ 4 |

Die Vermutung lag nahe, dass sich noch andere Erziehungsprobleme anhand des Materials eruieren ließen. Bei der weiteren Analyse gingen wir, in Anlehnung an die einschlägigen theoretischen Ansätze und die Ergebnisse vorliegender Studien (siehe oben), von der These aus, dass Erziehungsstile von zwei Komponenten bestimmt werden: der emotionalen Zuwendung und den normativen Verhaltenserwartungen der Eltern an die Kinder. Erfolgreiche Erziehung ist von einer gelungenen Balance zwischen normativen Erwartungen und emotionaler Fürsorge abhängig. Gelingt diese Balance nicht, dann entstehen Paradoxien. Hier lassen sich sozialpädagogisch relevante Forschungsfragen anschließen. Gerhard Schmidtchen unterscheidet bei seiner Untersuchung über Selbstschädigungstendenzen psychosozial schwer belasteter Jugendlicher in diesem Zusammenhang vier Erziehungsstile: Stellen die Eltern hohe Forderungen an das Kind ohne emotionalen Rückhalt zu geben, so entwickelt sich ein „paradoxer Erziehungsstil". Sind die normativen Erwartungen der Eltern und die emotionale Zuwendung schwach ausgeprägt, so kann von einem „gleichgültigen Erziehungsstil" ausgegangen werden. Der „naive Erziehungsstil" zeichnet sich durch hohen emotionalen Rückhalt aus, ohne dass die Eltern viele Forderungen an das Verhalten der Kinder stellen. Bei dem „reifen Erziehungsstil" sind beide Komponenten ausgewogen: Die Eltern geben dem Kind emotionalen Rückhalt und stellen gleichzeitig deutliche Forderungen (vgl. Schmidtchen 1989, S. 68). Die hier genannten Typen sind aus fachlicher Sicht durchaus strittig, da sie von einem normativen Konzept ausgehen. Die ihnen zugrunde gelegten Variablen sind aber für unsere Untersuchung interessant; bezieht man sie systematisch aufeinander, dann ergibt sich folgender Merkmalsraum (vgl. Tab. 25).

Mit dem Merkmalsraum lässt sich eine zweite Konfliktlinie abbilden, bei der die Erziehungsprobleme an der Nahtstelle zwischen normativen Erwartungen und emotionaler Unterstützung entstehen. Wir haben das Modell an alle Elterninterviews angelegt. Auf diese Weise konnten tatsächlich vier Gruppen gebildet werden, die den Merkmalsausprägungen der vier Typen entsprachen. Nach der Prüfung der Fallskripte und Synopsen zeigte sich aber, dass die Gruppen im Hinblick auf Erziehungsprobleme inhaltlich nicht homogen waren. Letztendlich konnten nur drei Gruppen unterschieden werden: Bei der ersten Gruppe, sie entsprach dem Typ drei des Merkmalsraums, ließ sich ein Deutungsmuster rekonstruieren, das wir „Kinder brauchen Liebe – mir wächst alles über den Kopf" genannt haben. Das Deutungsmuster der zweiten Gruppe, es entspricht dem Typ zwei und vier des Merkmalsraums, nennt sich „Ich kann mein Kind nicht erreichen". Beide Gruppen haben Schwierigkeiten mit einem emotional-normativ ausbalancierten Erziehungsstil. Bei der dritten Gruppe werden keine Erziehungsprobleme genannt; bei ihr sind die hohen Verhaltenserwartungen der Eltern in ein emotional warmes Familienklima eingebettet, das Muster entspricht dem Typ eins des Merkmalsraums. Es gab nur eine sehr kleine Gruppe von Zwei-Eltern-Familien und reorganisierten Familien, wo die Eltern ihr eigenes Erziehungsverhalten gegensätzlich einschätzten. Wir haben diese wenigen Fälle der Kategorie Mischtypen zugeordnet.

Im letzten Schritt haben wir versucht, alle Familien diesen vier Deutungsmustern zuzuordnen. Es gab einige wenige Fälle, bei denen sich sowohl Schwierigkeiten mit einem emotional-normativ ausbalancierten Erziehungsstil als auch Unsicherheiten im Hinblick auf die Durchsetzung des Erziehungskonzeptes konstatieren ließen. Bei der Zuordnung war entscheidend, welches Erziehungsproblem im Vordergrund stand.

Als Ergebnis unserer Untersuchung lassen sich also zwei Konfliktlinien mit insgesamt vier Deutungsmustern präsentieren:

### *Zwischen strenger und permissiver Erziehung – auf der Suche nach einem konsequenten Erziehungsstil: 1a) „Wir sind uns über die Erziehung der Kinder nicht einig"*

Die Eltern haben für sich allgemeine Prinzipien der Kindererziehung entwickelt. Sie sind in der Lage, unterschiedliche Erziehungsstile zu charakterisieren und sich einem Erziehungskonzept zuzuordnen. Allerdings präferieren die Eltern unterschiedliche Erziehungsstile: Ein Elternteil erzieht z. B. streng, d. h., den Kindern werden Regel und Strukturen vorgegeben, der Verhandlungsspielraum ist relativ eng, während der andere Elternteil sich zu einem permissiven Erziehungsstil bekennt. Dadurch kommt es im Alltag aus der Sicht der Eltern zu Streit und zu Irritationen bei den Kindern. Die Eltern werfen sich z. B. vor, dass die Grenzen, die der eine gegenüber den Kindern setzt, von dem anderen unterwandert werden. In dieser Gruppe sind viele Familien mit Kindern vertreten, denen „ADS" attestiert wurde, wie das folgende Fallbeispiel zeigt (W1–6):

> Die Familie M. hat zwei Söhne Stefan (17 Jahre) und Peter (16 Jahre). Die Mutter fühlt sich, ihren eigenen Aussagen zufolge, gegenüber dem jüngsten Sohn oft hilflos, sie habe Peter früher als „Störfaktor" im Alltag empfunden. Beide Elternteile sind berufstätig, „deshalb muss im Alltag alles am Schnürchen laufen". Seit bei Peter ADS diagnostiziert wurde, sei es etwas einfacher geworden. Gemeinsam mit dem Psychologen hätten sie einen Erziehungsplan aufgestellt. Allerdings läge die Hauptlast der Erziehung „immer" bei ihr, da ihr Mann aus beruflichen Gründen häufig abwesend sei. Frau M. erwartet von ihrem Mann, dass er den Erziehungsplan mittrage. Allerdings sei das schwierig: „Mein Mann hat manchmal ganz andere Vorstellungen von Erziehung ...". Er müsse noch lernen „... worauf es in der Erziehung ankommt". Frau M. setze den Kindern Grenzen und drohe mit Sanktionen, wenn ihre Söhne die Aufgaben im Haushalt nicht erledigten und zu spät nach Hause kämen. Ihr Mann würde die Sanktionen, die sie gegenüber den Kindern verhängt habe, wie z. B. Taschengeldentzug, Freizeiteinschränkungen, Hausarrest, zu-

rücknehmen: „Dann gibt er Peter Geld, obwohl er eigentlich Taschengeldsperre hat!" Ihren Erziehungsstil bezeichnet sie als konsequent, er habe sich aber gewandelt: Früher, „als die Buben noch klein waren, bin ich sehr streng gewesen", später war sie „nicht so streng" – aufgrund des schlechten Gewissens, „weil ich ja berufstätig war". Heute sei sie wieder strenger. Sie verfolge folgende Erziehungsziele: „Zielstrebigkeit bezüglich Schule und Beruf, Benimmregeln, Körperpflege, Abstand von Drogen nehmen …" Es sei wichtig, strenge Regeln gegenüber Peter zu setzen, „Pünktlichkeit ist bei Peter sehr wichtig … in der Familie muss man sich aufeinander verlassen können". Ihr Mann habe ganz andere Ansichten von Erziehung, „weil, er ist von seinen Eltern streng erzogen worden, und jetzt will es eben anders machen, … da kriegen wir uns dann häufig an die Köpfe".

### *Zwischen strenger und permissiver Erziehung – auf der Suche nach einem konsequenten Erziehungsstil: 1b) „Ich/Wir erziehe(n) inkonsequent"*

Auch die Männer und Frauen, die diese Deutungsmuster verwenden, beschreiben in den Interviews ein Erziehungskonzept. Aber im Unterschied zum ersten Muster sind sie sich mit dem anderen Elternteil, soweit vorhanden, über die richtige Erziehung einig. Erziehungsprobleme entstehen allein dadurch, dass die Eltern das Konzept in der Praxis nicht einhalten oder gegenüber den Kindern nicht durchsetzen können. Sie verhalten sich aus eigener Sicht gegenüber ihren Kindern inkonsequent, wie z. B. Frau Z.:

Es handelt sich um eine alleinerziehende Mutter (40 Jahre) mit Sohn B. (12 Jahre) und Tochter C. (4 Jahre). Ihre Tochter A. (23 Jahre) wohnt nicht mehr im Haushalt. Sie bezeichnet sich selbst in dem Interview als „strenge aber auch inkonsequente Glucke". Gegenüber ihren Kindern stecke sie zwar sehr enge Grenzen ab, „… ich verbiete viel". Sie empfindet sich dennoch als inkonsequent, weil sie diese Regeln oft wieder zurücknehme. Gelegentlich hebt der Partner die Sanktionen wieder auf, wenn Frau Z. nicht da ist. Grundsätzlich ziehe er aber mit Frau Z. an einem Strang: „Ja, absolut, ich sag jetzt mal so Sachen, Kleinigkeiten, wenn ich sage so jetzt wird zwei Stunden mal kein Fernsehen geguckt, ich meine diese zwei Stunden halt ich auch ganz konsequent ein, 'ne. Wenn ich nun mal nicht da bin, dann heißt's nach anderthalb Stunden: „na ja, mach's doch an". Oder raus gehen eben halt auch, wenn ich gesagt habe, so Ihr geht nicht raus, weil wir was weiß ich dann halt, wird so viel äääh und bäh gemacht, sag ich nein, das macht Ihr erst, wenn ich zu Hause bin, wenn ich wieder komme, dann komm ich wieder, ja, wo sind die Kinder? Draußen." Wenn jemand sich an Verbote nicht hält und sich die Kinder unaufhörlich streiten oder zu spät nach Hause kommen, gibt es Hausarrest, oder sie müssen am nächsten Tag die Zeit, die sie zu spät kamen früher nach Hause kommen. Eine Steigerung sei Fernsehverbot, „kommt danach noch etwas, müssen die Kinder ins Bett…wäre dann noch was, kommt der Keller dran … meistens ist Bett immer so Endstation". Dass sie teilweise sehr streng ist, begründet sie mit ihrer eigenen Erziehung; „Das ist die Erziehung, die ich genossen habe, geb' ich natürlich konsequent auch, geb' ich natürlich teilweise weiter ...". Der Sohn (B.) sieht die Situation folgendermaßen: Er bekomme Ärger mit seiner Mutter „wenn ich immer noch was noch nicht weggeräumt hab", dann müsse er das erledigen; Stubenarrest bekomme er nicht „ich geh ja fast nie raus"; Strafen seien „kein Fernsehen", „im Zimmer bleiben". Seine Mutter und ihren Freund findet er beide als nicht so streng: „Es geht". Erziehungsprobleme entstehen, so die Mutter, weil die Kinder, die Sanktionen nicht mehr ernst nehmen. Um die Glaubwürdigkeit der elterlichen Strenge zu untermauern, seien in der Vergangenheit strengere Strafen verhängt worden, sie habe die Kinder eben doch in den Keller gesperrt. Die Situation sei dann gelegentlich eskaliert. (W–12)

### *Schwierigkeiten mit einem emotional-normativ ausbalancierten Erziehungsstil: 2a) „Kinder brauchen Liebe – mir wächst alles über den Kopf"*

Bei diesem Deutungsmuster ist ein Erziehungskonzept nur schwach oder überhaupt nicht erkennbar ist. Die normativen Erwartungen an das Kind sind eher niedrig oder sehr unspezifisch und oft dem Alter des Kindes nicht angemessen. In erster Linie wollen die Eltern ihren Kindern Liebe geben, sie verhalten sich tolerant und gutmütig. Sie lassen aus ihrer Sicht „alles durchgehen" und setzen selten Grenzen. Aber gelegentlich oder sogar häufig reißt ihr „Geduldsfaden". Die Eltern haben das Gefühl, dass ihnen die Erziehung „zu viel wird". In den Interviews klagen sie über hohe Stressbelastungen oder berichten sogar von aggressiven Handlungen oder harten Strafen gegenüber ihren Kindern, wie z. B. Familie H.:

Frau H. ist 23 Jahre alt und lebt in einer Wohnung zusammen mit ihrer Tochter E. Aufgewachsen ist sie in einem Ort in der ehemaligen DDR. Tochter E. ist anderthalb Jahre alt. Außerdem hat sie noch einen fünf Jahre alten Sohn, der in einer Pflegefamilie untergebracht ist. Frau H. beginnt demnächst eine Berufsausbildung zur Hauswirtschafterin. Als aktuell belastend empfindet Frau H. den „Dickkopf" ihrer Tochter, ihren Haushalt zu schaffen und eine gute Mutter zu sein. Sie denkt aber, dass sie „alles im Griff hat", obwohl sie Angst hat, ihre Lehre nicht zu schaffen und keine gute Mutter zu sein. Aber auch die Erfahrungen in ihrer Kindheit und Jugend sind für sie immer noch nicht abgeschlossen und belasten sie auch in der Gegenwart noch. Frau H. hat ihrem Bericht zufolge Erziehungsschwierigkeiten mit der Tochter, die gelegentlich „einen sturen Kopf hat". In solchen Situationen hat sie das Gefühl, dass sie ihre Tochter nicht kontrollieren kann, sie fühlt sich von ihrer Tochter „terrorisiert". Der folgende Interviewausschnitt dokumentiert ihr Erziehungsverhalten und ihre Erwartungen:

I: Gut, ich hätte noch ein paar Fragen zur Kindererziehung. Was ist Ihnen bei der Kindererziehung wichtig, beispielsweise was soll denn Ihr Kind von Ihnen lernen?

H: ... Solidarität, ein liebes Verhalten na, ja, ... (zum Kind gewandt – ist wach und sitzt dabei) was sollst du von mir lernen (zu E. gesprochen) reden, schreiben ... Also normal ... Scheiße ... also normale Erziehung halt. Ein normales Verhalten halt. Gell Mäuschen (zum Kind gesprochen) Pipi auf der Toilette machen, essen, trinken, halt das ganz Normale halt.

I: Die grundlegenden Fähigkeiten ...

H: Normales Reden, laufen können wir schon ..., und um die spezielle Entwicklung ist bald der Kindergarten, der Kindergarten zuständig.

I: Was meinen Sie mit spezieller Entwicklung?

H: Ja Solidarität so, ähm ... ja ... Bastelarbeiten und so was.

I: Wie ist das mit dem Verbieten und mit Strafen, was darf Ihr Kind und was nicht?

H: Mein Kind darf leider alles ... Ja nur, ich kann keine Grenzen großartig setzen, ich bin zu lieb. Die einzigen Regeln, die ich setze, das ist Regelmäßigkeit am Tag, morgens früh frühstücken, Mittagessen und abends ab halb sieben ins Bett. Ein-, zwei Mal in der Woche baden und das war es eigentlich schon.

I: Und was machen Sie, wenn E. mal einen sturen Kopf hat?

H: Kriegt sie den Popo voll oder einmal ein paar auf die Finger und manchmal schimpfe ich auch sehr viel. Aber das hat ihr bis jetzt noch nicht geschadet. Na, Mäuschen.

I: Also Sie sehen, wenn Sie Ihren Erziehungsstil beschreiben sollten, wie sehen Sie den ...?

H: Normal, eigentlich werde ich sehr schnell weich.

I: Welche Erwartungen haben Sie an Ihr Kind?

H: Im Moment gar nichts. Das, was ihr Spaß macht und das, was sie möchte. Hauptsache eine positive Entwicklung meine ich, Hauptsache sie wird nicht kriminell und Hauptsache sie wird nicht irgendwie asozial oder sonst irgendwas. Hauptsache, ihr gefällt es. Hauptsache, sie ist glücklich." (W1–7)

Die Ambivalenz und Hilflosigkeit, die diesem Deutungsmuster zugrunde liegt, wird hier in Ansätzen deutlich. Die Eltern schätzen ihr Erziehungsverhalten als liebevoll ein, ohne deutliche Grenzsetzungen gegenüber den Kindern. Sie machen die Erfahrung, dass die Kinder durch ihr Verhalten Situationen herausfordern, in denen sie einen Kontrollverlust erleben. Die Eltern versuchen, diesen dann durch harte Sanktionen oder Sanktionsandrohungen aufzuheben. Die Aufgabe, vor der die Eltern stehen, ist die Auseinandersetzung und Entwicklung von Erziehungskonzepten, in denen normative Erwartungen, emotionale Fürsorge und Sanktionsformen dem Entwicklungsalter entsprechend ausbalanciert werden.

### *Schwierigkeiten mit einem emotional-normativ ausbalancierten Erziehungsstil: 2b) „Ich kann mein Kind nicht erreichen“*

Auch bei diesem Deutungsmuster ist das Erziehungskonzept eher schwach ausgeprägt. Das Erziehungsproblem ist hier, dass die Eltern nur wenig erzieherischen Einfluss gegenüber dem Kind ausüben können. Die Kinder sind mehr oder weniger auf sich selbst gestellt, sie bekommen wenig Unterstützung und emotionale Zuwendung durch die Eltern. Dieses Muster taucht in unserer Untersuchungsgruppe häufig bei Familien mit älteren Kindern in der Adoleszenz auf. Ein zentrales Familienthema ist die Ablösung der Kinder von den Eltern oder umgekehrt der Eltern von den Jugendlichen, wie z. B. bei Familie Wladimir:

> Der alleinerziehende Vater lebt mit seiner 16-jährigen Tochter gemeinsam in einer Wohnung. Der 18-jährige Sohn befindet sich im Haushalt der Mutter. Bei Herrn Wladimir läuft der Tag nach Plan, er hat wenig Zeit für seine Tochter: „Wir haben dann abends unseren Kontakt hier, dass wir unsere Sachen mal kurz besprechen, manchmal ist das 'n bisschen dürftig.“ Bei seiner Tochter kontrolliert er ihre Teilnahme am Unterricht, ansonsten spricht er wenig mit ihr. Sie verbringt die meiste Zeit mit ihrem Freund, der von ihm abgelehnt wird, „ist nicht meine Kragenweite“. In Konflikten sei er „sehr ruhig und ich sage ihr, dass ... also ich bin nicht der Typ, der mit körperlicher Gewalt 'n Argument durchsetzt. Ich setzte mich lieber ins Zimmer und versuche, das auszudiskutieren“. Sie werde dann „manchmal 'n bisschen zappelig und hibbelig, ist immer sehr schwer sitzen zu bleiben, weil meine Ruhe manchmal tödlich sein könnte für sie. Ich denk', dass sie wahrscheinlich 'n bisschen mehr Stress braucht.“ Er möchte, „dass sie einfach versteht, mit der Zeit umzugehen, dass sie anfängt zu planen.“ Er hat allerdings Schwierigkeiten, dies seiner Tochter zu vermitteln. Er beklagt, dass sich die Mutter nicht um die gemeinsame Tochter kümmere und das gemeinsame Sorgerecht nicht ausübe: „Einer meiner größten Wünsche wäre ja, dass die Eltern Eltern bleiben, dass man sich über das Wohl der Kinder noch verständigen kann, das war ja nie gegeben“. Er äußert nur wenige abstrakte Wünsche und Ziele für die Zukunft seiner Tochter: „Gesundheit, Glück, Schaffenskraft“. Auskunftsfreudiger wird er beim Thema Sexualität: „So das Thema ja, ich hab da keine. Wir haben das ... irgendwie war die Familie auch mal' n bisschen größer, wir waren ja eigentlich mal sechs Personen, meine Frau hatte damals zwei Mädels mit in die Ehe gebracht. Und ich bin da eigentlich sehr offen und die Frauen können auch sprechen über Liebesbeziehungen oder Liebesprobleme und wenn da eben sexuelle Probleme sind oder weiß der Kuckuck. ... Ich dränge oder frage da auch nicht nach. Manchmal kommt sie alleine und spricht darüber, ... ich meine es ist 'ne andere Generation, mit meinen Eltern konnte ich darüber nicht sprechen, weil die alle aus einer anderen Zeit alle kamen.“ (O–8)

Die Erziehungskonflikte und -probleme sind in den beiden Segmenten ungefähr gleich verteilt (vgl. Tab. 26). Insgesamt haben 24 Familien Erziehungskonflikte an der Nahtstelle zwischen Erziehungskonzept und Performanz („zwischen strenger und permissiver Erziehung – auf der Suche nach einem konsequenten Erziehungsstil", 1a und 1b) und 29 Familien haben Schwierigkeiten mit einem emotional-normativ ausbalancierten Erziehungsstil (2a und 2b). Zwischen Ost- und Westfamilien ließen sich keine signifikanten Unterschiede feststellen.

Tabelle 26: Verteilung der Familien auf die Deutungsmuster „Erziehungsprobleme"

| | Familien insgesamt |
|---|---|
| 1a) „Wir sind uns über die Erziehung der Kinder nicht einig" | 19 |
| 1b) „Ich/Wir erziehe(n) inkonsequent" | 5 |
| 2a) „Kinder brauchen Liebe – mir wächst alles über den Kopf" | 21 |
| 2b) „Ich kann mein Kind nicht erreichen" | 8 |
| Mischtypen bzw. nicht zuzuordnen | 14 |
| Keine Erziehungsprobleme | 10 |

## 3.9 Selbstzufriedenheit in Bezug auf familiäre Aufgaben und Beruf

Ein zentrales Thema, das sich bei der Inhaltsanalyse des Interviewmaterials innerhalb der Auswertungskategorie „Selbstbilder und Personenentwürfe" herauskristallisierte, war die Selbstzufriedenheit der Familienmitglieder. Dies ist nicht verwunderlich, da wir alle Interviewpartner zu diesem Bereich mehr oder weniger direkt befragt haben. Umso mehr interessierten uns bei der Auswertung die Begründungsmuster der Erwachsenen für die Zufriedenheit bzw. Unzufriedenheit mit ihrem Leben. Um Strukturhypothesen bilden zu können, die für die Typenbildung brauchbar erschienen, haben wir signifikante Interviewpassagen herausgegriffen und intensiv ausgedeutet. Dabei bestätigten sich wichtige Annahmen, die in der Theoriediskussion zum „Identitätstheorem" hinlänglich bekannt sind (vgl. Sennett 2000, S. 95, Keupp u. a. 2002, Kudera 1995, S. 343 ff.): Die Selbstzufriedenheit hängt davon ab, wie Erwachsene ihre Selbstverwirklichungswünsche im Hinblick auf Beruf und Familie realisieren und wie sie die Konkurrenz zwischen den Erwartungen von Arbeitswelt und Familie ausbalancieren können. Bei den Selbstbeschreibungen trat neben der Familie der Bereich der (Erwerbs-)Arbeit als besonders bedeutsam für die Selbstsicht der Befragten in den Vordergrund. Es lag daher nahe, die „Selbstzufriedenheit" in den Bereichen Familie und Arbeitswelt zum Gegenstand eines Merkmalsraum für die Typenbildung zu machen (vgl. Tab. 27).

Bei der Auswertung zeigte sich, dass in den meisten Haushalten mit zwei Erwachsenen beide Partner sich hinsichtlich ihrer Zufriedenheit mit Beruf und Familie ähnlich äußerten. Dadurch war es möglich, wie auch in den anderen Erfahrungsdimensionen, die Familien bzw. Eltern einem Deutungsmuster zuzuordnen. Auffällig war, dass bei einer Anzahl von Familien die Einschätzung der Selbstzufriedenheit sehr unterschiedlich war: Der eine Partner beurteilt sich als zufrieden, der andere ist mit seiner Situation unzufrieden. Um diesen Fällen gerecht zu werden, wurde das Deutungsmuster „Gegensatz-Familien" gebildet. Außerdem wurde im Verlauf der inhaltlichen Bestimmung bzw. Verdichtung der Deutungsmuster deutlich, dass die theoretisch möglichen Typen in den Feldern zwei und drei keine signifikanten Unterschiede aufwiesen. Wir haben beide Felder zu einem Deutungsmuster zusammengefasst, das wir „Selbstkritische" nennen.

Tabelle 27: Merkmalsraum zur Erfahrungsdimension „Selbstzufriedenheit in Bezug auf familiäre Aufgaben und Beruf"

| Familienbezogene Aufgaben | Berufliche Situation | |
|---|---|---|
| | Überwiegend zufrieden | Eher unzufrieden |
| Überwiegend zufrieden | 1. „Selbstzufriedene" (13 Familien) | 2. „Selbstkritische" (33 Familien) |
| Eher unzufrieden | 2. „Selbstkritische" | 3. „Frustrierte" (17 Familien) |
| 4. „Gegensatzfamilien" (11 Familien) | | |

Nicht zuzuordnen waren drei Familien.

In den Familien, die das Deutungsmuster *„Selbstzufriedene"* aufweisen, äußern sich die befragten Erwachsenen überwiegend zufrieden mit sich selbst, sowohl hinsichtlich ihrer Rollen innerhalb der Familie (als Partner und/oder Eltern) als auch in Bezug auf die Erwerbsarbeit. Es wird deutlich, dass mit beiden Bereichen überwiegend positive Erlebnisse verbunden sind, sodass sie eine Quelle von Selbstwert darstellen. In den Fällen, in denen keine außerhäusliche Erwerbstätigkeit besteht, ist dagegen eine hohe und recht positive Identifikation mit dem Status als Hausfrau (bei fünf Frauen) bzw. Hausmann (bei zwei Männern) festzustellen. Bei diesem Deutungsmuster dominiert die Familienform der Zwei-Eltern-Familie (sechs von 13 Familien), gefolgt von alleinerziehenden Müttern (vier Familien). Die Familien, die dieses Deutungsmuster verwenden, verfügen damit über bedeutende Ressourcen, die auch für die Bewältigung ihrer Problemlage wichtig sind. Die Gruppe zählt insgesamt 13 Familien. Auffällig ist, dass davon 12 in Westdeutschland leben.

Das Deutungsmuster *„Selbstkritische"* ist bei Familien anzutreffen, in denen die Erwachsenen sich nur in einem der beiden Bereiche als überwiegend zufrieden darstellen. Für einen kleineren Teil der Familien (neun Familien) stellt dabei der Bereich der Erwerbsarbeit die Sphäre dar, mit der ein Gefühl von Zufriedenheit verbunden wird. Dem wird umso höhere Bedeutung zugemessen, als im familiären Bereich vieles als negativ bewertet wird, wobei die Arbeit regelrecht kompensierend wirkt. Eine Mutter, Frau Greiner, sagt:

> „Dieser Freitag war für mich immer wie eine Woche Urlaub. Ja, mich dann zurecht gemacht, die (Supermarkts-)Kluft angezogen morgens früh um 8, die Tür zugeschlossen, zur Arbeit hin und abends um 7 wieder reingekommen, die Tür zu, dann war der Trott wieder da. Da war ein Genöhle, ein Gegröle, ein Gemeckre da …" (W1–19).

Bei den meisten Familien dieser Gruppe dominiert jedoch die Unzufriedenheit im Bereich der Arbeit bei gleichzeitiger überwiegender Zufriedenheit im familiären Bereich (24 Familien). Bei diesen wird fast durchgängig der deutliche Wunsch nach Aufnahme einer Erwerbstätigkeit geäußert. Die Ost-West-Verteilung der Familien mit diesem Deutungsmuster ist recht ausgeglichen: 17 Familien wohnen in West-, 16 in Ostdeutschland. Hinsichtlich der Familienformen überwiegen die alleinerziehenden Mütter (15 Familien), gefolgt von den Zwei-Eltern-Familien (sieben). Auch alle drei alleinerziehenden Väter weisen das Deutungsmuster „Selbstskeptiker" auf.

Beim Deutungsmuster *„Frustrierte"* dominiert die Unzufriedenheit der Erwachsenen (ggf. beider Erwachsener im Haushalt) sowohl im beruflichen als auch im familiären Bereich. Als „frustriert" oder „resigniert" erscheinen diese Familien, weil aus ihrer Sicht kaum Hoffnung auf Veränderung ihrer Lebenssituation besteht. In Bezug auf die Elternrollen werden Belastungen geschildert, die eine positive Entwicklung oder familiäre Veränderung aus der Sicht der Befragten unmöglich machen, z. B. sexueller Missbrauch der Kinder durch andere Personen oder längere Phasen der Trennung von einem Kind, z. B. durch eine Fremdunterbringung. Auch in Bezug auf den Bereich der Arbeit werden strukturelle Hindernisse für einen Berufseinstieg geschildert. Begründet wird dies zum Teil mit eigenen „Defiziten", wie einer Suchtproblematik oder einer Vorstrafe, oder auch mit gesellschaftlichen Umbrüchen, aufgrund derer bestimmte Arbeitsfelder wegfallen (besonders in Ostdeutschland). Von den 17 Familien, die dieses Deutungsmuster aufweisen, leben sechs in den neuen Bundesländern. Es sind überwiegend alleinerziehende Mütter (acht), gefolgt von fünf reorganisierten Familien.

Schließlich gab es in unserer Stichprobe Familien, in denen die Erwachsenen die Selbstzufriedenheit mit Familie und Beruf ganz unterschiedlich beurteilten, im Sinne von *„Gegensatz-Familien"*. Ein Partner äußert sich überaus zufrieden mit seiner beruflichen und familiären Situation, der andere beschreibt sich als eher „frustriert" oder resigniert. Auffällig ist, dass in dieser Gruppe vielfach die Frauen recht erfolgreich sind (beruflich und in Bezug auf ihre familiären Rollen), die Männer jedoch arbeitslos sind und auch mit ihrer familiären Rolle unzufrieden sind. Einer der befragten Männer ist sich sicher, dass er mit Arbeit – selbst unter hohen Belastungen – auch ein besserer Vater wäre. Unfreiwillig zu Hause sei er ungenießbar. Er sagt, die Familie sei sein „Leben“:

> „Ich möchte nicht mehr ohne. Ich wüsste auch nicht, ob ich das noch ohne könnte. Das ist, wenn ich jetzt arbeiten bin, oder so. Dann freue ich mich auf zu Hause, wenn ich nach Hause kommen kann. Wenn ich jetzt nicht arbeiten bin, dann ist das recht anstrengend, ich bin ein Mensch – ich brauche schwere Arbeit. Das muss sein, ich muss ackern, muss ich tot sein, wenn ich abends nach Hause komme. Ich brauche so was. Wenn ich so etwas nicht habe, dann bin ich auch unausgeglichen und mürrisch“ (O–20).

Der Zugang zur Sphäre der Erwerbsarbeit stellt in der Wahrnehmung der befragten Erwachsenen überaus deutlich ein wichtiges Ventil zum Ausgleich schwieriger Situationen in der Familie dar. Er bleibt aber aufgrund der schwierigen Lage am Arbeitsmarkt, besonders für Personen mit eher geringen Qualifikationen, verschlossen. Sechs der 11 Familien mit diesem Deutungsmuster leben in Ostdeutschland. Hinsichtlich der Familienformen fällt auf, dass in dieser Gruppe die reorganisierten Familien überwiegen (neun der 11 Familien).

Zusammenfassend lässt sich feststellen, dass für die Erwachsenen die Elternrolle eine bedeutende Quelle für Selbstwert und Selbstzufriedenheit ist. Dies ist insbesondere für die Frauen festzustellen. Die Mutterrolle und die Familie sind auch dann hoch bedeutsam, wenn in der eigenen Wahrnehmung nicht alles im Familienleben so umgesetzt wurde, wie man es sich gewünscht hatte (vgl. hierzu auch die Befunde von Faltermeier 2001).

## 3.10 Bewältigung familiärer Konflikte – ‚Konfliktkultur‘

Die Auswertungsdimension „Interaktionserfahrungen, Fürsorgemuster und Bindungen“ zeigte vielfältige Überschneidungen mit anderen Kategorien. Bei der Analyse des Interviewmaterials haben wir die ursprüngliche Kategorie verengt, wir sprechen im Folgenden von der Erfahrungsdimension „Bewältigung familiärer Konflikte – Konfliktkultur“. Unser Fokus richtete sich darauf, welche Arten von Konflikten von den Familienmitgliedern beschrieben werden, welche Folgen sie nach sich ziehen und wie sie bewältigt werden. In den Interviews waren zwei grobe Blickrichtungen erkennbar, zum einen die Beschreibung von Anlässen und Inhalten von Familienstreit und zum anderen Darstellungen, wie die Konflikte ausgehen. Hierzu gab es sehr viel Interviewmaterial, das sich für eine Typenbildung eignete. Ausgehend von diesen beiden Aspekten haben wir einen Merkmalsraum konstruiert mit den beiden Subkategorien „Konfliktthemen“ und „Konfliktfolgen“. In Anlehnung an das bekannte Axiom der Kommunikationstheorie von Watzlawick u. a. (1969) wurden inhalts- und beziehungsorientierte Konfliktthemen unterschieden. Inhaltsbezogene Konfliktthemen bei den Familien sind z. B. konkrete Probleme der Alltagsbewältigung: Kinder, die nicht zur Schule gehen wollen, der Abwasch, um den sich niemand kümmert usw. Streitereien, die auf der Beziehungsebenen angesiedelt sind, betreffen stärker die beteiligten Personen in ihrer Beziehung zueinander, wobei Gefühle, Bewertungen oder Affekte im Vordergrund stehen, z. B. der Streit über den Vorwurf, dass der Partner nie zuhört, was man zu ihm sagt etc. Unter den Folgen der Konflikte wurden solche unterschieden, durch die die Konfliktpartner sich wieder annähern, weil sie die Konflikte aus ihrer Sicht erfolgreich bewältigen, und solche, die dazu führen, dass sich die Konfliktbeteiligten voneinander entfernen, weil die Konflikte zu keiner Lösung führen. Trennung als Konfliktfolge kann sich in einem zeitweiligen Kommunikationsabbruch wie auch in Überlegungen in Richtung eines Beziehungsabbruchs, z. B. durch Scheidung, zeigen.

Tabelle 28: Merkmalsraum „Bewältigung familiärer Konflikte – Konfliktkultur“

| **Konfliktthemen** | **Konfliktfolgen** | |
|---|---|---|
| | Verbindend, erfolgreich | Trennend, keine Lösung |
| Vorwiegend auf der Beziehungsebene | 1. Leidenschaftlich-verbindende Konfliktkultur | 2. Beziehungsorientiert-destruktive Konfliktkultur |
| Vorwiegend auf der Inhaltsebene | 3. Sachbezogen-erfolgreiche Konfliktkultur | 4. Sachbezogen-scheiternde Konfliktkultur |

Die benannten vier Deutungsmuster trafen auf 62 Familien zu. In sieben Familien wurden keine Konflikte beschrieben, acht Familien ließen sich keinem oder mehreren Mustern zuordnen (Mischtypen).

### 1. *Leidenschaftlich-verbindende Konfliktkultur (N=11 Familien)*

Im Deutungsmuster „Leidenschaftlich-verbindende Konfliktkultur“ liegen die Konfliktthemen überwiegend auf der Beziehungsebene. Den Beschreibungen der Befragten zufolge werden sie leidenschaftlich ausgetragen. Die Streitereien führen zu keiner Trennung sondern haben im Gegenteil einen verbindenden Effekt. D. h., die Partner gehen im Hinblick auf ihre gemeinsame Beziehung gestärkt aus dem Streit hervor. Die Konflikte entzünden sich an konkreten Meinungsverschiedenheiten, z. B. über Erziehungsfragen, gehen dann aber auf die Beziehungsebene über. Der außen stehende Beobachter könnte vermuten, dass Streitereien möglicherweise notwendig sind, damit die handelnden Personen wieder in Kontakt miteinander kommen. Eine Mutter äußert sich folgendermaßen zu den Folgen der Auseinandersetzungen: „Die Versöhnung ist schön." Ein Vater beschreibt, dass die Familie erst nach einem „reinigenden Gewitter" durch sein Geschrei wieder zueinander findet. Die Hälfte der Familien mit diesem Deutungsmuster beschreibt gewaltförmiges Verhalten als Strategie, um Konflikte zu bewältigen, wie folgendes Fallbeispiel zeigt:

> In einer reorganisierten Familie (Familie K.) mit zwei Söhnen kommt es ausgehend von unterschiedlichen Erziehungsauffassungen zu heftigen Ehestreitigkeiten, die sich auf sämtliche Bereiche der Partnerschaft beziehen. Die Konflikte eskalieren dann, es werden, vorwiegend von der Frau, Gegenstände geworfen, ohne dass es zu Verletzungen kommt. Herr K. zeigte dem Interviewer Löcher in der Wohnzimmertür, die von den „Wurfgeschossen" herrührten. Er ist nach den leidenschaftlichen Auseinandersetzungen erleichtert. „Wenn ich richtig Dampf abgelassen habe, fühle ich mich hervorragend." Bei seiner Frau verhält es sich ähnlich, Herr K.: „Wenn ihr Emotionskelch bis an den Rand gefüllt ist, und das geht in der Regel einmal im Monat, dann musste mal ein Schwapp raus. Dann war sie diejenige, die richtig Dampf abgelassen hat, auch lautstark, und fühlt sich dann immer hervorragend für ein paar Wochen." Über einen längeren Zeitraum ist es dann wieder möglich, die alltäglichen Meinungsunterschiede weniger dramatisch auszutragen. (O–11)

Es ist sicherlich sehr gewagt, eine Konfliktkultur, in der Gewalt eine Rolle spielt, mit positiven Begriffen wie „leidenschaftlich" und „verbindend" zu beschreiben. Hier wird deutlich, welcher Unterschied zwischen einer Orientierung an den Selbstdeutungen und einem normativen Außenstandpunkt besteht.[10]

### 2. *Beziehungsorientiert-destruktive Konfliktkultur (N=26 Familien)*

Bei diesem in unserer Stichprobe häufigsten Konfliktmuster liegen die Themen überwiegend auf der Beziehungsebene, die Konfliktfolgen werden als negativ und trennend dargestellt. Die Partnerschaft oder die Eltern-Kind-Beziehung wird geschwächt und teilweise sogar in Frage gestellt: Kindern wird mit Heimeinweisung oder dem Partner mit Scheidung gedroht. Oft sind mehrere Parteien involviert, sodass es nicht nur zu Konflikten zwischen den Ehepartnern kommt, sondern auch zwischen Eltern und Kindern oder Eltern und Großeltern. In einer Familie, bei der dieses Deutungsmuster in den Interviews auftaucht, mischen sich die Schwiegereltern in die Erziehung so massiv ein, dass Schwiegersohn und Schwiegervater in gewalttätige Auseinandersetzungen ge-

10 Cecchin, Lane und Ray (2005) berichten aus der Arbeit mit gewalttätigen Paaren, wie Gewalt im Zusammenhang mit sexueller Anziehung zu einer starken Verbundenheit führt, die von Helfern zunächst akzeptiert werden muss, um einen helfenden Zugang zu finden.

raten[11]. Folgendes Fallbeispiel zeigt die weit reichenden Folgen einer beziehungsorientiert-destruktiven Konfliktkultur:

> Bei Familie Kauz handelt es sich um eine reorganisierte Familie. Die Mutter hat eine 16-jährige Tochter aus erster Ehe in die Familie gebracht, ihr neuer Lebenspartner zwei Söhne (13 und 16). Die Tochter ist unerwartet schwanger geworden. Seitdem die Mutter davon weiß, gibt es massive Konflikte zwischen Mutter und Tochter. Frau Kauz: „Bevor J. schwanger war, haben wir oft Familienabende gemacht. Die Schwangerschaft hat doch ein paar Nebeneffekte, die auf meiner Seite liegen. Ich denke, sie haben mit der Unterbrechung von mir zu tun. Es ist nicht nur, dass ich mich darauf freuen kann, ich habe da auch bestimmte Ängste und Bedenken. Von daher ist seit der Schwangerschaft ein bisschen vom Familienleben abgebrochen, verloren gegangen." Die Mutter war im gleichen Alter wie ihre Tochter schwanger geworden und wurde von ihrer eigenen Mutter zur Abtreibung gezwungen. Die Tochter reagiert mit körperlichen Symptomen, sie nimmt stark ab, die Schwangerschaft entwickelt sich kompliziert. Als die Großmutter Frau Kauz rät, ihre Tochter doch auch zur Abtreibung zu zwingen, brechen die alten Verletzungen wieder auf. Statt sich aber mit ihrer eigenen Mutter auseinanderzusetzen, nimmt sie es ihrer Tochter übel, dass diese die Schwangerschaft nur „rosarot" sieht und an eine Abtreibung nicht denken mag: „Wenn ich dann das Gefühl habe, dass sie nur ihre Rosinen aus dem Kuchen pickt, das macht mich sehr böse." Die Tochter ist enttäuscht, dass die Mutter ihr kein Verständnis entgegenbringt. Die Konflikte werden für die Tochter so belastend, dass sie nun mithilfe einer Einzelbetreuerin eine eigene Wohnung oder einen Platz in einer Mutter-Kind-Einrichtung sucht. (O–10).

### *3. Sachbezogen-erfolgreiche Konfliktkultur (N=19 Familien)*

Die Konflikte beziehen sich überwiegend auf Sachfragen, die Konfliktfolgen werden als eher positiv dargestellt, d. h., die Beteiligten führen eine Lösung der Konflikte herbei. Die Streitigkeiten spielen sich häufig auf der Eltern-Kind-Ebene ab, dabei stehen konkrete Auseinandersetzungen um klar abgrenzbare Probleme im Vordergrund. Ein alleinerziehender Vater etwa verhängt Strafen nach Auseinandersetzungen um die Hausarbeiten, dabei wird die Sach- von der Gefühlsebene getrennt: „Tut mir zwar im Herzen weh, aber manchmal muss es sein." Aus Sicht vieler Familien, die diesem Deutungsmuster zugeordnet wurden, hat es sich bewährt, dass Meinungsverschiedenheiten der Eltern, etwa in

---

11 In der Gruppe mit diesem Konfliktmuster finden sich einige Familien, bei denen es zu einer „Konfliktumleitung" (Simon/Stierlin 1984, S. 195) zu kommen scheint: Zwischen den Erwachsenen besteht ein Konflikt, der nicht ausgetragen wird. Dieser wird dann auf die Elternteil-Kind-Ebene „umgeleitet" und stellt sich als Eltern-Kind-Konflikt dar. Insbesondere nach Trennung oder Scheidung können Kinder zu „Sündenböcken" werden, wenn sie stellvertretend für den Ex-Partner für Probleme verantwortlich gemacht werden.

Erziehungsfragen, nicht im Beisein der Kinder ausgetragen werden. Beispielsweise gibt sich ein Paar gezielt „Rückmeldungen“ zum Erziehungsverhalten, wenn das Kind Mittagsschlaf hält. Einige Familien beschreiben, dass es für sie hilfreich war, den Einfluss der Großelterngeneration auf die Erziehung oder die Partnerschaft zu reduzieren. Folgendes Fallbeispiel zeigt erfolgreiche Konfliktlösungsstrategien:

> In einer Zwei-Eltern-Familie (Familie P.) mit einem jugendlichen Sohn bezeichnen die Eltern die Konflikte mit dem Kind als „Reibungspunkte.“ Wenn sie auftreten, „gibt man sich gegenseitig Raum“ und spricht später darüber, wenn sich alle beruhigt haben. Schwerwiegendere Probleme werden durch das Paar in Abwesenheit des Sohnes bei dem wöchentlichen „Weinabend“ außer Haus besprochen: „Da wird alles ausgetauscht.“ (W1–30)

### *4. Sachbezogen-scheiternde Konfliktkultur (N=6 Familien)*

Die Konflikte beziehen sich überwiegend auf Sachfragen, die Konfliktfolgen werden als eher negativ dargestellt, d. h., die Probleme werden nicht gelöst. Dies betrifft in erster Linie die Meinungsverschiedenheiten um die Kindererziehung. Den Erwachsenen fällt es den eigenen Bekundungen zufolge schwer, den Kindern im Alltag „Grenzen“ zu setzen. Eine Mutter z. B. glaubt, dass liebevolle Erziehung und Strenge im Sinne von „Grenzen“ setzen nicht vereinbar sind. In anderen Fällen streiten die Erwachsenen mit Jugendlichen um konkrete Sachverhalte, z. B. um die Beteiligung an der Hausarbeit oder um „Ausgehzeiten.“ Folgendes Beispiel zeigt eine Familie mit einer sachlich-scheiternden Konfliktkultur:

> In einer Zwei-Eltern-Familie mit zwei Söhnen (ein und drei Jahre) fällt das ältere Kind den Eltern aufgrund von aggressivem Verhalten zur Last, beispielsweise schlägt es den Vater: „Der Große, das ist ganz schlimm, dann könnte ich auch manchmal … ihm eine reingeben. Aber das mache ich nicht. Weil er anfängt, mich zu hauen. Und da könnte ich manchmal auch … Ich sage: Nein, so etwas gibt es nicht, zu hauen. Da macht er das immer wieder, immer wieder. Da könnte ich manchmal auch fuchtig werden. Aber ich bin der Papa und ich habe daraus von meinem Vater gelernt gehabt. Ich werde nie in meinem Leben Kinder hauen.“ Die Mutter fühlt sich ebenfalls hilflos. Die Eltern wissen nicht, wie sie handeln sollen und streiten um die richtige Erziehung. (O–17)

Ein Charakteristikum dieses Konfliktmusters ist, dass die Familienmitglieder die Erfahrung gemacht haben, dass alle Anstrengungen, die Spannungen zu lösen, zu keinem Erfolg führen. Sie erleben sich als hilflos. Aufgrund der pessimistischen Grundstruktur werden die Konflikte als unlösbar gesehen und tragen das Moment des Scheiterns in sich.

Abschließend lässt sich sagen, dass die Mehrzahl der Konflikte auf der Beziehungsebene ausgetragen wird, bei 37 Familien. Diese werden in der Regel nicht bewältigt. Deutlich wurde, dass viele Familien eine Hilfe bei der Konfliktbewältigung bräuchten. Die Konflikte werden oft grenzüberschreitend ausgetragen. Entweder wird Gewalt als Konfliktlösungsstrategie eingesetzt oder die Kinder werden unangemessen in die Konflikte einbezogen. Erfolgreicher verlaufen die Konflikte, die vorwiegend auf der Sachebene angesiedelt sind. Bei 19 Familien werden die sachlichen Konfliktthemen gelöst.

## 3.11 Partnerschaftserleben

Für die Sozialpädagogik haben Mollenhauer u. a. (1975) mit Verweis auf familientherapeutische Ansätze auf die Bedeutung der Paarbeziehung für die Familienerziehung hingewiesen, ohne dass dies in der Forschung weiterverfolgt wurde. Auch bindungstheoretische und systemische Ansätze betonen die Bedeutung von Intimität in familiären Beziehungen nicht nur zwischen Eltern und Kindern, sondern auch zwischen den Partnern. Z. B. beschreiben Bowlby (1982) und Boscolo/Bertrando (1994) die grundlegende Bedeutung von Vertrauen und gegenseitiger Unterstützung für den Familienzusammenhalt. Auch Foucault hat in seinen Studien zur Geschichte der Sexualität herausgearbeitet, dass sich innerhalb von Familien allmählich die Ehe als ein separates Subsystem mit einem spezifischen Bindungsverhalten herausbildet hat. Neben Sexualität und Lust ist die Paarbeziehung charakterisiert durch das Verhältnis der Sorge um sich und der Sorge für den anderen in einer „Praxis des geteilten Lebens“ (Foucault 1986, S. 214).

Unsere Interviewpartner haben sich aus verständlichen Gründen nicht über alle Einzelheiten ihres Intimlebens geäußert. Es gab gewisse Tabus, die es bei der Interviewführung einzuhalten galt. Allerdings sprachen die Erwachsenen das Thema „Paarbeziehung“ in verschiedenen Bereichen gesondert an: Als besonderer Teilbereich der Lebensgeschichte, als Belastungen (Paarkonflikte), bei der Zeitstruktur (Zeit des Paares für sich), bei den Selbstbildern und Personenentwürfen, bei der Konfliktkultur und beim subjektiven Hilfeplan (z. B. als „Reise nach Paris ohne Kinder“). Nach diesen Merkmalsbereichen haben wir alle signifikanten Äußerungen zu einer Synopse geordnet. Die Durchsicht ergab, dass die Intimität in der Partnerschaft in unseren Interviews in erster Linie als gegenseitige Fürsorge und als das Pflegen gemeinsamer Interessen beschrieben und bewertet wird, wie die folgende Interviewsequenz deutlich macht:

Mann: Also wir schaffen uns gerne mal eine gemütliche Atmosphäre 'ne, d. h., wir gehen dann früh ins Bett, wenn die Kinder dann auch alle im Bett sind und gucken dann 'ne tolle ehm DVD oder Fernsehen und machen Teelichter ringsrum an und dann kommt die Süßigkeitenbox.

Frau: (lacht) Das ist auch richtig.
Mann: Ja da sitzt das Leckermäulchen aber wie.
Frau: Auch schön mal ein Glas Wein.
Mann: Ja.
Frau: Weißt du noch der erste Abend, da war's nicht ein Glas Wein.
Mann: Zwei Flaschen ...
Frau: Aber wir sind nüchtern gewesen.
Mann: Ja.
Frau: Nach fünf Flaschen Wein.
Mann: Wir hatten uns so viel zu erzählen. (W3–5)

Da bei unserer Untersuchungsgruppe die Paarbeziehung in eine Familie mit Kindern eingebettet ist und sich deshalb die Intimität innerhalb des Erwachsenen-Subsystems in Abgrenzung zum Erwachsenen-Kind-Subsystem entwickelt, war es nahe liegend, beide Subsysteme in Beziehung zueinander zu setzen. Grundlage für die Konstruktion des Merkmalsraums war die Frage, inwieweit die Sorge des Paares füreinander ausgebildet ist und ob sie gegenüber der Sorge für die Kinder aufrechterhalten wird. Hat die Intimität des Paares gegenüber der Eltern-Kind-Beziehung eine eigene Qualität? Ist sie mit den familiären Aufgaben vereinbar? Dieses berücksichtigend haben wir einen Merkmalsraum „Partnerschaftserleben" konstruiert (vgl. Tab. 29), in dem die Merkmale „Aktuell dominante Bewertung von Intimität" und „Vereinbarkeit von Intimität mit familiären Funktionen" kombiniert werden. Mit „Bewertung von Intimität" ist die Qualität der Paarbeziehung angesprochen. Diese ist umso besser, je mehr gegenseitige Fürsorge und Gemeinsamkeiten von den Partnern beschrieben werden. Auch eine positiv bewertete Paarbeziehung kann durch die familiäre Funktionen und Beziehungen beeinträchtigt werden. Dazu zählen beispielsweise die Belastungen durch die Kindererziehung, durch Arbeitslosigkeit oder Arbeitsbedingungen oder aufgrund von Konflikten mit der Großelterngeneration.

Tabelle 29: Merkmalsraum „Partnerschaftserleben"

| **Vereinbarkeit von Intimität mit familiären Funktionen** | **Aktuell dominante Bewertung von Intimität (Fürsorge und Gemeinsamkeiten)** | |
|---|---|---|
| | Überwiegend positive Bewertung | Überwiegend negative Bewertung bzw. fehlende Beschreibung von Intimität |
| Vereinbar | 1. Familienintegrierte Partnerschaft | 2. Identität von Familie und Partnerschaft |
| Nicht vereinbar | 3. Partnerschaft und Familie sind nicht vereinbar | 4. „Männer machen nur Theater" |

Theoretisch waren vier Deutungsmuster möglich, die sich auch in den Interviews fanden. Bis auf sechs Familien ließen sich alle einem der oben genannten Felder zuordnen. Im Folgenden werden die Deutungsmuster beschrieben:

### 1. *Familienintegrierte Partnerschaft (N=14 Familien)*

Die familienintegrierte Partnerschaft zeichnet sich dadurch aus, dass das Eltern-Kind-Subsystem und das Eltern-Paar-Subsystem deutlich voneinander abgegrenzt sind. Die Eltern besprechen familiäre Angelegenheiten, wie z. B. Erziehungsprobleme, ohne die Kinder und organisieren sich „kinderfreie" gemeinsame Zeiten im Alltag, wie gemeinsames Kaffeetrinken oder abendliche Spaziergänge. Verbindend sind gemeinsame Freizeitaktivitäten. Intimität stellt sich aber auch z. B. durch eine abendliche Massage nach einem stressigen Arbeitstag her. Viele Paare betonen die Bedeutung gemeinsamer Gespräche. Bei den reorganisierten Familien, die sich diesem Deutungsmuster anschließen, fällt auf, dass die neuen Lebenspartner der Mütter bzw. Väter nicht die alten ersetzen wollen. Letztere haben, obwohl sie nicht mehr im Haushalt leben, nach wie vor ihren festen Platz in der Familie. Offenbar gelingt in reorganisierten Familien die Vereinbarkeit von Partnerschaft und Familie leichter, wenn die neue Familie sich nicht am Modell der „Normalfamilie" orientiert. Eine Familie bezeichnet das gute Funktionieren der Paarbeziehung im Zusammenspiel mit dem Eltern-Kind-System als „Wir-AG". In der Gruppe dominiert die Familienform „reorganisierte Familie" (N=8), gefolgt von den „Zwei-Eltern-Familien" (N=5). Sie leben alle in Westdeutschland.

### 2. *„Identität" von Familie und Partnerschaft (N=3 Familien)*

Bei diesem Deutungsmuster geht die Partnerschaft gleichsam in der Familie auf. Partnerschaft und familiäre Funktionen werden als Einheit angesehen, ohne dass die Partner dies problematisieren. Gemeinsamkeit und emotionale Verbundenheit zwischen den Erwachsenen stellen sich aus der Sicht der Befragten über die Kinder her. Die Intimität ist schwach entwickelt, d. h., sie hat keine „autonome", vom Eltern-Kind-System unabhängige Qualität. Die Partnerschaft wird eher in ihrem funktionalen Charakter gesehen; das „romantische Liebesideal" bildete offenbar nicht die Grundlage der Paarbildung. Wegen der kleinen Fallzahl lässt sich dieses Deutungsmuster nur ansatzweise an einem Fallbeispiel charakterisieren: In einer Familie befand sich der alleinerziehende Vater in einer schwierigen Situation wegen des Unfalltodes seiner Frau. Er zog zunächst zu seiner Mutter. Um auf ihre Hilfe nicht mehr angewiesen zu sein, und weil er sich in der Alltagsbewältigung und in der Kindererziehung allein überfordert fühlte, ist er eine Paarbeziehung eingegangen, die seiner Schilderung zufolge in erster Linie seinem Sohn nützt.

### 3. *Partnerschaft und Familie sind nicht vereinbar (N=25 Familien)*

Diese Familien beschreiben eine im Kern positive Paarbeziehung mit Gemeinsamkeiten und persönlicher Nähe (Intimität), betonen aber die Schwierigkeit, Partnerschaft und familiäre Funktionen wie Kindererziehung, Erwerbsarbeit und Kontakte zur Großelterngeneration zu vereinbaren. Dabei spielen vielfältige Probleme eine Rolle, die die Paarbeziehung belasten: Schwierigkeiten mit den Kindern lassen dem Paar wenig Zeit füreinander; Uneinigkeit über den Umgang mit den Erziehungsproblemen, eine als ungerecht erlebte familiäre Arbeitsteilung, Stressbelastungen im Beruf oder Konflikte mit den Herkunftsfamilien führen zu ständigen Paarkonflikten. Eine häufige Problemkonstellation in den reorganisierten Familien dieser Fallgruppe ergibt sich aus der Unsicherheit, welche Rolle der neue Partner oder die neue Partnerin in der Familie spielen soll. Schwierigkeiten ergeben sich beispielsweise daraus, dass die Kinder den „neuen Papa" in der Erzieherrolle nicht akzeptieren oder der neue Partner in Konkurrenz zum abwesenden Elternteil gerät. Die Skepsis, dass Partnerschaft und Familie vereinbar sind, zeigt sich auch bei den Alleinerziehenden: Eine alleinerziehende Mutter liebt den Vater ihrer Kinder auch nach der Trennung immer noch, möchte mit ihm aber nicht wieder zusammenziehen, weil sie sich nicht „in die Erziehung reinfummeln" lassen will. Ähnlich eine andere alleinerziehende Mutter, die mit ihrem Freund nicht mehr zusammenwohnt, weil dieser sich als „Ersatzvater aufgespielt" hat. Unter den Familienformen dieses Deutungsmusters dominieren die reorganisierten Familien (N=10) vor den Zwei-Eltern-Familien (N=7) und den Familien im Übergang (N=5).

### 4. *„Männer machen nur Theater" (N=29)*

Dieses Deutungsmuster wurde in Anlehnung an ein Zitat einer alleinerziehenden Mutter formuliert: Sie fühlt sich von den Männern „veräppelt". Deshalb möchte sie momentan keine Partnerschaft eingehen: *„Nee nee, ich bleibe jetzt erst mal alleine, ja mit den Männern, genau, hat man nur Theater."* (O–6) Die Frauen, die diesem Deutungsmuster folgen, haben fast ausschließend negative Partnerschaftserfahrungen gemacht, wobei körperliche Misshandlung und Alkoholprobleme der Männer als häufigste Belastungen genannt werden. Die Väter haben sich selten um die Kinder gekümmert, nach der Trennung brach der Kontakt in der Regel vollständig ab. Die Frauen sind enttäuscht darüber, dass ihre Wünsche in Bezug auf Intimität und gegenseitige Fürsorge in Partnerschaften nicht in Erfüllung gingen. Stattdessen fühlen sie sich von ihren „Ex-Männern" ausgebeutet; einige Frauen beschreiben ihre ehemaligen Partner wie Kinder, die versorgt werden mussten: *„Den Nächsten musste ich erstmal einkleiden."* (O–14) Trotz ihrer Frustrationen sehnen sich viele der Befragten nach Partnern, die auch familiäre Funktionen, wie beispielsweise das Übernehmen der Vaterrolle für die Söhne, ausüben sollen. Nur in einem Fall findet sich eine Fürsorge- und Gemeinschaftsvorstellung jenseits von Familie: Eine Frau wünscht sich eine Lebensgemeinschaft mit anderen Menschen, die auch Kinder haben, und die durch gegenseitige Unterstützung und Kommunikation geprägt ist. Unter den Familienformen dominieren die alleinerziehenden Mütter (N=19).

Abschließend lässt sich sagen, dass in den Interviews das Partnerschaftserleben eine in Familien zentrale Erfahrungsdimension darstellt. Bei der Mehrzahl der Familien (insgesamt 53 von 77) lässt sich aus der Sicht der Eltern Intimität in der Paarbeziehung mit familiären Funktionen, insbesondere der Kindererziehung, nur schwer vereinbaren. Familien dabei zu helfen, eine Balance innerhalb der Fürsorgegemeinschaft zu finden, sollte innerhalb der Kinder- und Jugendhilfe einen höheren Stellenwert bekommen. Die große Anzahl von Frauen, die fortlaufend negative Partnerschaftserfahrungen gemacht haben, lässt auf grundlegende Schwierigkeiten bei der Partnerwahl und bei der Gestaltung von Paarbeziehungen schließen. Vermutlich spielen hier die biografischen Erfahrungen mit den Partnerschaftsvorbildern der eigenen Eltern eine bedeutsame Rolle. Schleiffer (2001) und Grossmann/Grossmann (2002) konnten in bindungstheoretisch fundierten Untersuchungen einen Zusammenhang zwischen Bindungsrepräsentationen der elterlichen Paarbeziehung und erwachsenem Bindungsverhalten im Bereich der Paarbeziehung nachweisen. In unserer Stichprobe geben 19% der Frauen und 18% der Männer Trennung und Scheidung als biografische Belastungen als Kind an. Wie sich Trennungserfahrungen der eigenen Eltern auf die Partnerwahl auswirken, zeigt das Beispiel einer Frau, die einen Mann weit unter ihrem „Niveau“ heiratete, um sicherzugehen, dass er sie nicht verlässt – schließlich musste sie ihn verlassen, weil er sie und die Kinder körperlich misshandelte. Zusätzlich zu den belastenden biografischen Erfahrungen während der Kindheit beschreiben 38% der Frauen und 39% der Männer Belastungen im Erwachsenenalter aufgrund von Trennung und Scheidung. Es scheint daher sinnvoll zu sein, in der Praxis ein größeres Gewicht auf die Verarbeitung von Trennungs- und Scheidungserfahrungen zu legen, zumal deren Wirkungen auf die Kinder sehr nachhaltig und langfristig sein können (vgl. Wallerstein u. a. 2002). Anregungen, wie eine „Familienberatung“ nach Trennung und Scheidung erfolgreich gestaltet werden kann, bietet die Untersuchung von Napp-Peters (1995).

Die enge Verzahnung von Partnerschaft und familiären Funktionen bestätigt die These, dass eine Zweierbeziehung unter den Bedingungen fortschreitender Individualisierung stärker als je zuvor das wichtigste soziale Unterstützungssystem ist (Lenz 1998, S. 112). Die von uns untersuchten Paare haben in der Regel die Schwierigkeit, eine intime Privatsphäre zu schaffen, weil sie durch familiäre Aufgaben und konflikthafte Beziehungen gestresst sind.

## 3.12 Subjektiver Hilfeplan

Der Begriff „subjektiver Hilfeplan“ wird im Folgenden in Abgrenzung zum offiziellen Hilfeplan des Jugendamtes verwendet (vgl. Schefold u. a. 1998). Er soll deutlich machen, dass Familien eigene Vorstellungen haben, was für ihre Situation hilfreich ist. Dass die Hilfekonzepte der Adressaten nicht immer in den Plänen der Professionellen aufgehen, zeigt Schefold in seiner umfangreichen Studie. In Anlehnung daran haben wir im ersten Schritt unserer Untersuchung alle Aussagen zum subjektiven Hilfeplan in einer Synopse zusammengefasst. Dazu gehören Wünsche nach persönlicher Unterstützung, Erwartungen an die institutionellen und informellen Helfersysteme, Vorstellungen, wie die Familienprobleme gelöst werden können, und Veränderungsziele. Wir haben die Hilfe- und Veränderungswünsche analog zu den verschiedenen Belastungsarten (vgl. Kap. 3.5) in sieben verschiedenen Dimensionen zusammengefasst. Die Ergebnisse dieses ersten Auswertungsschrittes zeigt die Tabelle 30.

Bei einer Gesamtzahl von 364 Nennungen[12] äußerte jede der von uns befragten Familien durchschnittlich rund fünf konkrete Hilfe- bzw. Veränderungswünsche. Im Schnitt sind dabei rund drei verschiedene Hilfedimensionen betroffen. Die Dimension „Kindbezogene Hilfe- und Veränderungswünsche“ ist dabei am Stärksten vertreten (bei 77 Familien mit 107 Nennungen). Im Folgenden soll auf die subjektiven Hilfepläne näher eingegangen werden:

Unter biografieorientierten Hilfe- und Veränderungswünsche (vgl. Tab. 17) fallen solche, die sich auf noch aktuell wirksame biografische Belastungen beziehen. Eine Mutter spricht z. B. – vor dem Hintergrund, dass seit vielen Generationen Alkohol- und Gewalterfahrungen an die nächste Generation weitergegeben werden – von einem *„Familienfluch“* und wünscht sich eine Unterstützung von der Familienhilfe, sie will mehr über ihre Familiengeschichte sprechen. Ein alleinerziehender Vater möchte die Zeit zurückdrehen und dabei seinen (biografischen) *„Mülleimer auskippen“*, eine andere Mutter möchte eine Psychotherapie zur Aufarbeitung der letzten Trennung und der Gewalterfahrungen beginnen.

12 Die Anzahl der Nennungen ist höher als die Anzahl der Familien pro Hilfedimension, da in einigen Familien zu einer Hilfedimension mehrere Hilfen bzw. Veränderungswünsche genannt wurden.

Tabelle 30: Hilfe- und Veränderungswünsche der Familien

| Hilfedimension | Nennungen | Anzahl Familien |
|---|---|---|
| 1. Biografieorientierte Hilfe- und Veränderungswünsche | 6 | 6 |
| 2. Beziehungsorientierte Hilfe- und Veränderungswünsche | | |
| • Dritte Generation | 8 | 8 |
| • Paar | 31 | 29 |
| • Beziehung Eltern(-teil) – Kind | 20 | 17 |
| • Geschwister | 3 | 3 |
| 3. Kindbezogene Hilfe- und Veränderungswünsche | | |
| • Hilfen in Bezug auf die Belastungen der Kinder | 45 | 31 |
| • Hilfen für innerfamiliäre Erziehungsprobleme | 25 | 16 |
| • Hilfen für die Probleme der Kinder in Kita, Schule oder Ausbildung | 37 | 30 |
| 4. Sozioökonomische Hilfe- und Veränderungswünsche | 81 | 50 |
| 5. Gesundheitsbezogene Hilfe- und Veränderungswünsche | 22 | 17 |
| 6. Selbstwertbezogene Hilfe- und Veränderungswünsche | 41 | 35 |
| 7. Alltagsbezogene Hilfe- und Veränderungswünsche | 45 | 35 |

Innerhalb der beziehungsorientierten Hilfe- und Veränderungsdimension steht die Paarbeziehung im Vordergrund. Dabei werden Wünsche nach mehr gemeinsamer Zeit für Freizeitaktivitäten oder nach Gesprächen, Reisen oder mehr gegenseitiger Unterstützung im Alltag genannt. Paarbezogene Erwartungen (insgesamt 31 Nennungen) an das Helfersystem beinhalten z. B. einen weniger aggressiven Umgang mit Paarkonflikten, Scheidungsberatung oder Unterstützung bei der Suche nach einem Partner. Zur Bewältigung der Eltern-Kind-Konflikte werden Veränderungswünsche genannt, wie *„verständnisvolleres Umgehen"* zwischen Mutter und Tochter oder mehr *„Teamgeist"* von Vater und Tochter. Es werden aber auch Erwartungen an das Helfersystem formuliert, die Beziehungen zu klären; ein Elternpaar mit Scheidungskonflikt wünscht sich *„Beratung, damit die Kinder wissen, wo sie hingehören"*. Es werden auch Hilfe- und Veränderungswünsche genannt, die sich auf die Großelterngeneration beziehen (bei acht Familien). Dies betrifft z. B. den Wunsch der Eltern nach einer stärkeren Distanz gegenüber den Einmischungsversuchen der Großeltern in die Erziehung der Kinder. Eine Mutter formuliert das so: *„Meine Schwiegereltern mischen sich in die Erziehung ein, da müssen wir uns mehr abgrenzen"*.

Bei den kindbezogenen Hilfe- und Veränderungswünschen stehen die Belastungen der Kinder im Mittelpunkt. In den Interviews sprechen die von uns befragten Eltern dabei verschiedene institutionelle Helfersysteme an, z. B. Schule, Jugendamt, Beratungsstelle, Kinder- und Jugendpsychiatrie, sozialpädagogische Familienhilfe. Es werden instrumentelle Hilfen ins Auge gefasst, z. B. die Vergabe von Ritalin, um das aggressive Verhalten des hyperaktiven Kindes abzustellen; teilweise werden auch soziale Lösungen gesucht, darauf verweist z. B. der häufig geäußerte Wunsch nach Elterngruppen, wie der *„Gesprächskreis für Eltern aggressiver Kinder“*. Im Hinblick auf die innerfamiliären Erziehungsprobleme (25 Nennungen) dominiert der Wunsch nach verlässlicher Unterstützung durch eine Erziehungsberatung; die Eltern wünschen sich eine Rückmeldung im Hinblick darauf, *„was man falsch macht oder ändern kann.“* Unter den Hilfevorstellungen bei Problemen, die für die Kinder in Kindertagesstätten, Schule oder Ausbildung entstehen, finden sich Ideen wie der Schulwechsel eines Kindes, der Besuch einer Integrationsklasse für das ADS-Kind oder Hausaufgabenunterstützung durch einen Einzelfallhelfer. Wünsche dieser Art werden von 30 Familien genannt.

Insgesamt 50 Familien wünschen sich Hilfen zur Verbesserung ihrer sozioökonomischen Situation (81 Nennungen), z. B. eine Entschuldung oder die Unterstützung bei der Suche und Finanzierung einer größeren Wohnung. Am häufigsten wird der Wunsch nach einem Arbeitsplatz oder nach einer anderen Arbeit geäußert. Zu den gesundheitsbezogenen Hilfe- und Veränderungserwartungen zählen allgemeine Wünsche nach Gesundheit (*„Dass den Kindern nichts passiert“*), aber auch spezielle Vorhaben, wie *„Zähne sanieren“*, *„Kummerspeck abbauen.“* Bei 35 Familien stehen Veränderungswünsche im Zentrum, die sich auf Personen – entweder auf die eigene oder die des Partners – richten (selbstbezogene Hilfe- und Veränderungswünsche) Das heißt, die interviewten Erwachsenen äußern Unzufriedenheit mit ihrer Rolle im Beruf und in der Familie oder mit dem Verhalten ihres Partners. Insbesondere Frauen, die durch die familiäre Situation beansprucht sind, äußern Wünsche nach Freizeitaktivitäten oder Arbeitsmöglichkeiten (*„Egal was, Hauptsache raus“*). In anderen Familien wünschen sich die Frauen mehr Anerkennung in ihrer Mutterrolle durch ihren Partner oder auch durch die eigenen Eltern. Für die Männer steht noch stärker als bei den Frauen die Selbstwert stiftende Funktion der Erwerbsarbeit im Vordergrund.

Innerhalb der alltagsbezogenen Hilfe- und Veränderungsdimension dominieren Erwartungen an die familiäre Zeitstruktur und die familiäre Arbeitsteilung mit insgesamt 45 Nennungen bei 35 Familien (vgl. Tab. 30). Beide Bereiche werden oft in einen engen Zusammenhang gebracht, beispielsweise wenn vom Partner erwartet wird, sich mehr an der Hausarbeit zu beteiligen, damit die Frau mehr Zeit für ihre eigenen Interessen hat. Die Wünsche richten sich nicht nur an die anderen Familienmitglieder, sondern auch an professionelle Helfer, die im Alltag Entlastung bringen oder die die Familie dabei unterstützen sollen, die familiäre Arbeitsteilung zu verändern: „Gemeinsam einen häuslichen Plan machen, damit die Kinder mehr helfen.“

Wenn man die Hilfe- und Veränderungswünsche der Familien (vgl. Tab. 30) mit den Belastungen der Familien (vgl. Kap. 3.5, Tab. 21) vergleicht, stellt sich die Frage, inwiefern die Belastungsarten auch in den entsprechenden Hilfedimensionen des subjektiven Hilfeplans auftauchen. Die Gesamtzahl der Nennungen (364 Nennungen von Hilfe- und Veränderungswünschen, 376 Nennungen von Belastungen) und die durchschnittliche Zahl der Nennungen (4,7 und 4,9) sind zwar fast identisch, aber dennoch gibt es Unterschiede, wie sich die Nennungen über die einzelnen Dimensionen verteilen: 28 Familien nennen biografische Belastungen (37 Nennungen), aber nur sechs Familien (sechs Nennungen) äußern in ihren subjektiven Hilfeplänen biografiebezogene Hilfe- und Veränderungswünsche. In den subjektiven Hilfeplänen der Eltern werden auch etwas weniger häufig die Belastungen der Eltern-Kind-Beziehung, der Geschwisterbeziehungen, die Belastungen der Kinder und die gesundheitlichen Belastungen aufgegriffen. Bei den Belastungen der Kinder in Kita, Schule und Berufsausbildung ist dies nicht der Fall: 34 Familien beschreiben Schwierigkeiten in dieser Hinsicht, 30 Familien haben Hilfe- und Veränderungswünsche bezüglich der Belastungen im Bereich der Bildungseinrichtungen. Bei den sozioökonomischen Belastungen und Alltagsproblemen lassen sich Unterschiede feststellen: Sozioökonomische Belastungen werden von 34 Familien genannt, 50 Familien wünschen sich Hilfen zur Veränderung ihrer soziökonomischen Situation, 26 Familien beklagen sich über Alltagsbelastungen, aber 35 Familien möchten Unterstützung im Alltag haben. Die hier genannten Unterschiede und Gemeinsamkeiten machen einen Trend deutlich: Die subjektiven Hilfepläne berücksichtigen zwar die Belastungen in den sieben Dimensionen, allerdings werden biografische Belastungen und familiale Beziehungsprobleme quantitativ weniger häufig in den subjektiven Hilfeplänen berücksichtigt. Die Hilfeerwartungen der Familien sind eher konkretistisch auf Bildungseinrichtungen und den Lebensalltag bezogen und weniger auf die zwischenmenschlichen Beziehungen und biografischen Leidenserfahrungen: Wesentlich stärker werden in den Hilfeplänen der Familienalltag und die sozioökonomische Situation thematisiert als bei der Aufzählung der Belastungen. Dies zeigt, dass die Familien Vorstellungen von Hilfen haben, die sich auf die Verbesserung des konkreten Lebensalltages in der Familie und in den Institutionen richten, mit denen die Kinder zu tun haben.

Bei der Auswertung des Interviewmaterials in der Erfahrungsdimension „subjektiver Hilfeplan“ zeigte sich, dass sich auf der Basis der oben genannten Merkmale (Hilfe- und Veränderungswünsche) keine typischen Deutungsmuster konstruieren ließen. Es war nicht möglich, mithilfe von Merkmalskombinationen inhaltlich homogene Gruppen zu bilden, da die Streuungen zu groß waren. Daher mussten andere Merkmale gefunden werden, die sich für die Typenbildung eigneten. Diese fanden wir in den strukturellen Eigenschaften der Hilfepläne. Zwei Merkmale waren ausschlaggebend für einen geeigneten Merkmalsraum: die Erwartungen an das institutionelle Helfersystem und die Reflexion von Belastungen und Ressourcen durch die Familienmitglieder (vgl. Tab. 31).

Tabelle 31: Merkmalsraum „Subjektiver Hilfeplan"

| Reflexion von Belastungen und Ressourcen | Erwartungen an das institutionelle Helfersystem | |
|---|---|---|
| | Hoch | Niedrig |
| Hoch | 1. „Kunde" | 2. „Selbstheiler" |
| Niedrig | 3. „Kompensierer" | 4. („Klagender") |

Das Merkmal „Erwartungen an das institutionelle Helfersystem" beschreibt das Verhältnis von Hilfeideen und Veränderungserwartungen an die professionellen Helfer. Die Erwartungen an das institutionelle Helfersystem sind dann hoch, wenn sich die Vorstellungen vorwiegend auf professionelle Helfer (Jugendhilfe, Psychiatrie, Psychotherapeuten etc.) beziehen. Die Erwartungen sind niedrig, wenn sich die Hilfeideen und Veränderungserwartungen vorwiegend nicht auf professionelle Helfer beziehen, sondern auf die einzelnen Familienmitglieder oder auf außerfamiliäre informelle Helfer. Die Reflexion der Belastungen und Ressourcen ist dann hoch, wenn die Erwachsenen in der Lage sind, die innerfamiliäre Situation im Hinblick auf Krisen, Schwächen und eigene Hilfepotenziale zu beschreiben, wenn sie sich im subjektiven Hilfeplan vorwiegend auf die beschriebenen Belastungen beziehen und sich selbst als Teil der Hilfen ansehen. Die Reflexion der Belastungen und Ressourcen ist niedrig, wenn der subjektive Hilfeplan kaum die aktuellen Belastungen der Familienmitglieder berücksichtigt und die Erwachsenen sich selbst nicht als Teil der Hilfen ansehen.

Aus dem Merkmalsraum ergeben sich theoretisch vier Deutungsmuster. Drei der vier Typen ließen sich mit dem Interviewmaterial inhaltlich beschreiben. Ein Deutungsmuster, „Klagender", fand sich im Material nicht wieder. Trotzdem ist dieses Deutungsmuster theoretisch denkbar: Es würde sich um Familien mit niedrigen Erwartungen an das Helfersystem und niedriger Reflexion der eigenen Belastungen und Ressourcen handeln. Diese Familien lassen sich hypothetisch als „Klagende" bezeichnen. Die anderen drei in unserer Stichprobe vorfindbaren Deutungsmuster werden im Folgenden kurz beschrieben:

### 1. *„Kunde" (N=38 Familien)*

Familien, deren Aussagen zum subjektiven Hilfeplan dem Deutungsmuster „Kunde" zuzuordnen waren, haben hohe Erwartungen an das Helfersystem. Die Veränderungsziele und Hilfeideen beziehen sich stark auf institutionelle Helfersysteme (Jugendhilfe, Kinder- und Jugendpsychiatrie, Psychotherapeuten, Sozial- und Arbeitsamt etc.). „Kunden" haben gleichzeitig ein hohes Reflexionsniveau in Bezug auf ihre eigenen Belastungen und auf die Ressourcen: Die Veränderungsziele und Hilfeideen beziehen sich überwiegend auf die beschriebenen Belastungen. Es werden familienbezogene Hilfen genannt, bei denen die Erwachsenen selber Adressaten der Hilfe sind. Die Erwachsenen berücksichtigen bei ihren Hilfeerwartungen sowohl die Erziehungsprobleme der Kinder als auch ihre eigenen Schwierigkeiten. Die als sinnvoll erachteten familienbezogenen Hilfen sind vielfältiger Natur: Beratung im Umgang mit den Aggressionen des Kindes, Paartherapie, veränderte familiäre Arbeitsteilung der Erwachsenen, Familiengespräche mit allen Familienmitgliedern zur Stärkung des Zusammenhaltes, mehr Zeit für die Frau, damit sie auch eigenen Freizeit- oder Berufsinteressen nachgehen kann, etc. Der folgende Fall kann beispielhaft für dieses Deutungsmuster stehen:

> In einer reorganisierten Familie (Familie K.) mit zwei Söhnen (10 und 11 Jahre) ist es zu einer Eskalation zwischen dem Stiefvater und dem älteren Jungen gekommen. Dass dieser ihn momentan ablehnt, kann der Stiefvater „stellenweise nachvollziehen"; er hat sich vorgenommen, sich „viel Zeit (zu) nehmen, um dann auch mit ihm zu reden, sofern er das zulässt." Die beginnende Zusammenarbeit mit der Familienhelferin bewertet Herr K. positiv: „Die Chemie stimmt und ich habe da überhaupt keine Berührungsängste, und weil ich für mich selber immer sage, wenn ich über meine Situation reden kann, hilft mir das auch irgendwo." Von der Familienhelferin erhofft er sich Unterstützung in Erziehungsfragen, da er und seine Frau unterschiedliche Erziehungsvorstellungen haben: „Nur linke und rechte Grenze aufstellen und die immer enger stecken, das wird nicht sehr hilfreich sein, sondern mir zumindest Möglichkeiten aufzuzeigen, was kann ich machen bzw. auch die Einsicht bei meiner Frau zu wecken, dass aus meiner Sicht ihre lässige Art auch nicht so produktiv ist." Selbstkritisch merkt er an, dass er sich nicht genügend an der Hausarbeit beteiligt; hier möchte er in Zukunft seine Frau mehr entlasten. Seine Partnerin sieht ebenfalls einen Hilfebedarf hinsichtlich der unterschiedlichen Erziehungsvorstellungen, akzentuiert diesen aber anders: „Mein Mann ist definitiv zu streng. Wir finden keinen Mittelweg, ich weiß auch, dass ich zu weich bin, aber wir finden keinen Mittelweg, wo er mit leben kann und wo ich denke, dass wir an einem Strang ziehen." Die Frau beklagt, dass ihr Mann sich wenig für ihre Bedürfnisse interessiert und im Haushalt kaum hilft; er sei durch seine Arbeit und den Kontaktabbruch zu seinen eigenen Eltern belastet. Sie hält es für sinnvoll, wenn ihr Mann seine persönlichen Probleme mit der Familienhelferin besprechen würde. Die Schulprobleme des älteren Sohnes führen beide auf die Schule und das Verhalten bestimmter Lehrer zurück. Sie erhoffen sich von einem Schulwechsel, bei dem die Familienhelferin unterstützen soll, eine Verbesserung der schulischen Situation. (O–11)

Wir haben diese Familien „Kunden" genannt, da ihre Erwartungen an das Jugendhilfesystem und die Reflexion ihres eigenen Hilfebedarfs sehr ausgeprägt sind. Ihre Haltung gegenüber den professionellen Helfersystemen und die Sichtweise auf das Jugendhilfesystem kommt dem sehr nahe, was in der Fachdiskussion als „Dienstleistungscharakter" beschrieben wird.

### 2. *„Selbstheiler" (N=7 Familien)*

Bei dem Deutungsmuster „Selbstheiler" sind die Erwartungen an das Helfersystem eher niedrig. Es besteht aber ein hohes Reflexionsniveau in Bezug auf eigene Belastungen und Ressourcen. Diese Familien haben zwar Ideen für den Umgang mit den Belastungen, bringen diese aber nicht mit professionellen Helfern in Zusammenhang, sondern wollen die Schwierigkeiten ohne fremde Hilfe bewältigen, daher der Name „Selbstheiler". Unter familiäre Schwierigkeiten fallen in erster Linie Partnerschaftsprobleme (aktuelle Paarkonflikte, aber auch „nachholende" Konflikte nach Trennung oder Scheidung). Hier sehen die Erwachsenen auch den primären Hilfebedarf. In einigen Fällen wurden externe Deutungsmuster von Professionellen übernommen, sodass man davon ausgehen kann, dass diese Familien dem Jugendhilfesystem skeptisch gegenüberstehen: *„Unser Ziel der Hilfe ist, das Jugendamt wieder loszuwerden."* In den meisten Familien kann man den Eindruck gewinnen, dass sie zwar keine direkten professionellen Hilfen wollten, aber durchaus Ermunterung und Zuspruch. Auffällig ist, dass überwiegend Familien aus Ostdeutschland dieses Deutungsmuster verwenden, wie z. B. Familie B. Es handelt sich um eine reorganisierte Familie mit drei gemeinsamen Söhnen des Paares und zwei Jungen, die die Frau mit in die Ehe gebracht hat:

> Die Probleme der Familie B. drehen sich aus der Sicht der Eltern um die beiden ältesten schon volljährigen Söhne, die keiner Ausbildung oder Arbeit nachgehen. Der zweitjüngste Sohn hat Schulprobleme und besucht eine Tagesgruppe. Herr B. weiß, dass sich seine Frau wünscht, „dass ich etwas härter durchgreife." Er selber würde es als hilfreich ansehen, wenn er mehr für seine Kinder „da sein könnte und etwas mehr mit meinen Kindern unternehmen könnte." Er hat sich vorgenommen, „meine Größeren noch solider hinzubekommen, eventuell noch in den Arbeitsprozess einzugliedern, für unsere Kleineren zu versuchen, dass sie einen vernünftigen Schulabschluss erreichen, mein jetziges Wohnambiente halten zu können und sonst versuchen, dass meine Frau wieder Arbeit findet." Frau B. möchte in der Familie „mehr Miteinander und nicht Gegeneinander"; dazu müsste wieder mehr miteinander gesprochen werden: „Man kann fast alles mit einem Gespräch lösen." In der Vergangenheit hat die Familie in Problemsituationen mit Gesprächen gute Erfahrungen gemacht. Sie bezeichnet die Familie als „Wir-AG", die in Krisen zusammenhält und Schwierigkeiten ohne fremde Hilfe bewältigt. Frau B. wünscht sich eine Arbeit und würde auch gerne wieder einmal etwas mit ihrem Mann alleine machen: „Wir möchten unbedingt mal wieder nach Paris." Die Erwachsenen akzeptieren die Arbeit der Tagesgruppe, halten diese aber nicht für notwendig. (O–21)

### 3. „Kompensierer“ (N=27 Familien)

Diese Familien, wir nennen sie im Folgenden „Kompensierer“, haben hohe Erwartungen an das Helfersystem und gleichzeitig ein niedriges Reflexionsniveau in Bezug auf eigene Belastungen und Ressourcen. Sie beschreiben häufig vielfältige soziale Schwierigkeiten der Kinder und wünschen sich daher vor allem entlastende kindbezogene Unterstützungsformen, wie z. B. schulische Unterstützung für die Kinder, Psychotherapie zur Aufarbeitung traumatischer Erfahrungen, Freizeitaktivitäten der Helfer mit den Kindern, etc. Weiterhin fällt auf, dass die Familien oft eine lange Helfergeschichte haben und tendenziell über wenige informelle Unterstützungsmöglichkeiten verfügen. In der Fallgruppe dominieren Familien aus Westdeutschland. Ein Beispiel für das Deutungsmuster „Kompensierer“:

> In einer Zwei-Eltern-Familie (Familie P.) mit einem 13-jährigen Sohn konzentrieren sich die Belastungen auf das Kind: Die Eltern machen sich wegen der schlechten Schulnoten Sorgen um seine Zukunft. Der Junge hat ADS und wird von einem Sozialpädagogen im Rahmen einer Einzelbetreuung unterstützt. Die Mutter wünscht sich, dass ihr Sohn so lange wie möglich zur Schule gehen kann, da er eine „Entwicklungsverzögerung hat“. Sie möchte eine „Lernhilfe zur Hausaufgabenbetreuung und Lernstoffwiederholung“ beantragen. Er soll demnächst ein neues Medikament mit „besserer Wirkung“ bekommen, auch fände sie eine „echte Verhaltenstherapie“ sinnvoll, „aber dafür wären die Fahrtstrecken zu weit“, da es in der Nähe des Wohnortes kein Angebot gibt. Der Vater wünscht sich ebenfalls die Fortsetzung der Einzelbetreuung, insbesondere zur schulischen Förderung. Im Gegensatz zu seiner Frau spricht er sich gegen das Medikament aus, sein Sohn bräuchte stattdessen „eine Aufgabe, die ihn erfreut, und dann ist er begierig, das weiterzumachen und weiterzuentwickeln.“ Er bräuchte auch ein Vorbild, „aber nicht wie in einem Fanclub, alles kleine Lichter in der Masse.“ (W1–30)

Die Eltern, deren subjektiver Hilfeplan das Deutungsmuster „Kompensierer“ aufweist, thematisieren kaum ihre eigenen Belastungen und Schwierigkeiten gegenüber den professionellen Helfern. Sie erwarten von den kindbezogenen Hilfen eine Entlastung und indirekt eine Lösung der Schwierigkeiten im Eltern-System – daher die Bezeichnung „Kompensierer“.

Auffällig ist, dass mehr als die Hälfte der Familien dem Deutungsmuster „Kunde“ zugeordnet werden konnten. Die unter Praktikern häufig geäußerte Einschätzung, dass die meisten Jugendhilfefamilien an die professionellen Helfer eine „Reparaturerwartung“ in Bezug auf die schwierigen Kinder haben, kann so nicht bestätigt werden. Die Familien, dies zeigt unsere Untersuchung, haben vielfältige Ideen und Vorstellungen, wie die familiären Aufgabenstellungen zu bewältigen sind. Die Ergebnisse sind anschlussfähig an aktuelle praktische und theoretische Diskurse, in denen die Ressourcen und Selbstheilungskräfte von Individuen und Familien betont werden: Zu nennen wären hier die Resilienz-Forschung (z. B. Furman 1999) oder lösungsorientierte Arbeitsansätze, die zunehmend die Bewältigungsmechanismen der gesamten Familie einbeziehen (z. B. BMFSFJ 2001).

# 4. Eltern- und erwachsenenbezogene Konfliktthemen

In den Mustern, die wir in dem letzten Kapitel beschrieben haben, deuten sich – zumindest bei einigen – familiäre Konflikte an. Im zweiten Schritt unserer Analyse haben wir versucht, solche Konfliktthemen systematisch zu eruieren. Dabei interessierten uns besonders die Schwierigkeiten im Elternsystem, und zwar deshalb, weil die Themen der Eltern in der Forschung bisher vernachlässigt wurden (vgl. Kap. 1). Die bisherige Forschung konzentrierte sich im Wesentlichen auf Problemstellungen, die das gesamte Familiensystem oder zumindest das Eltern-Kind und das Kindersystem betreffen[13]. Für die sozialpädagogische Diagnose und auch für die Betreuung der Familien erscheint es unseren Befunden zufolge als wichtig, zwischen Thematiken des Elternsystems, des Eltern-Kind-Systems und des Kindersystems zu unterscheiden.[14] Im Folgenden sollen nun die Konfliktthemen der Eltern beschrieben werden. Die Frage lautet: Lassen sich innerhalb der 77 Familien Gruppen bilden, die sich aufgrund bestimmter Kombinationen von Deutungsmustern ähneln und eine gemeinsame Thematik haben? Die zweite Auswertungsphase zielte also darauf ab, mit Hilfe von Clusteranalysen eltern- und erwachsenenbezogene Konfliktthemen zu bilden. Es handelte sich methodisch gesehen um eine Typenbildung auf einer zweiten analytischen Ebene. Im Fokus der Aufmerksamkeit standen dabei nicht mehr einzelne Erfahrungsdimensionen, sondern Merkmalskombinationen, die sich gleichsam zu Thematiken verdichten und die 12 Erfahrungsdimensionen durchlaufen. Als Material für die Clusteranalyse dienten die oben beschriebenen 45 Deutungsmuster und deren Zuordnung auf die 77 Familien. Es wurden unterschiedliche Clusterverfahren angewendet. Bei dem ersten Clustermodell ergaben sich fünf „Haupt-Cluster", die sich intern noch einmal in 17 „Untercluster" untergliederten. Im zeitlichen Verlauf der Auswertung wurden zunächst die „Untercluster" inhaltlich bearbeitet. Interpretierbar sind die Ergebnisse in der Hinsicht, dass die Familien, die in den identifizierten Clustern zusammengefasst sind, neben der formalen Ähnlichkeit (Übereinstimmung hinsichtlich

13 Dies gilt auch für die Hilfeplanung, wie die Studie des Verbandes katholischer Einrichtungen der Heim- und Heilpädagogik (1995) feststellt: „Obwohl die Fachleute sich bei der Hilfeplanung meist von systemischen Vorstellungen leiten lassen, bleiben bei der Zieldefinition elterliche Probleme häufig außer acht" (S. 95).

14 In den sozialpädagogischen Diagnosen (I–III) haben wir uns auf die Lebensthematiken und sozialpädagogischen Aufgabenstellungen des Kindersystem konzentriert (vgl. Mollenhauer/Uhlendorff 1992/1995, Uhlendorff 1997).

einer bestimmten Anzahl von Merkmalen) weitere feststellbare Gemeinsamkeiten aufweisen, die gleichzeitig einen deutlichen Unterschied zu anderen Gruppen darstellen (Prinzip der Differenz). Für diese Überprüfung war eine erneute Arbeit mit Interviewtranskriptionen und Fallskripten erforderlich. Auf einem sehr hohen Ähnlichkeitsniveau ergaben sich recht kleine Gruppen, die in Bezug auf einige markante Merkmale (Deutungsmuster) eine hohe Ähnlichkeit aufwiesen und für die sich jeweils eine typische Konflikt-Thematik identifizieren ließ. Auf diese Weise konnten wir 16 eltern- bzw. erwachsenenbezogenen Konfliktthemen bilden – bei zwei Clustern waren die Thematiken so ähnlich, dass daraus ein Typ hervorging. Die im Folgenden beschriebenen Konfliktthemen der Eltern haben ganz unterschiedliche Referenzpunkte, wie Erziehungsschwierigkeiten, Partnerschaftsprobleme, Vereinbarkeit von Beruf und Familie, Balancen zwischen Selbstverwirklichung und Aufgaben im Familienalltag, zwischen Intimität in der Partnerschaft und Elternschaft etc.

*Konfliktthemen innerhalb des ersten „Hauptclusters"*

### 1.1 „Da standen wir plötzlich vor einer ganz neuen Situation" – situativ erzwungene Neuorientierung in Familie und Arbeitswelt (N=3 Familien)

Den elterlichen Konflikten liegen hier als Leitmotiv unerwartete äußere und familiäre Schicksalsschläge zugrunde, aufgrund derer sich Eltern gezwungen sehen, ihre innerfamiliären Rollen neu zu abzustimmen und mit den praktischen Anforderungen, die die neue Situation mit sich bringt, in Einklang zu bringen. Wie die folgenden Interviewauszüge zeigen, handelt es sich um ganz unterschiedliche Herausforderungen, wie Trennungen oder eine unerwartete Schwangerschaft. Die alleinerziehende Frau V. berichtet:

> „Also im März da hab ich zwar meinen jetzigen Exmann vor die Tür gesetzt gehabt, weil es klappte einfach bei uns halt nicht mehr und ich mein, wenn es nicht klappt, das bekommen die Kinder mit. Da hat die Große hat halt 'n Schaden, in Anführungszeichen, davongetragen auch. Und ich wollte auch gar nicht mehr, da war ich aber schon mit ihr halt schwanger, sie ist im April geboren. Und dann kam er auch unregelmäßig schon hier hoch, muss man ehrlich sagen. Ja und dann im September hab ich dann erfahren, dass er 'ne andere hat und ich stand da ‚öh' und dann ich so ‚nix da'. Ich sofort zu meiner Anwältin und dann ging das alles mit und dann ich noch hin und her, und dann hatte er ja unten noch die andere und, (seufzt) ja, seit letztes Jahr. Da hatte er noch drei, zwei Besuchstermine wahrgenommen, jo, und das war's dann. Und seit dem, dieses Jahr hab ich dann auch gedacht ‚Schicht im Schacht', hab ich auch mit Herrn F. (Jugendamt) gesprochen, so geht's nicht weiter." (W3–1 Mutter)

Neben der Trennung vom Partner kann eine unerwartete Schwangerschaft die betreffenden Elternteile in eine Lebenslage bringen, die sie ohne Unterstützung von außen nicht bewältigen können:

> „Also ich war vor anderthalb Jahren noch mit meinem Verlobten zusammen ... und der hat 'ne andere kennengelernt, der war auch lange fremdgegangen und ich wusste das leider nicht. ... Und dann hab ich das auch angefangen aus Trotz; und dadurch ist dann halt mein Sohnemann entstanden, so aus einer Laune heraus. Ja und dann haben wir uns getrennt... Da ist auch mein Sohn geboren, das ist natürlich eine ganz schöne Umstellung so was, 'ne. ... Ich war auch ganz schön fertig gewesen, weil es auch gar nicht geplant gewesen war mit 'nem kleinen Kind, ... ich spielte schon mit dem Gedanken das Kind abzutreiben, aber da war es schon zu spät, weil die Schwangerschaft wurde erst im siebten Monat festgestellt. (I: Wenn sie sich selbst auch als Mutter beschreiben so, wie empfinden sie sich selbst in der Rolle als Mutter?) Ungewohnt ... weil eigentlich war es nicht geplant 'n Kind zu haben in so einem späten Alter auch ... Also ich war ganz schön aufn Kopf geschlagen wo der geboren worden is, weil ich hatte von Tuten und Blasen keine Ahnung gehabt, weil ich konnte keine Kurse besuchen, weil das alles schon zu spät war... Also ich hatte davon keine Ahnung gehabt, wie man was macht, wie das gemacht wird und wo das gemacht wird und alles so was.“ (W3–3 Mutter)

Zu der Gruppe gehören Alleinerziehende, eine reorganisierte Familie, und eine Zwei-Eltern-Familie mit kleinen Kindern. Allen gemeinsam ist die Unsicherheit und Überforderung hinsichtlich der Erziehung der Kinder. Die familiäre Situation, das Leiden der Eltern und Kinder, ist durch Verlusterfahrungen und Trauer geprägt. Die Elternteile müssen nicht nur die Trennung des Partners bewältigen, sondern gegenüber den Kindern eine Vermittlungsarbeit leisten, mit der sie aufgrund der eigenen Trauer oder Stressbelastungen überfordert sind. Die Ratlosigkeit der Eltern drückt sich dann beispielsweise so aus: Frau V.:

> „Wir waren alleine und haben auch Zeit für uns mal wieder, und sie (Tochter) hat die Barbies mitgenommen und Ken äh und auch diese Michelle, das ist die Kleine. Und dann hat sie nur die beiden Barbies mitgenommen. Der Mann und das Kind blieben im Auto. Da kamen wir halt in so 'n Gespräch auch rein. Ja, dann sagte sie auch, ‚ja der Papa muss ja auch mal aufs Kind aufpassen, mit dem Kind spielen‘ ja und da merkte ich auch schon, sie vermisst ihn. Also sie braucht schon praktisch den Papa, der auch mit ihr spielt, der für sie da ist, sie auch mal einfach in Arm nimmt. Ja und dann hab ich so weitergespielt in Anführungszeichen, und ähm ich denk mal, sie hat auch schon arg zu knacken. Hab ich auch gesagt: ‚Ja, wie fändest du, wenn da ein neuer Papa wär?‘ ah (ablehnend), das fand sie gar nicht gut. Also sie möchte schon den alten Papa wiederhaben. Nur, den alten Papa gibt's nicht mehr für sie. Und der wird auch nicht mehr für sie da sein.“ (W3–1, Mutter)

### 1.2 *„Wir (ich) schaffe(n) es einfach nicht, uns (mir) über die Kindererziehung Gedanken zu machen" – die Eltern sind sehr stark belastet, deshalb fällt es ihnen schwer, ein Erziehungskonzept zu entwickeln (N=5 Familien)*

Bei diesem Thema stehen Erziehungsprobleme im Zentrum, die die Eltern wegen ihrer biografischen Belastungen oder aufgrund schwieriger Alltagssituationen nicht meistern können. Aus der Sicht der Eltern ist die Erziehung der Kinder „aus dem Ruder geraten". Sie sind sich darüber bewusst, dass die Erziehung besser „laufen" müsste. Allerdings finden sie aufgrund der Turbulenzen im Alltag keine Muße, ein tragfähiges Erziehungskonzept zu entwickeln. Frau F. lebt in einer reorganisierten Familie. Ihr 14-jähriger Sohn, ihre neunjährige Tochter, sowie ihr Mann und seine beiden Söhne (9 und 11 Jahre) leben zusammen:

> Frau F.: „Aber es ist knallhart! Also, es ist schlimm. Weil, die liegen vor der Tür und schreien und trampeln und werfen alles herum und wie auch immer ... Also unser ADS-Kind hat die Angewohnheit, ... das ist jetzt 'n bisschen hart, er nimmt es sich einfach, so kann man es auch ausdrücken, für mich ist es klauen ... Er hat schon die Angewohnheit und geht überall dran! Er geht an alle Schränke. Nimmt sich alles. Ohne zu fragen! Stellenweise ist es sein ADS, das weiß ich, also, dann denkt er nicht genug drüber nach und nimmt es sich einfach, aber stellenweise ist es wirklich Ungehorsam. Dann kommt ... irgendwann fällt's dann auf, äh, jetzt war mal 's Telefon weg, keiner hat es, drei Tage gab es hier so einen Zoff! ... Dass wir uns fast trennen wollten ... und dann geht's ja weiter, dann wird gelogen! Alle streiten's ab – drei haben recht, aber einer lügt – das ist immer das Gleiche! Und dann gibt's so einen Knatsch in der Familie, dass wir echt immer denken: Jetzt isses so weit. Wir trennen uns jetzt. Das können wir nicht mehr aushalten! Und das, das muss man halt rauskriegen, aber wie, weiß ich nicht. Es ist sehr schwierig ..." (W1–1)

Meistens kommen die Erziehungskonzepte und Ratschläge, an denen sich die Eltern orientieren, von außen und werden teilweise unreflektiert im Alltag übernommen. Allerdings erleben die Familienmitglieder die wohlgemeinten Vorschläge aus den Ratgeberbüchern für Eltern als aufgesetzt. Dadurch verstärken sich die Ambivalenzen in der Erziehung noch zusätzlich. Frau F. berichtet weiter:

> „Wir haben uns das letzte Mal als Familienrat an den Tisch gesetzt, und dann fehlte noch 'ne Buttermilch, was ganz Blödes eigentlich, und dann fing das dann auch schon an, das Spiel: Ich hab sie nicht getrunken! Ich nicht und ich nicht und ich nicht! Und dann müssen wir mit knallharten Mitteln auffahren und müssen sagen: Dann werden eure Gameboys verkauft, also, so was haben sie auch noch, was sie allerdings so gut wie nie benutzen dürfen, also ihre wichtigsten Dinge werden ihnen entzogen, weil wir kein Geld mehr haben. Wir müssen die anderen Dinge,

Telefon und so, Buttermilch und so ersetzen, und dann habt ihr eben ganz Pech gehabt, und dann kam dann so leise weinend von meiner Tochter: Also die Buttermilch hatte ich, aber das Telefon hab ich nicht. Und dann sitzen alle mit Hängeköpfen hier und dann hab ich gesagt: So dann ist jetzt hier Schluss! Fertig! Feierabend! ... Wenn ihr nicht mal in der Lage seid, halt das zuzugeben ... und abends hat dann unser L. zugegeben, dass er das Telefon hatte ... Aber wir wissen auch nicht ... mit diesem Familienrat mit hinsetzen und mach ... das funktioniert bei uns nicht! Das steht schön in den Büchern drin, ist ja alles ganz nett und schön oder auch wenn's geht „Ihr müsst mir helfen, ich bin überlastet!" Och! Den Abend dann: Die arme Mama! Und wenn sie die Tür hinter sich zugemacht haben und den Tisch verlassen haben, dann geht das gleich in grün los ... also, ... tut mir Leid. Das funktioniert bei mir nicht! Mit den Kindern nicht! Oder ich bring es falsch rüber, ich weiß es nicht (hebt fragend die Hände)!" (W1–1)

Im Bereich der Kindererziehung konnten die Familien den oben beschriebenen Deutungsmustern nicht eindeutig zugeordnet werden; die Erziehungskonzepte werden von den Eltern nicht oder nur schwach reflektiert. Zu dieser Gruppe von Eltern zählen nicht nur Alleinerziehende, sondern auch Zwei-Eltern-Familien und besonders reorganisierte Familien. Insbesondere der Streit zwischen den Partnern und konkurrente Zeitmuster führen dazu, dass die Erziehung der Kinder als inkonsequent erlebt wird. Im Folgenden berichtet eine Mutter über ihre Konflikte mit ihren Kindern und ihrem neuen Partner. Sie war bis vor kurzem alleinerziehend. Jetzt wohnt sie mit ihrem neuen Freund, ihrem Sohn (sieben Jahre) und ihren beiden Töchtern zusammen in einer Wohnung:

„Wir (Mutter und Partner) stimmen schon vieles ab, aber es kommt auch schon mal vor, dass er halt alleine irgendeine Entscheidung trifft, wenn dann die Kinder zu mir kommen und sich dann halt beschweren. Wenn ich dann halt auch der Meinung der Kinder manchmal bin des Öfteren, dann knallt's halt schon mal. Dass ich halt sage, wieso verbietest du das, wenn ich halt sage, wenn sie das und das richtig gemacht haben, dann können sie das ruhig machen. Dann hat er es aber noch nicht mitgekriegt, oder wie auch immer... Meistens geht das so 'ne Kraftprobe. Die Kinder streiten sich. Dann hakt einer von uns dazwischen. Je nachdem, wenn ich es dann sage, dann sagt er halt nein, das war nicht richtig, und ich habe es vielleicht gesehen und dann ist es meistens dann so, die Kinder spielen dann an sich weiter und im Endeffekt kriege ich mich dann mit meinem Lebenspartner in die Haare. Und hier, er ist ja auch ziemlich ruhig. Er sagt dann immer, du musst es ja wissen ..." (W1–26 Mutter)

### 1.3 „Irgendwie haben wir vieles nicht so umsetzen können, wie wir es uns gewünscht haben“ – Scheitern an hoch gesteckten Lebens- und Erziehungszielen (N=4)

Die Erwachsenen orientieren sich in ihren Lebensentwürfen und bezüglich der Erwartungen an ihre Kinder stark an ihren eigenen Eltern. Die Ziele, die sie in ihrem Leben und in der Erziehung ihrer Kinder verfolgen, können sie allerdings nicht oder nur unter großen Schwierigkeiten erreichen. Ihre Lebensziele entpuppen sich als unerfüllte Wünsche, die durch das Verhalten der Kinder oder infolge der Trennung vom Partner infrage gestellt werden, wie z. B. bei Frau Z.:

> Auf die Frage, was sie sich bezogen auf ihre Lebenssituation als alleinerziehende Mutter mit zwei Söhnen (sechs und drei Jahre) und einer Tochter (fünf Jahre) wünscht, antwortet Frau Z.: „... die Jahre rückdrehen, die Zeit zurückdrehen; und wenn, dann mit dem Kindsvater erst mal zusammenwohnen, irgendwie was zusammen aufbauen und dann mal irgendwie über Kinder nachdenken. Dann könnten 's von mir aus auch wieder drei sein, das wär' jetzt nicht das Problem, aber dass das einfach ... da irgendwo geregelter ist. Man hat so einfach gedacht: Ach, und es wird alles schön, und ich hatte immer den Traum, das wird so wie bei uns (bei den Eltern): Sonntag zusammen frühstücken blablabla, und er hat das auch erzählt, dass das so wird. Und es ist aber nicht so geworden, und jetzt, nach sieben Jahren, immer noch nicht. Und jetzt ... glaub ich da auch nicht mehr dran, sag ich mal so. Was ich mir wünschen würde, jetzt so als jetzt im Moment als Familie, das wär' bis vor kurzem noch gewesen, dass er eben mitzieht. Es muss nicht mal da auf seinem Grundstück da 'n neues Haus und alles schön und pi pa po. Ich hab auch schon meine Erwartungen zurückgeschraubt, es könnte auch eine Wohnung sein. Zwar müsste sie dann schon 'ne Vier-Raum-Wohnung sein. ... Und weiß ich nicht. Ja, das wär' jetzt so, sag ich jetzt, mal 'n Wunsch von mir. Die Zeit kann man ja nun mal leider nicht zurückdrehen, oder. Na eigentlich 'n ganz neuen (Partner) wollte ich eigentlich gar nicht, aber, wär' aber vielleicht doch schon 'ne Überlegung wert (Lachansatz).“ (O–13 Mutter)

Die Unterstützung durch die Großeltern stellt sich hier als besonders ambivalent dar: Teilweise ist eine konkrete, als belastend empfundene Einmischung der Großeltern in Erziehungsfragen deutlich erkennbar. Die Ablösung von den eigenen Eltern wurde von den befragten Vätern und Müttern nur teilweise erreicht. Ihre Biografien erscheinen im Rückblick als eine Verkettung von familialen Schicksalsschlägen und ungeplanten Entwicklungen, die man nicht rückgängig machen kann, so wie bei Frau S.:

> „Meine Mutter, das war eine Superfrau, mit ihr sind wir sehr gut ausgekommen. Meinen Vater habe ich nicht allzu oft gesehen, weil mein Vater krank war, also schwer krank war, also vier Jahre in der Psychiatrie war und dann im psychiatri-

schen Pflegeheim war, und da habe ich wenig Kontakt gehabt. Das fing in meiner Kindheit an, dass er eben weg war und da war halt nicht so viel Kontakt. Eigentlich war es meine Mutter, die mich geprägt hat, die jetzt auch die ganzen Erziehungsaufgaben übernommen hat. (I: Wie kam das bei Ihnen zur Familiengründung?) Das war, na ja, das war ein Unfall, wie man so schön sagt. Ich war noch ziemlich jung und habe meine Tochter mit 19 gekriegt. Also, das sollte eigentlich nicht sein. Aber, na ja, ist nun mal halt passiert. (I: Gab es so Punkte, wo Ihr Leben hätte anders verlaufen können?) Oh ja, sicher. (I: Was waren so die Wendepunkte?) Ja, das fing schon mit der Geburt von meiner Tochter an. Das hätte halt ein bisschen später sein können, sollen vielleicht. Dann wäre das vielleicht alles ein bisschen anders gekommen, aber ... Beruflich sicherlich, man hätte sich früher, heute sehe ich das so, anders entscheiden sollen, vielleicht beruflich umentscheiden sollen oder so. Aber das sieht man alles später erst." (O–7, Mutter)

Wie bei dem letzten Beispiel besteht das Netz informeller Helfer überwiegend aus Angehörigen der Großfamilie. Die aktuellen Belastungen konzentrieren sich auf das Eltern-Kind-System (Deutungsmuster „Kindzentriert").

*Konfliktthemen innerhalb des zweiten Hauptclusters*

### *2.1 „Wenn wir uns als Eltern gut verstehen, dann klappt es auch mit der Kindererziehung" – Familie mit schwierigem Kind und engagiertem Vater (N=5 Familien)*

In dieser Gruppe sind überwiegend Zwei-Eltern-Familien mit einem „verhaltensauffälligen" Kind zu finden. Dabei fällt auf, dass sich die Männer als außerordentlich engagiert präsentieren. Dies wirkt sich vordergründig positiv auf die Familienerziehung aus, führt aber gleichsam auf der „Hinterbühne" zu Konflikten zwischen den Eltern. Ein Prototyp für diese Konfliktthematik ist die Familie Otto. Es handelt sich um eine vierköpfige Familie. Frau Otto (39 Jahre) ist als Krankenschwester Teilzeit beschäftigt, ihr Mann (42 Jahre) ist Maurer und „arbeitet den ganzen Tag", so Frau Otto. Das Ehepaar hat zwei Söhne (17 und 13 Jahre). Frau Otto beschreibt die Rolle ihres Mannes in der Familie so:

„Also mein Mann ... ist und will mehr der Kumpel sein. Also der, der ist, ja, in manchen Sachen für meine Begriffe nicht konsequent genug. Da fehlt 'ne gewisse Konsequenz. Weiß ich nicht, wie ich das sagen soll, das ist auch vielleicht ganz gut, dass die Kinder jemanden haben, wo sie sagen können, na gut der lenkt halt eben eher ein, aber in manchen Situationen finde ich es nicht angebracht, dass er einlenkt, ne? Und da muss ich auch sagen, da liegt noch so ein bisschen der Hase begraben, ahm, da gibt es halt auch heute noch Sachen, wo wir uns ja manchmal aneinander vorbei arbeiten, auch heute noch. Ne!? Es mögen Kleinigkeiten sein, aber ich bin der Meinung, mit Kleinigkeiten bauen sich große Sachen auf ... Ich kann auch nicht drei Abende am Wochenende essen gehen, das kann ich mir auch nicht leisten, und dann seh' ich wieder, wie die drei Euro da oben auf dem Regal liegen;

> das finde ich nicht in Ordnung. Das sind halt so Kleinigkeiten, wie gesagt, aber ich denke, da baut es sich halt auf, und da ist mein Mann meiner Meinung nach so ein bisschen mehr der Kumpel, der sagt: ‚Na ja hier, dann kriegste se', ne!? Da fühl ich mich auch manchmal ein bisschen verarscht, von dieser Männerwirtschaft hier, das muss ich einfach so sagen. Aber andererseits ist es so, dass mein Mann dadurch 'ne Menge auffängt, dass er den Kumpel gibt, ne!? Wo ich dann sage, das ist dann nicht hier das dritte Wochenende wo wir unsere Kinder umher fahren, mal zum Nachtangeln, mal zur Disko ... Wir sind ja nicht die einzigsten Eltern ... und irgendwann sag ich: ‚Du, findest du nicht, dass auch andere mal dran sind?'... Ich bin der Meinung, dann müssen auch andere Eltern mal fahren. Aber dann lässt er sich doch wieder breit schlagen, und sagt: ‚Na ja, gut', ne?" (W1–4).

Das Engagement des Vaters führt aus der Sicht der Mütter zu Ehekonflikten. Ein Grund dafür ist, dass sie sich bei der Gestaltung der Kindererziehung und diesbezüglichen Entscheidungen als nachrangig fühlen und sich in ihrer Familien-Rolle herausgefordert sehen. Das „störende" Kind stellt einerseits ein wichtiges, verbindendes Element dar, andererseits entzünden sich an ihm Erziehungskonflikte. Eine Frau sagt:

> „Also mein Mann macht viel mit meiner Tochter, wie basteln. Er hilft ihr auch viel bei den Hausaufgaben, wenn sie da was nicht schafft. Er hat dann viel mehr die Ruhe halt wie ich, ich hab die Ruhe nicht. Sie ist mit ihrem Vater mehr am Machen glaub ich da. Sagt sie auch schon „nee du nich, er kann das besser". ... (I: Kommt es darüber zum Streit?) Ja, wo ich ja manchmal sage, dass sie ihr Zimmer nicht aufgeräumt hat, da sagt mein Mann immer, lass das Zimmer doch aussehen, wie 's will. Aber das stört mich, aber jetzt sag ich auch schon mal, wisch mal drüber weg, ja, irgendwann sieht sie 's ein, dann macht sie's von sich alleine. ... Aber so schlimm ist es ja meist nicht. Es ist auch sehr wichtig, wir (Eltern) halten auch viel zusammen, wenn so was ist mit T. oder so, dann krieg ich auch Unterstützung von meinem Mann, wenn sie bockig ist oder so." (W1–16)

In einigen Fällen ergänzen sich die Erwachsenen jedoch mit ihren unterschiedlichen Erziehungsstilen. Die Partnerbeziehung erscheint also als wichtige Ressource im Umgang mit dem „schwierigen" Kind.

> Frau Otto: „Die Krise arbeitete sich halt aus Davids Verhalten irgendwann raus. Das war auch für uns Eltern untereinander ganz schön hart. Hart an der Grenze vorbei ... (lacht) Dann denk ich mir, Mensch, wir müssten doch mal wieder ein Plangespräch machen ... (lacht). Aber so, ja in der akuten Phase, muss ich einfach sagen, dass war einfach hart. Wir wussten uns manchmal einfach nicht zu helfen. Ich muss noch sagen, was ich auch nie gedacht habe, wir haben uns manchmal auch Hilfe bei der Polizei geholt ... man schämt sich ja zu Tode, das ist einfach so, man ist auf 'nem kleinen Dorf, jeder kennt jeden". (W1–4)

Trotz der Streitereien ist den Eltern bewusst, dass die Erziehungsprobleme zu lösen sind, wenn sie sich gemeinsam abstimmen. Die Partnerschaft wird als wichtige Ressource gesehen und trotz allem als sehr positiv gewertet. Die Uneinigkeiten im Elternsystem beziehen sich in erster Linie auf Grundfragen der Kindererziehung.

### 2.2 *„Beruf und Familie unter einen Hut zu bekommen ist manchmal ganz schön schwierig" – Konkurrenz von beruflicher Selbstverwirklichung und Familienpflichten, abwesende Väter, beruflich engagierte Mütter, „schwierige Kinder" (N=7 Familien)*

Bei den Eltern, deren Konflikte sich dieser Thematik zuordnen lassen, handelt sich überwiegend um Zwei-Eltern-Familien. Mindestens ein Elternteil, meist der Mann, ist beruflich sehr stark engagiert. Der andere Elternteil, meist die Frau, arbeitet oder will ebenfalls eine Arbeit aufnehmen. Die Vereinbarkeit von Arbeit und Familie wird bei beiden Elternteilen als „Problemfeld" beschrieben. Die familialen Konflikte werden durch das „herausfordernde" Verhalten zumindest eines Kindes und die überwiegende Abwesenheit der Männer zusätzlich verstärkt. Damit wird die Frage der Vereinbarkeit von Beruf und Familie zu einem Balanceakt, der häufig zu Lasten der Frauen ausgeht. Dies ist z. B. bei Frau Kühl der Fall. Als Mutter von drei Kindern mit besonderem erzieherischen Förderbedarf ermöglicht sie ihrem Mann eine längere Weiterbildung, indem sie 35 Stunden pro Woche arbeitet und sich überwiegend um Kinder und Haushalt kümmert. Sie hatte sich, wie sie sagt, nach einigen Jahren als Hausfrau zunächst aufs Arbeiten gefreut, nun erwartet sie ungeduldig das Ende der zweijährigen Weiterbildung ihres Mannes:

> „… ich denke, ich werde eine bessere Mutter sein, wenn ich nicht mehr ganztags arbeiten gehe, und da drauf freue ich mich. Ich habe auch nicht so das Gefühl gehabt, ich bin ausgelastet, als ich die ganze Zeit zu Hause war. Von der Arbeit her schon, aber mir fehlte einfach auch noch ein anderer Hintergrund, eine andere Perspektive, immer nur Alete und Pampers, das hatte ich irgendwann auch satt … Dann habe ich mich auch auf meine Arbeit gefreut, ich habe von Anfang an gesagt (zum Vater), ‚also diese Doppelbelastung Vollzeitjob und Kinder schaffe ich nicht, mach dein Studium berufsbegleitend fertig, dann haben wir den Himmel auf Erden, aber beide aus dem Haus, das schaffe ich nicht'. Dann kam das ganz anders als wir es gedacht haben, und jetzt funktioniert es schon seit über einem Jahr und es wird noch bis Dezember funktionieren, und dann freue ich mich, wenn ich reduzieren kann." (W1–13 Frau)

So wie Frau Kühl sind auch die anderen Frauen dieser Gruppe bestrebt, einer Berufstätigkeit nachzugehen, was sich aber aus ihrer Sicht als Spagat und große Belastung erweist. Teilweise wird daher nur ein Teilzeitjob ins Auge gefasst (W1–19, W1–25). Eine andere Mutter in dieser Gruppe ist dagegen durchaus karriere- und aufstiegsbewusst (W1–6). Der Einstieg auch in eine geringfügige Beschäftigung fällt dabei auch den eher gut qualifizierten Frauen aus der Gruppe nicht leicht. Gegenüber den Müttern haben die Väter teilweise „höhere“ berufliche Ambitionen, die – zumindest im Rückblick – aufgrund der Familiengründung aufgeschoben oder fallen gelassen wurden. Herr Kühl erklärt:

> „... ich habe während meiner normalen Arbeitszeit schon drei Jahre parallel Informatik studiert, also im Fernstudium und habe das aber jetzt vor einem halben Jahr, sagen wir, ich sag mal hingeschmissen, weil es einfach nicht zu schaffen war. Das Studium, das und Familie, das ist einfach nicht unter einen Hut zu kriegen. Das war damals schon schwierig, Arbeiten, Studium und Familie, das ist also, drei Sachen, ich habe gesagt, ich breche das ab und mache das jetzt (die Weiterbildung) zu Ende.“ (W1–13 Mann).

Aufgrund der beruflichen Verpflichtungen sind die Väter überwiegend abwesend: Zwei sind Berufskraftfahrer, einer arbeitet im Außendienst, ein Vater ist Ingenieur. Die Berufe der Väter führen sie aus dem familiären Alltag heraus. Auch Herr Kühl, der seine Weiterbildung macht, verbringt seine Freizeit überwiegend vor dem Computer und „fehlt“ dadurch; ähnlich verhält sich ein arbeitsloser junger Vater. Die Kinder scheinen nicht gut zu den Orientierungen der Väter zu „passen“, vor allen Dingen dann, wenn ein Kind als verhaltensauffällig beschrieben wird. Die Väter erwarten, dass die Kinder überwiegend „funktionieren“. Unter diesen Bedingungen könnte, so die Vorstellung der Erwachsenen, auch der Alltag gemeinsam zu meistern sein. Aber diese Erwartung wird selten erfüllt. Dadurch erleben die Väter ihre Beziehung zu den Kindern als belastet. Sie kommen aus ihrer Sicht an ihre Kinder „nicht ’ran“ und finden in der Familie keine Selbstbestätigung. Auf die Frage, wie er sich selbst als Vater sieht, antwortet Herr B. – Vater einer fünfköpfigen Familie, im Außendienst einer Firma tätig, seine Frau arbeitet Teilzeit als Arzthelferin:

> „Das ist eine böse Frage. Ich sag mal so ich gebe mir alle Mühe. Das sollen die Kinder entscheiden. Ich hab von meinen Großen eine mitten ins Gesicht bekommen. Wo er mir dann mal im angetrunkenen Zustand und in einer Stresssituation gesagt hat, ich hätte nur noch Angst erzeugt, und er hätte heut noch Angst vor mir. Das tat mir sehr weh. Mein Mittelerster hat mir ins Gesicht immer wieder gesagt, er hat an mir überhaupt nichts auszusetzen, er findet mich als besten Vater, den es gibt. Da war ich stolz. Und Michael spricht ja nicht drüber. Michael zeigt nur das, was er von mir hält, so empfinde ich das, indem er mich beklaut. Und uns beklaut. Und das tut mir weh. Ich komme nicht ran an ihn.“ (O–26)

Insgesamt ist der Alltag dieser Familien von Stress bestimmt. Es besteht ein konkurrentes familiäres Zeitkonzept.

## 2.3 „Wir haben ganz unterschiedliche Vorstellungen von Erziehung" – Kinder, die nicht in die Fußstapfen der Väter treten wollen und von den Müttern verwöhnt werden, Väter, die sich vom Familienleben zurückziehen (N=4 Familien)

In dieser Gruppe überwiegen reorganisierte Familien bzw. Familien im Übergang (drei von vier Familien). In der Familie zeigt überwiegend ein Kind besondere Auffälligkeiten, wie ADS oder Bulimie. Die Beziehung zwischen (Stief-) Vätern und Kindern ist deutlich belastet, was zum Teil mit hohen Erwartungen der Väter an die Kinder, insbesondere die Söhne verbunden ist. Sie haben sich zu einem früheren Zeitpunkt recht intensiv um die Kinder gekümmert, wobei deutlich wird, dass damit auch teilweise sehr ehrgeizige Erfolgserwartungen verbunden waren, die aber enttäuscht wurden. Ein Vater sagt über seinen erwachsenen Sohn:

> „Ja, da musste ich meine Erwartungen sehr, sehr korrigieren, G. hätte nach dem, was ihm an Möglichkeiten gegeben war, schon mit 22 bestens dastehen können, das ist nicht der Fall, wir müssen einfach warten ... Ich habe immer versucht, alles vorzubereiten, bis jetzt zur Zivildienststelle, die G. nicht wahrnimmt usw. Also ich erlebe da ständig Rückschläge, warum, das muss ich mir auch sagen, weil in dem Menschen selber die Reife noch nicht da ist. G. ist ein eigener Mensch und die Dinge, die an Möglichkeiten da sind und die von ihm ergriffen werden sollen, die müssen ja aus ihm herauskommen, also ... das ist ein echter, ganz schwerer Lernprozess." (W2–2)

In dieser Situation verbünden sich die Mütter aus der Sicht der Väter häufig mit ihren Kindern indem sie für sie Verständnis aufbringen. Sie erreichen dadurch eine größere Nähe zu den Kindern als die Väter. Dadurch entsteht aus der Sicht der Väter eine Familiendynamik, die zu ihren Lasten ausgeht: Der Kontakt zu den Kindern gestaltet sich schwierig, die Männer ziehen sich im Familienalltag in sich selbst zurück und beschreiben ihre Kinder als „mutterfixiert". Dieser Vorwurf wird von den Vätern auch häufig dazu genutzt, Kritik am Erziehungsstil der Mütter zu äußern nach dem Motto: „Ich würde die Kinder viel strenger erziehen als meine Frau, aber ich komme nicht zum Zuge". Herr P. sagt zu den Erziehungsproblemen mit seinem Sohn (13 Jahre) folgendes:

> „... ich versuch es eben halt immer mit ihm mal zu sprechen. Aber das ist immer so, meine Frau ist ja dann immer die, die beantwortet dann die Fragen und Gespräche, ... ich hab den Christian gefragt und dann erwarte ich mal, dass er auch mir was ... sagen kann, er ist ja nun schon 10 Jahre oder, was weiß ich neun Jahre, also da ist der Mama-Effekt immer noch da, und Christian ist eben halt nur auf die Mama fixiert. Also, wenn der am Tage nicht fünfmal Mama gerufen hat, ich sag mal, das ist noch wenig, dann ist er es nicht, 'ne. Das ist die Mama, der macht die Tür auf „Mama, ist die Mama nicht da?" dann ist er schon enttäuscht. Ich spreche, die

Mama ist was holen, und er ,hm, die kann doch nicht ohne mich wegfahren'. Das ist also furchtbar, Mama-Kind." Ihm gegenüber mache sein Sohn „total dicht", was eben auch von seiner Frau befördert werde. Er und seine Frau hätten sehr unterschiedliche Meinungen, obwohl ihm daran gelegen sei, vor dem Sohn „ein geschlossenes Bild" abzugeben, komme es gelegentlich zum Streit und ihm platze dann der Kragen. Frau P. sagt hingegen, sie rede häufig mit ihrem Mann über den Sohn und versuche eine gemeinsamen Linie in der Erziehung zu finden, dies sei aber schwierig. (W1–30)

### *2.4 „Wir kümmern uns sehr viel um das Kind, da bleibt keine Zeit für uns" – Balance zwischen der Erziehung des schwierigen Kindes und der Sorge um sich selbst und den Partner (N=5 Familien)*

Auch in dieser Gruppe zeigt überwiegend ein Kind schwierige Verhaltensweisen. Dennoch wird die Beziehung zu den „schwierigen" Kindern von beiden Elternteilen als gut beschrieben. Die Eltern engagieren sich für ihre Kinder und haben Formen eigener Problemlösung gefunden. Das Konfliktthema ist dadurch bestimmt, dass die Erwachsen aufgrund der intensiven Fürsorge gegenüber dem „Sorgenkind" wenig Zeit für sich selbst haben. Die Eltern gehen völlig in der Elternrolle auf; dies äußert sich z. B. darin, dass ein Elternteil auf eine Erwerbstätigkeit zugunsten der Familienpflichten verzichtet. Frau H. alleinerziehende Mutter mit zwei Kindern (12 und acht Jahre alt) beschreibt ihre familiäre Situation so:

> „Also das Finanzielle ist immer so plus/minus Null am Monatsende. Also es ist eigentlich zu wenig, aber ich möchte auch nicht weniger äh nicht mehr arbeiten, weil ich das vorher gemacht habe, und da fehlt mir einfach die Zeit für die Kinder. Dann lieber ein bisschen weniger und dann mehr Zeit für die Kinder, das ist mir also wichtiger." Sie unternehme sehr viel mit den Kindern unter der Woche und am Wochenende. Frau H. habe mit den Kindern (ein Sohn hat ebenfalls ADS) sehr viel erarbeitet und wolle sich das Erreichte durch nichts, auch nicht durch einen neuen Partner zerstören lassen. Ihre Bilanz ist somit sehr positiv, doch berichtet sie auch, dass sie abends immer erschöpft zur gleichen Zeit wie die Kinder zu Bett gehe und keine Zeit für sich selbst habe. (W1–38)

Die Sorge um sich selbst und den Partner tritt gegenüber den Erziehungs- und Alltagsaufgaben zurück und wird von den Eltern als zentrales Familienproblem gesehen. In dieser Gruppe finden sich unterschiedliche Familienformen. Auffallend ist, dass alle über ein recht gutes soziales Netzwerk verfügen und in der Kindheit keine oder geringe Belastungen aufweisen. Die Erwartungen an sich selbst wie an die Kinder sind vergleichsweise hoch – es gibt klare Vorstellungen von der Zukunft, die durch die Normalität von Arbeit und Leistung bestimmt sein soll. Z. B. antwortet Frau H. auf die Frage, welche Erwartungen sie an sich selbst als Mutter stellt:

„Ja, eigentlich dass ich so das Beste für meine Kinder rausholen kann oder raus hole, was ich raus holen kann, also eigentlich in jeder Beziehung. Egal ob es jetzt schulisch ist oder später beruflich, eigentlich versuch ich die Kinder in so 'm gewissen ja in so 'm gewissen Grad zu halten, dass sie nicht irgendwo abschweifen." (W1–38)

Die Eltern beschreiben sich oder ihren Partner als aufopferungsvoll. Herr Kreuzer sagt über seine Frau:

„Ja ich meine, meine Frau, die gibt ihr letztes Hemd für die Kinder und auch für die Familie, ... ist tagsüber der Anlaufpunkt für alle. Wenn irgendwo Probleme kommen, dann sammelt sie das erst mal, und wir sprechen dann abends drüber. Es ist ja nicht nur, dass sie einfach nur Hausfrau ist, aber so ist der Anlaufpunkt." (W1–11)

In der Kindererziehung wird deutlich, dass die Erwachsenen sich in vielen Fragen sehr einig sind. Unterschiedliche Erziehungsstile werden eher als Ergänzung denn als konkurrierend beschrieben. Dabei wird Wert darauf gelegt, dass den Kindern – meist von den Männern – auch Grenzen gesetzt werden. Herr Kreuzer sagt äußert sich folgendermaßen:

„I: Können sie sagen, was für Sie in der Erziehung besonders wichtig wäre?

Herr K: „Ja, dass Mann und Frau einer Meinung sein sollten. Das ist das A und O einer Erziehung, nicht einer sagt hüh, der andere hott. Dann geht nämlich die Führung für die Kids aus dem Wege. Man versucht ja, die Kinder in irgendeine Richtung rein zu schieben. Irgendwas sollen sie ja immer mal machen, irgendeinen Weg zeigt man ihnen ja vor. Und damit das auch richtig gelingt, da kann man nicht sagen, so, ich sage das heute so und dann gehen die Kinder zur Mutter hin und kriegen es wieder anders herum erzählt. Also, da müssen wir zusammen arbeiten. Wiederum zusammen arbeiten ... Es kommt manchmal so oft vor, dass wir ein- und dasselbe sagen, zeitgleich." (W1–11 Mann)

In der Gruppe, die mit diesem Konfliktthema konfrontiert ist, werden hinsichtlich der Kindererziehung kaum belastende Probleme beschrieben.

### 2.5 *„Wir (Eltern) kreisen ständig um uns selbst, und die Kinder geraten aus dem Ruder" – Erwachsene sind mit familiärer Neuorganisation beschäftigt und in Paarkonflikte verstrickt, Kinder werden auffällig (N=4 Familien)*

In dieser Gruppe sind eher reorganisierte Familien zu finden. Die Erwachsenen sind oder waren in der näheren Vergangenheit mit der Neuorganisation der Familie beschäftigt: In einer Familie lebt ein neuer Partner mit im Haushalt

(W1–31), in einer anderen besteht noch ein relativ enger Kontakt zwischen den früheren Partnern (O–28); ein alleinerziehender Vater hat einerseits noch Erwartungen an seine geschiedene Ehefrau, andererseits hat er eine neue Partnerin gefunden, mit der er zusammenziehen will (O–8). Allen Familien ist gemeinsam, dass die Trennung von dem alten Partner bzw. die Integration des neuen Partners zu starken Konflikten führt, aufgrund derer die Kinder vernachlässigt werden.

> Herr M. ist seit einiger Zeit von seiner Frau geschieden; nach einer Zeit des Einvernehmens zwischen den Partnern hinsichtlich der gemeinsamen Kinder (19 und 17 Jahre) zieht bei der geschiedenen Ehefrau ein neuer Partner ein. Kurz darauf äußert die Tochter nach Übergriffen auf sie den Wunsch, bei ihrem Vater zu leben. Das frühere Einvernehmen zwischen den Partnern wandelt sich in Streit. Die Tochter nimmt recht plötzlich ein extremes Ernährungsverhalten an, der Vater sieht Hinweise auf einen Zusammenhang mit einer Sekte, die über Ernährungs-Ideologien Jugendliche ködert. Darüber gibt es Konflikte mit der Tochter, die daraufhin „abhaut" und zum Zeitpunkt des Interviews in einer Notunterbringung lebt. (O–28)

Konflikte zwischen den Eltern- bzw. Stiefelternteilen finden sich auch in anderen Familien dieser Gruppe. Die Kinder, meist handelt es sich um Jugendliche, sind dadurch eher auf sich selbst gestellt. Sie fallen teilweise durch Drogenkonsum bzw. Anschluss an Sekten auf. Eine Tochter ist wiederholt ausgerissen. Die Kinder machen sich „selbstständig" und sind den Eltern gegenüber kaum noch zugänglich. Es gibt kaum gemeinsame Zeiten im Familienalltag, wie der folgende Interviewausschnitt mit Herrn Wladimir, einem alleinerziehenden Vater, zeigt:

> I: Wie ist das so bei einer gemeinsamen Mahlzeit mit Ihrer Tochter?
> W: Wenig!
> I: Wenig? Will sie nicht oder ...?
> W: Ja, sie hat ihren Freund, und ich habe eigentlich nie, also ... ich meine richtig feste Zeiten hab ich nicht, ich komme manchmal um vier, manchmal um fünf, manchmal um sechs, manchmal wird's später.
> I: Wann gibt's so gemeinsame Zeiten, also wie kommen Sie zu gemeinsamen Zeiten, ist das zufällig oder sprechen Sie's ab, wie machen Sie das?
> W: Ja, wir haben dann abends unseren Kontakt hier, dass wir unsere Sachen mal kurz besprechen manchmal ist das 'n bisschen dürftig, ja, es könnte mehr sein. ... Wenige, wenige Sachen machen wir gemeinsam ... Ja, sie hat 'n Freund, das füllt so ihr Tagespensum auch aus, möcht ich ihr auch nicht rein reden. (O–8)

Auffallend bei dieser Gruppe ist, dass die Konflikte eher auf der Beziehungsebene ausgetragen werden und mehr trennend als verbindend sind. Der Kontakt zu professionellen Helfersystemen setzte eher unvermittelt ein und bezieht sich auf ein Kind. Partnerschaft und Elternschaft erscheint meist als nicht vereinbar; die Intimität des Paares wird eher negativ beschrieben.

*Konfliktthemen innerhalb des dritten Hauptclusters*

### *3.1 „Und trotz alledem will ich eine gute Mutter sein" – Muttersein unter extremen Belastungen, Mutter-Rolle als biografischer Anker und als Herausforderung (N=5 Familien)*

Bei diesem Thema steht die Identifikation mit der Mutterrolle im Zentrum. Es handelt sich überwiegend um alleinerziehende Frauen, deren Lebenslauf mit vielen Schicksalsschlägen und Leiderfahrungen gekennzeichnet ist. Vor diesem biografischen Hintergrund werden Kinder und Mutterrolle als Sinnerfüllung und Lebensanker erlebt. Gleichzeitig gibt es Schwierigkeiten in der Beziehung zwischen Mutter und Kind, was die Mütter deutlich benennen und in einen Zusammenhang mit ihren eigenen biografischen Erfahrungen bringen. Interessant ist, dass bei den Müttern mit der Geburt des Kindes oder nach einem dramatischen Ereignis, das zur Identifikation mit der Mutterrolle führte, ein entscheidender Wendepunkt in der Biografie eintritt. Wurde der Lebenslauf bis dahin als passive Leidensgeschichte erlebt, so wird die Familiengründung als Beginn eines neuen Lebensabschnittes gesehen, der sich durch eine aktive Lebensgestaltung auszeichnet. Dies ist zum Beispiel bei Frau W., alleinerziehende Mutter, der Fall (vgl. hierzu die ausführliche Falldarstellung in Kapitel 5.3).

Ein weiteres Beispiel für dieses Konfliktthema ist Frau S. Sie sagt, sie habe „ein bisschen crazy life" gemacht und gelegentlich in einem Asylbewerberheim Marihuana gekauft. Dort lernte sie auch den Vater ihres Kindes kennen. Bei ihr war die Schwangerschaft ein entscheidender biografischer Wendepunkt im Sinne einer positiven Entscheidung für soziale Verantwortung:

> „Also, es lief alles gar nicht so lange, das war sechs Monate war ich mit ihm zusammen und dann war ich – wrups! – schwanger. Also es war jetzt gar nicht so nach meiner Lebensplanung. Aber gut … ähm … war ein Unfall und ich hab mich dann für ihn entschieden. … Also es war auch schon ziemlich spät, es wurde mitten im dritten Monat festgestellt, ich hatte nur noch 14 Tage Zeit, um mir überhaupt irgendetwas zu überlegen. Und war auch bei ‚pro familia', hab 'n Gespräch geführt, wie sich das gehört, ich hab mich beraten lassen, wie man mit der Situation umgeht. Am Schwersten war's für mich, das meinen Eltern mitzuteilen, dass ich schwanger bin. Also das war schon ziemlich dramatisch, weil … ich hatte es dann meiner Mutter mitgeteilt, die hat mir dann zur Abtreibung geraten. Mein Vater wollte mich zum Arzt schleifen (lacht). … Also sie haben versucht, mir das auszureden. Und ich hab dann halt den Standpunkt behalten, hab gesagt: ‚Nein, ich krieg das Kind'. Obwohl ich weiß, dass ich mit mir selber manchmal nicht klarkomm und Probleme habe, aber ich bin der Meinung, hier in Deutschland gibt es genug Hilfe-

stellungen, dass man auch mit dem Kind klarkommen kann. Und hab mich dann für L. entschieden, gegen meine Eltern." (W2–5)

Mutterrolle heißt, das eigene Leben und das der Kinder in die Hand zu nehmen. Mit der Fürsorge für die Kinder verbinden die Frauen ein intensives Lebensglück:

> „... so diese Momente, wenn er dann kommt ‚liest du mir was vor?' oder wenn er zu mir sagt, ‚Mama, du bist doch mein Goldstück' so also, wenn ich schimpfe, dann kommt er immer ein Moment später und sagt ‚du bist mein Goldstück, du bist doch mein Schatzi-Mausi' und solche Sachen. Also das ist schon so die schönen Momente, wenn er mich in Arm nimmt und mich abknuddelt und knutscht und so, das ist schon das, was ich genieße". (W2–5)

Muttersein bedeutet für die Frauen eine doppelte Herausforderung: Sie übernehmen Verantwortung für ihre eigenes Leben und das der anderen (der Kinder), gleichzeitig stellen sie eine „Generativität" her, indem sie ihren Kindern vermitteln, es in ihrem Leben besser zu machen, als sie selbst. Hier knüpfen die Frauen durchaus an eigene Erfahrungen an und wünschen ihren Kindern einen völlig anderen Lebensweg, wie Frau W. Sie war in ihrer Jugend selbst tablettenabhängig, sie sagt:

> „Also ich ... möchte, dass N. – was für mich ganz wichtig ist – dass die nicht auch mal auf die ‚schiefe Bahn' gerät von wegen Drogen, ... wichtig wäre für mich ganz einfach, dass sie 'ne Lehre macht, ... dass sie nicht vom Sozialamt angewiesen ist ... Und vor allem, was ich bei ihr steigern möchte, ist, dieses Selbstwertgefühl. Ich bin so ein Mensch, der immer an meinem Selbstwertgefühl gezweifelt hat. Und ich denke, da ist es wichtig, Selbstwert und sich selber nicht zu verlieren, ja, und ja, die Achtung auch vor den Anderen. Sich selber zu achten, aber auch den Anderen achten, 'ne, mit den Mitmenschen gut klarzukommen." (W1–5)

Eine andere Mutter wünscht ihren Kindern ein selbstständiges Leben, ohne auf „andere Hilfe angewiesen" zu sein; das habe sie selbst sich „damals leider vermasselt" (W1–14). Den Wunsch nach einer anderen Zukunft für ihre Kinder bringt sie verallgemeinert und pointiert zum Ausdruck:

> „Wünschen würde ich mir, wenn er [der Sohn] es ein bisschen besser machen würde als ich damals. Nicht dieselben Fehler wie ich macht. Aber wie gesagt, Schulabschluss, Ausbildung danach, dass er sich was aufbauen kann. Nicht wie ich im Sumpf oder im Dreck liegt, das bringt nichts. Das ist das, was ich ihm wünsche. Wer wünscht sich schon, dass die Kinder genauso in die Fußstapfen treten, wie man es selber machte?" (W1–20)

### 3.2 *„Ich muss aufpassen, dass ich nicht noch vollständig resigniere" – subjektives Scheitern als Elternteil, der Familie droht die Auflösung (N=3 Familien)*

In dieser Gruppe finden sich ausschließlich alleinerziehende Mütter. Materielle Armut gehört zum Gesamtbild. Ein Grundzug ihrer Erzählungen ist eine mehr oder weniger tiefe Resignation und Hilflosigkeit gegenüber sich selbst und dem Leben. Die Familienkonstellationen sind instabil und gefährdet, was sich in der drohenden oder schon vollzogenen Fremdunterbringung eines oder mehrerer Kinder ausdrückt. Die Mütter haben wenig Kontakt nach außen und suchen sich einzelne wichtige Bezugspersonen. Sie haben folgende Merkmale bzw. Deutungsmuster gemein: Die sozioökonomischen Rahmenbedingungen sind nicht ausreichend. Das informelle Helfersystem beschränkt sich auf eine wichtige Bezugsperson („ein guter Freund/eine gute Freundin"). Die Frauen sind sowohl beruflich als auch in Bezug auf die Familie eher unzufrieden („Frustrierte"). Die Betreffenden haben überwiegend negative Erfahrungen mit partnerschaftlicher Fürsorge und Intimität gemacht. Ähnlich wie die Frauen der letzten Gruppe (3.1) berichten auch diese von großen Belastungen, denen sie in ihrer Kindheit und Jugend ausgesetzt waren, wie Frau K.:

> „Ik wurde misshandelt, ja. Bin also mit acht Jahren von zu Hause wegjeloofen, habe denn uff Dachböden jeschlafen, in Kellertreppen … Ik wurde also auch mit 6 Jahren sexuell missbraucht, war denn bis 12 Jahre im Heim, bin denn dort och abjehauen, habe auf der Straße jelebt, … Wo natürlich denn det Straßenleben och viel mit sexuellem Missbrauch zu tun hatte und wechselnden Männerbekanntschaften. Und von meiner Mutter permanent abjelehnt wurde, wenn ik se denn ma hatte, wurde ik jeschlagen oder ebend halt niederjemacht. Ja und einfach, is halt mein Sohn da, ik hab immer ma jesacht, … is mein Leben. Und mit ‚Leben' mein ik, einfach (fängt an zu weinen) Jeborgenheit, Liebe, Verständnis." (W1–8).

Die Frauen wollen eigentlich – wie in der vorangegangenen Gruppe – gute Mütter sein, haben aber selbst den Eindruck, in dieser Hinsicht zu versagen:

> Frau K. erzählt, sie habe einen Unfall erlitten, als ihr Sohn drei Jahre alt gewesen sei. Sie musste einige Wochen im Krankenhaus verbringen und war auch im Anschluss an den Krankenhausaufenthalt noch auf Hilfe angewiesen. Aufgrund von Meinungsverschiedenheiten mit ihrer Mutter suchte sie nun andere Helfer und fand einen in einem Bekannten, der den Sohn über einen längeren Zeitraum sexuell missbrauchte. Frau K. wirft sich vor, ihren Sohn, für den sie wegen ihrer schlechten Kindheitserinnerungen alles getan hätte, dem Täter „in die Hände gespielt" zu haben. Sie sagt: „Ik weeß einfach nur noch, ik bin zusammenjebrochen, ik bin mit dieser Situation einfach nicht mehr klarjekommen. Erstmal dieset Schuldjefühl selber, ik hätt's merken müssen, … dass da irgendwat nicht stimmt, ja, ik hätt et einfach spüren müssen. Ik hab's nich jespürt." Neben der juristischen Aufarbei-

tung, um die sie sich selbst bemüht habe, habe sie keine weitere Unterstützung bekommen, insbesondere zur eigenen Verarbeitung des Geschehens. Sie habe dann Arbeit bekommen, habe sich aber selbst völlig zurückgezogen, sei dem Alkohol verfallen und habe dadurch ihre Arbeit wieder verloren. (W1–8)

Im Unterschied zu der letzten Gruppe (3.1) gelingt es diesen Frauen nicht, das Muster einer passiv erlittenen Leidensgeschichte aufzubrechen und das Leben – zumindest in Ansätzen – selbst in die Hand zu nehmen. Die Chancen der eigenen Lebensgestaltung werden zwar von den Betreffenden erkannt, es besteht auch der Wunsch nach einem gelungenen Leben, doch erscheint das Lebensglück in weiter Ferne. Die Lebensenergien werden gleichsam durch die Schwere des Alltags und die eigene Hilflosigkeit gebremst. In der Selbst- und Weltsicht der Frauen wird das Leben vom eigenen Phlegma oder der Übermacht der Institutionen, wie z. B. des Jugendamtes, beherrscht. Die eigene Lähmung und Handlungsunfähigkeit bildet einen wesentlichen Grundzug in ihren Selbstbeschreibungen:

Frau K. bezeichnet sich selbst noch immer als Alkoholikerin; ihr Sohn lebt in einer Pflegefamilie (D.), und sie selbst strebt eine Langzeittherapie an, mit dem Ziel, die Mutter ihres Sohnes sein zu können, aber mit dem Gefühl der Aussichtslosigkeit, weil ihr dies mehr oder weniger subtil durch mangelnde Unterstützung verwehrt werde. Sie sieht, dass es ihrem Sohn in der Pflegefamilie gut geht; sie will sich immer wieder als Mutter beweisen und scheitert daran – indem sie sich im Beisein des Kindes betrinkt, oder weil ihr Sohn immer dann, wenn er bei der Mutter lebt, in der Schule ein aggressives Verhalten zeigt, um wieder in die Pflegefamilie zurückkehren zu können. Die Mutter sieht, dass ihre Chancen „immer kleiner“ werden. Sie sagt: „Er fühlt sich bei D. [in der Pflegefamilie] ..., da hat er 'ne Familie ..., er is der kleene Wirbelwind, er wird von den Söhnen jemocht, von dem Mann jemocht, von den Hund jemocht, von D. jemocht, ja, er is einfach in der Familie da in der Familie intregrierter als det, und da stimmt einfach allet, sagen wa mal, so. ... er is der Mittelpunkt, er flitzt de Treppe hoch, de Treppe runter: ‚... ach und da hab ik ja och noch Mama, die is janz lieb, ja die jeh ik ma am Wochenende besuchen, oh, war toll, wir ham jespielt, det war super, hab meine Katze jesehen ... Mama, war schön, dich besucht zu haben, jetzt jeh ik ma wieder nach Hause.‘ Jenau so sieht es aus ... Ja, also 'ne, det is denn och schön, was dann für mich doch immer wieder schwer ist. Also jetzt, mittlerweile jehts, aber so wie jetzt Anfang Dezember, wie er wieder bei D. war, und der jeht denn sonntags, dann is et also auch schon zeitweilig so, det ik nachts durch die Straßen loofe und irgendwann zu mir komme und jar nich weeß, wo ik bin. Ja. Wat mir natürlich wahnsinnig weh tut und denn och wieder so een, zwee Tage brauch, um irgendwie wieder zu mir zu kommen. Also wieder klar zu werden, wo ik denn also nur lieje und gar nich mehr uffstehe, also nich fähig bin, mal wat zu machen, Staub zu wischen oder wat. So wie dieset ‚Leckarschverhalten‘, allet Ruhe, vorbei.“ (W1–8)

*Konfliktthemen innerhalb des vierten Hauptclusters*

### *4.1 „Irgendwie muss ich auch zu mir selbst kommen, ich will nicht nur Mutter/Vater sein" – psychosozial stark belastete Alleinerziehende mit schwierigen Kindern (N=12 Familien)*

Es handelt sich bei dieser Gruppe durchweg um alleinerziehende Mütter und Väter. Im Haushalt leben meist mehrere, eher jüngere Kinder. Die Erwachsenen blicken auf einen stark und durchgängig belasteten Lebenslauf zurück. Es besteht eine weitgehende Selbstzufriedenheit in einem Bereich (überwiegend Familie), der andere Bereich (überwiegend Beruf) wird negativ dargestellt. Der Kontakt zu professionellen Helfersystemen ist kontinuierlich und bezieht sich auf mehrere familiäre Subsysteme. Die betreffenden Elternteile beschreiben die eigenen Kinder als schwierig, teilweise werden deren Belastungen auf die wechselhafte Familiengeschichte zurückgeführt. Familie L. eine alleinerziehende Mutter mit vier Kindern, die sich in der dritten Ehe von ihrem Mann getrennt hat, weil dieser ihr gegenüber gewalttätig wurde, sieht das folgendermaßen:

> „Ja, na, wie ich schon sagte, sie [die Tochter] war damals teilweise sehr gut eigentlich in der Schule, bis dann der Stress mit den Männern kam, sagen wir mal so, ich denke das hat die Kinder sehr stressig mitgenommen zu Hause. Die Schlägerei und so, dass sie auch in der Schule psychisch gelitten haben, in der Schule nicht mehr nachgekommen sind, dass sie dann, na ja schon überlegt haben, in der Schule gegrübelt haben, wer weiß, wenn wir jetzt nach Hause kommen, was dann schon wieder ist, die waren im Unterricht manchmal gar nicht bei der Sache, die haben dann mit den Gedanken schon wieder zu Hause gesessen. Das war auch dann immer schon sehr problematisch." (O–15 Frau)

Die Mütter und Väter konzentrieren sich auf ihre Mutter- bzw. Vaterrolle und wollen vieles besser machen als ihre eigenen Eltern. Gleichzeitig machen sie auch deutlich, dass das Leben als Alleinerziehende für sie auch eine Überforderung bedeutet:

> „Manchmal wünsche ich mir 10 Hände und 10 Arme ... Irgendwie kommt es darauf an, seinen Trott zu finden, da muss alles gut geplant werden. Wenn aber was Unvorhergesehenes dazwischen kommt, dann bin ich kein Mensch mehr, dann bin ich selber wuschig." (O–30 Frau)

Ein zentrales Thema ist der Ausgleich zum „gestressten Alltag" als Alleinerziehende. Die Betroffenen sind mit ihrer Familienrolle identifiziert und schöpfen daraus den Lebensinhalt, andererseits wünschen sie sich mehr Raum für sich selbst:

„Ich weiß nicht, ich hab das Gefühl, ich bin so (seufzt) ja, weiß ich auch nicht, wie so 'ne Glucke (kleines Lachen). Ich möchte sie gerne alle so um mich rum haben. Aber dann irgendwann wird's eben doch mal zu viel, dann möchte man dann auch mal Luft holen." (O–14 Frau)

Neben einer konkreten Entlastung im Alltag ist den Frauen und Männern auch wichtig, in anderen Rollen als der Familienrolle positiv wahrgenommen und bestätigt zu werden. Eine Möglichkeit hierzu sehen sie im Feld von Ausbildung und Erwerbstätigkeit, wie Frau B, die in einer Behindertenwerkstatt arbeitet:

„... ich möchte gerne meine Arbeit da oben weiter behalten, und da ist jetzt dieses große Fragezeichen. Geht's weiter oder geht's nicht weiter, wenn ich weiter arbeiten kann, ist es gut für mich und auf eine Art wieder gut für die Familie. Ja, wenn ich nicht arbeiten gehe, dann haben die Kinder wieder mehr von mir ... Ich geh auch gerne arbeiten, weil da oben die Arbeit, die macht so 'n Spaß. Mit den Behinderten, da kriegt man dann auch so viel, soviel zurück für jedes bisschen, was man so tut. Da krieg ich vielleicht so dieses Dankeschön wieder, was zu Hause manchmal so fehlt." (O–14)

Allerdings lässt sich die Berufstätigkeit oder die Ausbildung teilweise aus organisatorischen Gründen, teilweise aus Gründen, die sie selbst in ihrer Person sehen, nicht ohne Unterstützung von außen verwirklichen ist, wie bei Frau H.:

„Also ich brauche sehr viel Stärke, Rückgrat von verschiedenen Leuten, ... ja, weil ich hab ehrlich gesagt Angst, dass ich es wieder nicht schaffe mit der Ausbildung. Aber ich fühl ... mich sehr schnell überfordert in solchen Sachen zumindest. Ich suche sehr schnell Fehler bei mir, die ich eventuell gar nicht habe, hat meine Freundin auch schon gesagt. Sie sagt: Stell dich nicht immer als übles Ding hin, du bist ein ganz Gutes, meint sie." (W1–7)

In der Fallgruppe gibt es auch Erwachsene, die sich keine Berufstätigkeit wünschen, aber eine Entlastung im Familienalltag durch Hilfen zur Erziehung. Dies ist z. B. bei Frau E. der Fall. Sie wünscht sich Unterstützung vom Jugendamt, um vom Familienalltag „rauszukommen":

„Ich hatte versucht, kurz nachdem ich hier eingezogen bin über das Jugendamt noch Familienhilfe zu bekommen, also jemanden, der mir hilft beim Einräumen und Umräumen, aber es wurde abgelehnt ... Und da hab ich gesagt, also gut, wenn ihr das ablehnt, dann werd' ich das allein in die Hand nehmen, außer meiner Familienhelferin, also Familienhelferin ist es ja in der Hinsicht auch nicht, die ist mir vom Jugendamt gestellt worden und wir hatten normalerweise, hatten wir eh den letzten Termin im Oktober, da ist sie mal mit den Kindern weggefahren (I: Also das wäre so 'ne Hilfe, wo Sie sagen, das würde Ihnen schon 'ne Erleichterung bringen?). Dass ich mal, dass ich abends mal rauskomme, dass ich mal alles hinter mir lassen kann und sagen kann, jetzt bin ich mal. Aber ansonsten bin ich eigentlich nur für die Kinder da." (W1–32)

## *4.2 „Das Schlimmste ist das Finanzielle halt ... meine Kinder sollen es mal besser haben"; Leben in Armut: Arbeitslose Alleinerziehende oder Paare mit gescheiterten Partnerschaften und stark belasteten Kindern, Wunsch nach beruflicher Integration (N=5 Familien)*

Ein gemeinsames Deutungsmuster dieser Fallgruppe sind die nicht ausreichenden sozioökonomischen Rahmenbedingungen. Ein weiterer Grundzug ist eine Form der familialen Arbeitsteilung, die als wenig dynamisch und als einseitig personenzentriert beschrieben wird. Die Zeitstruktur wird überwiegend als konkurrent erlebt. Wie in der vorangegangenen Gruppe ist die Familiengründung der Frauen und Männer meist mehrfach gescheitert. Es leben mehrere Kinder von verschiedenen Ehen bzw. Partnerschaften im Haushalt. Das Thema, das als charakteristisch bezeichnet werden kann und diese Gruppe von anderen unterscheidet, ist die materielle Not und eine ungenügende finanzielle Absicherung. Dieses Thema zieht sich wie ein roter Faden durch die eigene Familiengeschichte, wie das folgende Beispiel zeigt:

> Frau I. (40 Jahre) war nach der frühen Geburt ihres ersten Kindes bald wieder schwanger, weil sie „die Pille vergessen" habe. Aufgrund der zwei Kinder und der Arbeitslosigkeit musste Frau I. sehr früh materielle Sorgen hinnehmen: „... ich wollte zwar immer ... oder wir wollten immer 'n zweites Kind, aber noch nicht so früh,... und wir waren ja auch nicht verheiratet und nichts, und heiraten wollte ich eigentlich nie, die Ehe meiner Eltern ist schief gegangen, und von daher hab ich gesagt ... och musst nicht heiraten, ... so was, aber wir mussten heiraten, da ich ... wie soll ich das sagen, ich hatte Arbeitslosenhilfe bekommen ... zu der Zeit, und da musst' ich das angeben, dass ich mit jemandem zusammenlebe, und dann war ich auf einmal nicht versichert, das wusst' ich aber alles nicht, und dann stand ich nun da....ja." Zu ihrer aktuellen Situation, sie hat sich von ihrem Partner getrennt, sagt die Frau: „Naja, bei dem Finanziellen, ... das Schlimmste ist das Finanzielle halt" (W1–17).

Die finanziellen Knappheit wird durch rigide Gesetze und ihre rigide Auslegung in den Behörden, so die Sicht der Betroffenen, noch verstärkt, oder es wird keine Möglichkeit echter Verbesserung gesehen, wie aus dem folgenden Interviewausschnitt hervorgeht. Auf die Frage „Was sind für Sie zur Zeit die hauptsächlichsten Stressbelastungen?" antwortet Frau K. (alleinerziehende Mutter mit sieben Kindern):

> „Tja, das Geld. Ich bin ja nun Pauschalkraft, da ist ja nun was zu verdienen und den Rest kriege ich ja vom Jugendamt, also Sozialhilfe. So weil ich ja nun meine Lebensversicherung gekündigt habe, so und das Sozialamt hat mir das als Einkom-

men angerechnet, habe ich für diesen Monat nichts bekommen. So und jetzt wollen wir sehen im Oktober, dass ich nun endlich Bekleidungsgeld kriege, entweder kriege ich auch keine Sozialhilfe oder die ziehen mir das vom Bekleidungsgeld ab und das finde ich auch irgendwie nicht in Ordnung. Ich habe die Versicherung gekündigt, weil sie mir immer erhöht haben, ... und dann haben sie mir das als Einkommen angerechnet. So und das finde ich nicht in Ordnung. Die wollten jetzt meine Krankenkasse äh eben bezahlen, bezahlen sie weiter, weil ich jetzt mit Euro 449,00 drüber bin also das finde ich nicht in Ordnung, was die da machen und andere Leute, die wo weder Elternteile arbeiten gehen, die kriegen immer wieder was und bei mir rechnen sie jeden Pfennig an." (O–24)

Da die Unterstützungsleistungen durch Jugend- und Sozialamt als unzureichend empfunden werden, greifen die Betroffenen oft auf unkonventionelle Sparmaßnahmen zurück, wie der folgende Fall zeigt. Es handelt sich um Frau H., eine 34 Jahre alte, von ihrem Partner getrennt lebende Hausfrau mit drei Kindern (Tochter J., 14 Jahre alt, Sohn M., 12, und Sohn R., vier Jahre alt). Frau H. lebt, da sie keinen Unterhalt bekommt, zurzeit von Sozialhilfe. Sie schafft es, ein Taschengeld für die Kinder abzuknapsen, weil sie die täglichen Ausgaben durch Rückgriff auf Lebensmittelspenden durch die örtliche „Tafel" sehr gering halten kann:

> „Die Tafel ist ein eigenständiger Verein ... Es ist nicht sehr angenehm dort hinzugehen, aber mittlerweile gewöhnt man sich an alles. Es ist sehr gut, dass es das gibt, und wir sind auch sehr dankbar darüber. Und es ist sehr wichtig, weil man dadurch sehr viel Geld für teure Lebensmittel sparen kann und man dadurch mal wieder etwas für die Kinder kaufen kann, da die Ausgaben halt sehr groß sind ... Also mein Traum wäre es eines Tages für mich und die Kinder Unterhalt zu bekommen und aus der Sozialhilfe raus zufallen." (W1–36)

Das „Herauskommen" aus der Armut und der Abhängigkeit von staatlichen Transferleistungen ist ein zentrales Familienthema. Dass es nicht nur biografisch konnotiert ist, sondern generationenübergreifend ist und auch in der Erziehung eine bedeutsame Rolle spielt, verdeutlicht der folgende Interviewausschnitt von Frau H. Sie wünscht sich:

> „Dass die Große sich nicht wieder diesen Typ Mann nimmt. Dass sie mehr aus ihrem Leben macht, als ich es gemacht hab', auch beruflich, das ist für mich sehr, sehr wichtig. Tja, das hoffe ich eigentlich von allen Kindern, das die 'ne berufliche Absicherung haben und nicht nur Hausfrau zu Hause und von Sozialhilfe leben müssen." (W1–36)

Wie aus dem letzten Interviewausschnitt hervorgeht, wird im Unterschied zu der vorherigen Gruppe (4.1) Berufstätigkeit hier weniger mit Ausgleich und

Zugewinn von Selbstbewusstsein in Verbindung gebracht, sondern sie stellt sich als schlichte Notwendigkeit dar. Frau H. hat folgende Zukunftsvorstellungen:

> „Also für mich als Plan ist momentan, seit drei Jahren, dass ich zur Kur fahre mit dem Kleinen. Dass ich meine gesundheitlich Probleme in den Griff bekomme und mich dann auch allgemein wohler fühle. Das abnehmen, meine Zähne sanieren lassen, Gesundheit ist das absolut wichtigste im Leben, neben den Kindern. Tja und ansonsten erhoffe ich mir, dass ich dann irgend wann Arbeit krieg, ich musste die Arbeit, die mir angeboten wurde absagen, weil es nicht machbar ist, nicht umsetzbar mit den Kindern und den Therapien, sonst hätte ich schon seit April arbeiten können. Mein Traum ist halt irgendwo, dass ich meine finanzielle Selbstständigkeit wieder erreiche. Also ich bin seit zweieinhalb Jahren Sozialhilfeempfänger und vorher gab's das nicht. Ja und meine Schulden, die ich loswerden muss, wir sind sehr hoch verschuldet. Schuldenfrei leben und in Ruhe leben, das ist ganz, ganz wichtig. Also kein Ziel neuen Partner oder so." (W1–36)

### *Konfliktthemen innerhalb des fünften Hauptclusters*

### *5.1 „Kann ich eine gute Mutter und gleichzeitig eine gute Partnerin sein?" – Biografisch stark belastete Frauen ringen um ihre Rollen als Mütter und Partnerinnen (4 Familien)*

Dieser Gruppe gehören sowohl Zwei-Eltern-Familien als auch „Familien im Übergang" an. Dieses Konfliktthema betrifft ausschließlich die Frauen in den Familien. Bei diesem Konfliktthema kommen folgende Deutungsmuster zusammen: Der Verlauf der biografischen Belastungen der Erwachsenen ist von der Kindheit an durchgängig. Partnerschaft und Elternschaft erscheinen als nicht vereinbar, die Intimität zwischen den Partnern wird jedoch positiv bewertet. Die Zeitstruktur ist meist kindzentriert. Konflikte werden auf der Beziehungsebene verortet und sind eher trennend als verbindend.

In den Interviews berichten die Frauen von Schicksalsschlägen, denen sie in ihrer Kindheit und Jugend ausgesetzt waren und die zu einer Unterbringung außerhalb ihrer Herkunftsfamilie führten. Bei allen Frauen sind diese Belastungen mit dem Verlust ihrer Väter in Folge von Trennung und Scheidung verbunden. Das Lebensprojekt, das sie verfolgen zielt auf „Normalisierung" ab. Dazu gehört der Versuch, im Berufsleben auf eigenen Beinen zu stehen, die Rolle als Mutter zu erfüllen und eine befriedigende Partnerschaft zu führen. Die Partner nehmen eine Funktion als Helfer bei der Verwirklichung dieses Lebensprojektes ein; sie stehen damit in gewisser Weise in der „zweiten Reihe". Im Lebensmittelpunkt steht die Aufgabe, eine gute Mutter zu sein und für das Glück der Kinder zu sorgen. Bei Konflikten mit dem Partner hat das Wohlergehen der Kinder die oberste Priorität, wie zum Beispiel bei Frau Bürger, die sich von ihrem ersten Ehemann getrennt hat:

„Mein damaliger Mann hat auch keine Arbeit gehabt, ich musste also arbeiten gehen, musste, wenn ich nach Hause kam, musst ich für die Kinder noch da sein, ich musste Haushalt machen, alles, weil, der war Alkoholiker, ....und hat also nichts gemacht, der hatte keine Lust zum Arbeiten ... Ich hab's eigentlich immer wieder versucht, ich hab immer wieder gesagt, Mensch, mach was, und ... sieh zu, dass du das mit deinem Alkohol in den Griff kriegst, aber hat er leider nicht in den Griff gekriegt, das heißt ... immer nur für kurze Zeit, wenn er gemerkt hat: Halt, ich hab die Scheidung eingereicht, ... dann hat er gedacht, halt, jetzt musste aber mal was machen und ... bis ... ich hab das dann 13 Jahre mitgemacht und ... dann hab ich gesagt: ‚Es reicht, ich will einfach nicht mehr' ... 'ne, und hab das dann auch ganz konsequent durchgezogen, weil, ich hab gemerkt, meine Kinder haben auch drunter gelitten, weil, ich musste ständig arbeiten, ... und er hat nie irgendwo ... wir haben ... dann zum Teil auch von der Sozialhilfe gelebt ... und da war ich natürlich auch unzufrieden, weil, das war nicht viel ... und ... also bin ich arbeiten gegangen, ... bin abends dann sogar noch da, wo wir gewohnt haben, putzen gegangen, da waren Büros, bei uns im Haus, und da bin ich noch putzen gegangen, nachts, damit überhaupt das Geld gereicht hat, ... 'ne, und ... hatt' ich dann so die Nase voll, da hab ich ihn rausgeschmissen: Das geht so nicht weiter, die Kinder leiden da drunter, ich leide, ich will das jetzt nicht mehr ..." (W1–18).

Allerdings gehört zum Lebensprojekt der Frauen die Partnerschaft dazu. Sie stehen vor der Frage, in welcher Form Partnerschaft und die Verantwortung für das Wohlergehen der Kinder zu vereinbaren sind. Ihr Lebensthema lautet: „Wie kann ich gleichzeitig eine gute Mutter und eine gute Partnerin sein?" Frau Bürger hat die Aufgabe auf unkonventionelle Weise gelöst: Nach der Trennung von ihrem Mann entschied sie sich zu einer zweiten Ehe, allerdings mit getrennten Haushalten:

„Ja, und jetzt haben wir also gesagt, ... wir behalten jeder unsere eigene Wohnung und ... 'ne ... wenn's dann mal wirklich zu stressig wird, kann jeder sagen: ich geh in meine Wohnung."

Herr Bürger, mit dem Frau Bürger keine gemeinsamen Kinder hat, ist häufig in ihrer Wohnung und nimmt unterstützende Aufgaben wahr: Er erleichtert durch seine Präsenz die Erwerbstätigkeit von Frau Bürger in der Gastronomie mit Arbeitszeiten am Abend und am Wochenende, und auch in Bezug auf die anderen Kinder, besonders den 15-jährigen Sohn, ist er für Frau Bürger wichtig:

„Ist schon ein guter Vater ... ja, kann ich ... das kann ich wirklich sagen, weil, der gibt alles, wirklich auch das Letzte, und ... so, ich merk ja auch, wie er so mit P. [Tochter] umgeht, oder auch mit W. [Sohn], wo der ja auch ... trotz der so schwierig ist, er bemüht sich da eigentlich immer noch, gerecht zu sein, und auch ... eh ... hilfsbereit, und er macht alles für meine Kinder." Er wünsche sich ein gemeinsames Kind, müsse sich aber, so Frau Bürger, damit abfinden, „dass daraus nichts wird".

## 5.2 *„Wir lieben und streiten uns, aber können wir auch eine gute Familie sein?" Familiäre Reorganisation ist durch kindbezogene Probleme, Streit unter den Partnern oder schwierige Stiefkind-Beziehung belastet (N=4 Familien)*

Diese Gruppe besteht aus reorganisierten Familien und so genannten Familien im Übergang. Familiäre Probleme werden zunächst im Bereich der Kindererziehung beschrieben, die sich dann belastend auf das Erwachsenensystem auswirken. Zwei der befragten Paare beklagen die Verhaltensauffälligkeiten eines Kindes. Ein anderes führt die familiären Belastungen auf die Tatsache zurück, dass acht Kinder im Haushalt zusammenleben, während beide Erwachsene einer Erwerbstätigkeit nachgehen. Ein anderes Paar berichtet über die schwere chronische Krankheit eines der Kinder. Der aktuellen Partnerschaft wird von den befragten Erwachsenen eine besondere Bedeutung zugemessen. Die Paarbeziehung erscheint jedoch in zweierlei Hinsicht gefährdet – dieses Thema nimmt in den Interviews breiten Raum ein: Einerseits kann die Paarbeziehung aufgrund hoher alltäglicher Belastungen, die auf einzelne Kinder oder mehreren Kindern in der Familie zurückgeführt werden, nicht in der Weise geführt werden, wie die Partner sich das wünschen. Dies wird beispielsweise von einem Paar (reorganisierte Familie), das mit acht Kindern im Haushalt lebt, folgendermaßen beschrieben:

Herr S.: Und dann auch noch nicht mal, dass wir mal fünf Minuten für uns Zeit haben,
Frau S.: Genau! Weil dann das Kind was hat ... ne?
HS.: Der Kleine muss seine Medikamente haben und dann muss Blutdruck gemessen werden.
FS.: Genau das geht dann so.
HS: Hat das Kind Fieber, dann muss sich da noch 'n bisschen mehr drum gekümmert werden.
FS: Ja.
HS: Also es ist immer irgendwas.
FS: Hin und wieder sag ich dann auch schon ‚Hallo ich bin auch noch da', weil dann vergisst er mich einfach.
Interviewer: hm.
FS: Na ja.
HS: Ach, Schatzi, du bist ja auch noch da!
FS: Genau." (W3–5)

Andererseits entzünden sich Konflikte zwischen den Partnern an unterschiedlichen Auffassungen über die Kindererziehung. Einige der befragten Eltern formulieren in diesem Zusammenhang die Hypothese, dass die Kinder dies gezielt ausnützen, um das Partnersystem zu stören. Herr und Frau S. haben die Erfahrung gemacht, dass sie von den Kindern gegeneinander „ausgespielt" werden:

> Frau S.: Also, überall gibt's ja Hick Hack, aber das war erst 'ne vollkommene Katastrophe, vor allen Dingen die Kinder haben sich gestritten ohne Ende, und wir haben uns da reingehangen, 'ne? Was passiert im Endeffekt?
> Herr S.: Wir haben …
> FS: … wir haben uns an die Köpfe gekriegt, dass es hier manchmal rauchte. Die Kinder fünf Minuten später, Friede Freude Eierkuchen.
> HS: Und wir?
> FS: Und wir?
> HS: Einer in der Ecke, der andere in der Ecke, …
> FS: … ja knurrig, …
> HS: … zwei Tage nicht miteinander gesprochen, …
> FS: … gesprochen genau das gab's auch schon, aber das war der Anfang, wir sind schnell dahinter gekommen, dass die Kinder uns ausspielen wollen. (W3–5 Eltern)

Die Erkenntnis, gegeneinander ausgespielt zu werden, führt jedoch nicht immer dazu, dass auch ein produktiver Umgang mit den Provokationen der Kinder gefunden wird. Die unterschiedlichen Auffassungen über den richtigen Erziehungsstil, die Frage von Anerkennung durch die nicht-leiblichen Kinder und die Unterstützung des Partners bei der Übernahme einer Elternrolle führen teilweise zu heftigen Auseinandersetzungen zwischen den Erwachsenen. Aber nicht immer wird der Streit unter den Erwachsenen als trennend oder problematisch empfunden. In einer Familie wird er sogar als regelrecht erlösend und verbindend beschrieben; ein Mann beschreibt die Situation nach einem Ehestreit folgendermaßen: „Ja, ich fühle mich, wenn ich richtig Dampf abgelassen habe, fühle ich mich hervorragend." (O–11) Beide Partner berichten, dass sich der „Emotionskelch" nach dem Streit etwas geleert habe.

Für die Zukunft wird in allen Familien dieser Gruppe der Wunsch nach größerer Harmonie oder größerem Zusammenhalt geäußert, wie z. B. Herr B. (33 Jahre), der mit seiner neuen Partnerin (33 Jahre) und seinen drei Kindern (15, acht und fünf Jahre alt) zusammenlebt:

> „Dass sich noch ein bisschen was verändern müsste, jetzt von allen aus gesehen, nicht nur von ein paar, sondern von uns allen, dass wir mal eine harmonische Familie sind, oder harmonischer wird noch, dass nicht einer immer das schwarze Schaf ist, oder so, und dass keiner erzählt, wer und was die Mutter ist, was Zuhause vorgefallen ist, was besprochen wurde, weil das keinen was angeht, sag ich mal auf Deutsch. Dass das nicht rausgetragen wird oder so, dass die Kinder ein

> bisschen ruhiger werden, dass ich demnächst meine Krankheit besiege und wir mal in den Urlaub fahren, oder man mal eine große Wanderung unternimmt oder so. Dass das mit dem Finanziellen so weitergeht, so wie es jetzt ist, komme ich damit ganz gut klar." (O–31)

Im Hinblick auf gemeinsame Merkmale (Deutungsmuster) lässt sich festhalten, dass der biografische Belastungsverlauf mit der eigenen Familiengründung einsetzt und durchgängig ist. Die familiären Belastungen folgen einem zirkulären Muster, d. h., es gibt sowohl Schwierigkeiten im Eltern- als auch im Kindersystem, die sich gegenseitig bedingen. Die familiären Konflikte werden auf der Beziehungsebene ausgetragen und sind eher verbindend.

## 5.3 „Männer müssen sein, aber nicht immer!", Mütter mit starken Belastungen durch frühere Partnerschaften, Männer, die gerne Väter sein wollen: Mütter im Zwiespalt zwischen Partnerschaft und Autonomie (N=3 Familien)

Das Thema taucht in unserer Stichprobe nur bei Müttern auf. Alle befragten Frauen aus dieser Gruppe schildern sehr schwierige Partnerschaftserfahrungen in ihrer Vergangenheit. Zum Teil haben sich die Mütter – auch um die Kinder zu schützen – von den früheren Partnern getrennt. Sie befinden sich nun im Zwiespalt: Einerseits wünschen sie sich einen neuen Partner, andererseits haben sie die früheren Partnerschaften als unbefriedigend erlebt und wollen aufgrund der schlechten Erfahrungen keine bürgerliche Ehe mehr eingehen. Ein durchgängiges Thema dieser Frauen ist der Verlust von Autonomie innerhalb ihrer bisherigen Beziehungen zu Männern: Zwei Frauen erzählen, dass sie für einen ehemaligen Partner „alles auf eine Karte gesetzt haben" und gleichsam alles abgebrochen haben, weil sie den Plänen der Männern gefolgt sind – in einem Fall sogar ins europäische Ausland (W3–4). Eine andere Frau hat sich zur Heirat und zum Einzug ins Haus ihres Ehemannes überreden lassen (O–2). Bei den befragten Frauen stimmen die Erfahrungen in frappierender Weise überein: Die Männer entpuppten sich bald als despotisch und gewalttätig, das Zusammenleben wird als unerträglich erlebt. Die Frauen hatten große Mühe, sich aus der Situation wieder zu befreien, und kommen zu demselben Schluss: „Nie wieder heiraten", wie Frau T. (36 Jahre alt, alleinerziehende Mutter mit drei Töchtern). Frau T. hat einen Freund, mit dem sie aber nicht zusammen lebt. Auf die Frage, warum sie nicht heiraten will, antwortet sie:

> „Ich denke einfach nicht, dass ich das brauche. Mein ganzer Fokus ist auf meine Kinder gerichtet, und äh, ich will mich da nicht noch mit, wirklich, wenn ich keine Lust mehr auf den Partner habe, dass der mir wirklich irgendwelche Sachen tut, die ich nicht will. Nee, da will ich mich gar nicht drüber unterhalten, dann sag ich einfach ‚Tschüss, pack deine Klamotten', und da hab ich gar keine Lust mich da groß-

artig noch mal irgendwo mit andern Gedanken ,oh jetzt muss de dich noch scheiden lassen oder so was'. Oder ich halt auch wirklich nichts von Hochzeiten, oder so, wirklich nicht – das sagt für mich einfach nur aus: „ja gut, wenn die das brauchen die Leute, dann soll 'n se 's machen". Ich denk, Leute tun das wirklich nur wenn se das brauchen, sonst würden se nicht heiraten, ob se nun aus Liebe brauchen oder aus finanziellen Möglichkeiten oder so. Aber ich brauch's nicht. ... Ich glaub nicht, dass das so 'n großen Schaden bei den Kindern macht, wenn sie äh – ich meine sie, der Mann (Freund) ist ja hier ab und zu und sie sollen auch ruhig sehen, dass ich das auch alleine wirklich genauso gut kann, ... dass die äh sich nicht unbedingt auf 'n Mann, nicht verlassen müssen. Aber das geht auch ohne, ich kann auch 'n Parkett verlegen, hab ich schon gemacht, ich hab tapeziert, ... das Einzige, wo ich mich nicht dran traue, ist Strom. Aber dafür gibt's immer einen im Haus, der das macht, da verlass ich mich wirklich auf andere. Ich versuch das wirklich so 'n bisschen auszuklammern. Das ist Männer, ja gut, nich, sie sind da, müssen sein und so, aber äh – nicht immer. ... Das ist wirklich 'n totaler Frauenhaushalt hier, wirklich die Hündin ist sogar, hier ist fast alles hier im Hause ist hier weiblich" (W3–4)

Die Frauen versuchen, ihre schwer erkämpfte Autonomie aufrechtzuerhalten. Aber dennoch wünschen sie sich einen Partner. Es stellt sich für sie die Frage, unter welchen Bedingungen dies möglich ist. Das heißt, die Frauen suchen nach einer Lebensform, in der Partnerschaft und Elternschaft zugunsten der eigenen Autonomiewünsche ausbalanciert sind. Dies schafft aber in der neuen Partnerbeziehung das Problem von Nähe und Distanz, woraus sich Konflikte mit den Männern ergeben, insbesondere dann, wenn sie sich eine Ehe wünschen und die Vaterrolle in der Familie übernehmen wollen. Frau T. beschreibt diesen Konflikt in dem Interview so:

Interviewer: Sie haben erzählt, sie haben jetzt wieder 'nen Freund, ist das schon länger?

Frau T: Ja ... wir kennen uns jetzt auch schon über 'n Jahr, sonst, ich hab den ja auch nie so richtig als Freund zugegeben für meine Kinder. Ich sagte, die brauchen kein Papa, ... also jeder weiß, wo sein Papa ist, und das ist eben mein Ding, weil ich das immer eigentlich so halten will. Das Problem war, der (Freund) war auch verheiratet, hat sich jetzt aber getrennt und die leben in Scheidung, und das gefällt mir auch alles nicht so richtig und äh – ich halte ihn so immer noch so auf langen Arm, sagen wir mal so ... Also, ich lass das nicht ganz so zu. Manchmal kann er hier ruhig bleiben, und dann kann er sich auch mit den Kinder so, aber ich hab das schon also noch nie so richtig zugelassen, ... ich mag das nicht, wenn er hier mit den Kinder rumtobt und hier so ein auf Papa macht (Lachansatz), das kann ich überhaupt nicht haben, und da kriegen wir dann Krach und dann darf er sich erstmal zwei Wochen hier nicht melden." (W3–4)

Weil der Wunsch des neuen Partners nach sozialer Vaterschaft und verbindlicher Partnerschaft mit den Autonomiewünschen der Frauen kollidiert, sehen sich die Mütter in der Zwangssituation, sich zwischen Partnerschaft und Autonomie entscheiden zu müssen. In dieser Situation räumen sie der Loyalität zu ihren Kindern den Vorrang ein. Ein gemeinsames Deutungsmuster dieser Gruppe ist also die Unvereinbarkeit von Partnerschaft und Familie. Die Intimität unter den Erwachsenen wird zwar positiv bewertet und ist auch erwünscht, die Partnerschaft ist aber mit den Unabhängigkeitsvorstellungen der Mütter nur schwer vereinbar.

## *5.4 „Ich habe keine Gelegenheit, mich als Familienvater zu beweisen" – Frustrierte Männer, Familien in Neuorganisation mit Rollenkonflikten und individuellen Belastungen der Erwachsenen und der Kinder (N=4 Familien)*

Es handelt sich hierbei um ein typisches Thema von Männern, überwiegend in reorganisierten Familien. Sie haben große Probleme mit ihrer Aufgabe als Stiefväter. Eine zusätzliche Schwierigkeit ergibt sich für sie durch die Arbeitslosigkeit. Die Männer sind sowohl im beruflichen als auch im familiären Bereich unzufrieden. In ihren Selbstdeutungen kommt ein Muster zum Ausdruck, dass wir „Frustrierte" genannt haben (vgl. Kap. 3.9). Die Partnerinnen der befragten Männer sind hingegen beruflich erfolgreicher und mit ihrer Rolle als Mutter deutlich zufriedener. Wir haben es hinsichtlich der Selbstzufriedenheit mit „Gegensatz-Familien" zu tun (vgl. Kap. 3.9). Die Paarbeziehung ist häufig belastet, weil die leiblichen Mütter ihre Kinder oft gegenüber den Partnern verteidigen. Dies führt zu Durchsetzungsproblemen aus der Sicht der Männer. Sie fühlen sich als Familienväter nicht ernst genommen. Als Beispiel sei hier die Familie B. genannt:

> Im Haushalt leben Frau B., sie ist 38 Jahre alt, ihre drei Töchtern A. (17), K. (13) und L. (7) und ihr Mann Herr B. Er ist 32 Jahre alt und nicht der Vater der Kinder. Das Ehepaar lebt seit zwei Jahren zusammen. Herr B. ist Systemelektroniker und arbeitslos, seine Frau arbeitet in einem Call-Center. Herr B. beschreibt eine Familiensituation, die er häufig erlebt und als deprimierend bezeichnet: „... wir sitzen am Tisch. Ich sage etwas zu den beiden [Mädchen]. Überhaupt keine Reaktion. Ich sage noch mal etwas. Ich sage zum zweiten Mal etwas. Immer noch keine Reaktion. Beim dritten Mal, dann setzt sie [seine Frau] auch ein und sagt, höre endlich. Und dann: Was, was, was, habe doch nicht gehört. Und das ist so. Ich kann reden wie ich will. Sie sagt einen Ton und dann hören sie. Das ist deprimierend. (I: Fühlen Sie sich da unterstützt, oder wie würden Sie das sagen?) Wenn sie in dem Moment eingreift, na klar, das ist schon eine Unterstützung. Aber ich finde das deprimierend. Man redet, redet und redet und es passiert nichts, und sie sagt ein Wort – na gut ein Wort, manchmal muss sie dann auch schon reden – aber, auf sie hören sie halt." Die Situation von Herr B. ist aufgrund der Arbeitslosigkeit noch zusätzlich de-

primierend und führt zusätzlich zu Konflikten in der Familie, Herr B.: „Ich habe dann im … ein Praktikum gemacht, über ein halbes Jahr. Die waren zufrieden mit mir, alles schick. Aber zum Schluss kriegt man doch nur einen feuchten Händedruck. Und wenn man jetzt einen Job sucht in der ganzen Region, das kann man vergessen, in der Branche zumindest. Wenn ich jetzt auf den Bau gehe, z. B. als Trockenbauer, dann kann ich nach ein paar Monaten meinen Facharbeiter wegschmeißen … Wenn man dann erst einmal raus ist … Das ist die Situation, mit der ich momentan nicht zufrieden bin. Das kriegt dann noch die Familie teilweise zu spüren. Also nicht handgreiflich oder so was, aber mehr … Ich bin dann öfter ziemlich launisch und bin ziemlich schnell auf die Palme zu bringen." (O–19)

Bei den Familien dieser Fallgruppe besteht in Bezug auf die Kindererziehung oft Uneinigkeit unter den Partnern. Die Paarkonflikte werden auf der Beziehungsebene ausgetragen und sind eher trennend als verbindend, wie z. B. bei Familie Specht. Im Haushalt leben Herr S., er ist arbeitslos, und seine Frau, berufstätig, mit ihrem fünfjährigen Sohn aus erster Ehe. In dem Interview wird eine typische Streitsituation so beschrieben (die Interviews wurden mit den Ehepartnern getrennt geführt):

Interviewer: Welche Belastungen so in der Familie gibt es für Sie? Was finden Sie belastend?

Herr S.: Wenn ich ihr (seiner Frau) irgendetwas sage, ob sie es nicht versteht, oder es nicht verstanden hat, kann ich nicht sagen. Jedenfalls, dann kommt sie mir mit dem Argument, dann muss ich eben meine Sachen packen. Wenn Sie ihr das wiedererzählen, dann sagt sie, das sind alte Kamellen. So tut sie in dem Fall sagen, wir müssen sparen, sparen, das begrüße ich auch, dass sie daran denkt, aber auf der anderen Art, schmeißt sie das Geld zum Fenster raus. Wenn ich ihr das dann sage, kommt sie mir wieder, na dann muss ich gehen. (O–18 Mann)

Seine Partnerin erzählt:

I: Wann besprechen Sie so Sachen gemeinsam?

Frau S.: Gar nicht.

I: Fehlt Ihnen da was oder?

Frau S.: Nein, weil es sowieso nur zum Streit kommt. Also, halte ich lieber meine Klappe, ganz einfach.

I: Wie läuft so ein Streit ab zwischen Ihnen?

Frau S.: Dass wir gar nicht wissen, wer was macht. Was er dann mehr auf mich schiebt, dann schiebt er es auf K. (den Sohn), dass ich eigentlich die Mutter bin von meinem Sohn, ist klar. Dass ich mein eigenes Kind unterstütze, ist auch klar. Und dadurch halt … gibt's Streit.

I: Was machen Sie dann? Sie streiten dann und wie geht das so weiter?

Frau S.: Dann nehme ich meine Sachen und gehe.

| | |
|---|---|
| I: | Sie gehen dann wohin? |
| Frau S.: | Ins Schlafzimmer. |
| I: | Also, Sie gehen in ein anderes Zimmer und macht Ihr Mann dann? |
| Frau S.: | Na, vorne sitzen und heulen. (O–18 Mutter) |

Das, was den Männern fehlt ist die soziale Anerkennung durch die Partnerin und die Kinder. Dies wird in dem folgenden Interviewausschnitt ansatzweise deutlich. Es handelt sich um eine Familienszene am Mittagstisch:

> Herr H., 21 Jahre: „Ich koche eigentlich alles, was zeitintensiv ist, zum Beispiel Sauerbraten oder was habe ich jetzt gehabt, Schweinsmedaillons, dauert nicht lange, aber dazu die Vorbereitung so richtig, Gemüse oder och ... alles zeitintensiv. Das macht mir Spaß. Bloß, da ist auch wieder ein Punkt, da könnt ich ausflippen. Man stellt sich hin, kocht einen ganzen Topf voll. Hat ja Hunger. So, stellt man ihr (seiner Frau) einen Teller hin, schmeckt gut, sagt sie. Dann ist die Hälfte rum. Ich frage mich, wozu ich dann koche: halben Teller, da flippe ich durch. Ich stelle mich da stundenlang hin und koche. Das bringt mich hoch." (O–22)

# 5. Eltern- und erwachsenenbezogene Hilfethematiken

Im letzten Kapitel haben wir elternbezogene Konfliktthemen beschrieben. Die Frage lautete: Lassen sich innerhalb der 77 Familien Gruppen bilden, die sich aufgrund bestimmter Kombinationen von Deutungsmustern ähneln? Mithilfe einer explorativen Clusteranalyse konnten wir insgesamt 16 Fallgruppen mit gemeinsamen Thematiken bilden. Diese Thematiken, wir haben sie „eltern- bzw. erwachsenbezogene Konfliktthemen" genannt, geben Aufschluss über die Belastungssituationen und familiäre Problemlagen aus der subjektiven Sicht der Eltern. Diese 16 Konfliktthemen waren auf der Grundlage von „Unterclustern" gebildet worden, die fünf Hauptclustern angehörten. Die forschungsrelevante Fragestellung lautet nun: Sind die Fallgruppen von Familien innerhalb der einzelnen Hauptcluster thematisch in sich so homogen, dass sie übergeordnete Hilfethematiken abbilden? Lassen sich also die Konfliktthemen der einzelnen Untercluster zu unterschiedlichen Hilfethematiken zusammenfassen? Es wurde also versucht, die formal-mathematisch gebildeten Fallgruppierungen, die sich auf Ähnlichkeiten in Bezug auf die Kombinationen von Deutungsmustern stützen, inhaltlich nachzuvollziehen, um so zu einer Hypothesenbildung hinsichtlich typischer Hilfethematiken zu gelangen. Unter Hilfethematiken verstehen wir typische Hilfeerwartungen und Aufgabenstellungen aus der Sicht der Eltern bzw. Erwachsenen, die mit der Erziehung der Kinder zu tun haben. Wir konnten insgesamt fünf solcher eltern- und erwachsenenbezogenen Hilfethematiken am Material belegen. Diesen Hilfethematiken liegen typische Konfliktlinien zugrunde, die wir anhand des Materials vorsichtig im Sinne von Hypothesen formuliert haben. Das Ergebnis unserer Bemühungen veranschaulicht die Tabelle 32.

Die eltern- bzw. erwachsenenbezogenen Hilfethematiken bilden ein wichtiges Ergebnis des Forschungsprojektes, sie dienen als Grundlage (im Sinne eines heuristischen Rahmens) für die Falldiagnostik. Die Hilfethematiken und Aufgabenstellungen beziehen sich ausschließlich auf das Eltern-System. Es versteht sich, dass die im Folgenden dargestellten Thematiken als Momentaufnahmen aus der Sicht der Väter und Mütter zu betrachten sind.

Tabelle 32: Übersicht über die Hilfethematiken und Konfliktthemen

| **Hauptcluster mit zugehöriger Hilfethematik** | **Untercluster mit zugehörigen erwachsenen- bzw. elternbezogenen Konfliktthemen** | **„Konfliktlinie"** |
|---|---|---|
| 1. „Wie erziehe/n ich/wir die Kinder?" Suche nach Handlungsorientierungen und Handlungsmöglichkeiten in der Funktion als erziehende Eltern (N=12) | 1.1 „Da standen wir plötzlich vor einer ganz neuen Situation" (N=3)<br>1.2 „Wir schaffen es einfach nicht, uns über die Kindererziehung Gedanken zu machen" (N=5)<br>1.3 „Irgendwie haben wir vieles nicht so umsetzen können, wie wir es uns gewünscht haben" (N=4) | Die Konfliktlinie verläuft zwischen dem „familiären Innenraum" und der „Außenwelt" der Familie |
| 2. „Wer macht was in der Familie?" Klärung der Elternrollen und Zeitkonzepte im Hinblick auf die Verantwortlichkeiten und Aufgaben in der Familie (N=25) | 2.1 „Wenn wir uns als Eltern gut verstehen, dann klappt es auch mit der Kindererziehung" (N=5)<br>2.2 „Beruf und Familie unter einen Hut zu bekommen, ist manchmal ganz schön schwierig" (N=7)<br>2.3 „Wir haben ganz unterschiedliche Vorstellungen von Erziehung" (N=4)<br>2.4 „Wir kümmern uns sehr viel um das Kind, da bleibt keine Zeit für uns" (N=5)<br>2.5 „Wir (Eltern) kreisen ständig um uns selbst, und die Kinder geraten aus dem Ruder" (N=4) | Die Konfliktlinie verläuft zwischen dem einzelnen Elternteil und der restlichen Familie |
| 3. „Welche Ressourcen habe ich als Mutter?" Wahrnehmung der Elternrolle unter besonders schwierigen individuellen Voraussetzungen (N=8) | 3.1 „Und trotz alledem will ich eine gute Mutter sein" (N=5)<br>3.2 „Ich muss aufpassen, dass ich nicht noch vollständig resigniere" (N=3) | Spannungsverhältnis zwischen den eigenen hohen Erwartungen an die Mutterrolle und den schwierigen Lebens- und Erziehungsbedingungen |
| 4. „Rauskommen" – Wunsch nach Entlastung von der Elternrolle und Beseitigung von Armut durch berufliche Integration (N=17) | 4.1 „Irgendwie muss ich auch zu mir selbst kommen, ich will nicht nur Mutter/Vater sein" (N=12)<br>4.2 „Das Schlimmste ist das Finanzielle halt ... meine Kinder sollen es mal besser haben" (N=5) | Konfliktlinie in der Spannung zwischen beruflichen Selbstverwirklichungswünschen und gesellschaftlich bedingten Realisierungsmöglichkeiten |
| 5. „Können wir gute Eltern und gute Partner sein?" – Vereinbarkeit von Intimität in der Paarbeziehung und Eltern-Kind-Beziehung (N=15) | 5.1 „Kann ich eine gute Mutter und gleichzeitig eine gute Partnerin sein?" (N=4)<br>5.2 „Wir lieben und streiten uns, aber können wir auch eine gute Familie sein?" (N=4)<br>5.3 „Männer müssen sein, aber nicht immer!" (N=3)<br>5.4 „Ich habe keine Gelegenheit, mich als Familienvater zu beweisen" (N=4) | Konfliktlinie an der Schnittstelle von Partnerschaft und Elternschaft |

## 5.1 „Wie erziehe/n ich/wir die Kinder?“ Suche nach Handlungsorientierungen und Handlungsmöglichkeiten in der Funktion als erziehende Eltern

Dieser ersten Hilfethematik lassen sich Eltern zuordnen, die im Hinblick auf ein tragfähiges gemeinsames Erziehungskonzept Unsicherheiten zeigen. Auffällig ist, dass die Eltern bzw. Elternteile entweder nur ein schwach ausgebildetes Erziehungskonzept haben oder ganz unterschiedliche Erziehungsstile präferieren. Sie sehen sich selbst auf der Suche nach gemeinsamen konkreten Handlungsorientierungen und Erziehungsprinzipien, um die Kinder besser zu erziehen. Im Zentrum steht die Frage nach der richtigen Erziehung der Kinder vor dem Hintergrund biografischer oder beruflicher bzw. gesellschaftlich bedingter Belastungen sowie familiärer Stressfaktoren. Die Erziehungsprobleme sind aus der Sicht der Eltern teilweise aufgrund äußerer Umstände eingetreten (plötzliche Arbeitslosigkeit, Todesfall), teilweise aber auch, weil die Familien sich an Lebens- und Erziehungskonzepten ihrer eigenen Eltern orientieren und daran scheitern. Zu diesem Typ zählen sowohl Alleinerziehende als auch „Familien im Übergang“ und Zwei-Elternfamilien. Insgesamt konnten 12 Familien dieser Hilfethematik zugeordnet werden. Bei den untersuchten Familien lassen sich folgende drei Sichtweisen von schwierigen Lebenslagen nachweisen:

- Situativ entstandene, äußere Bedingungen, wie z. B. Scheidung, Tod des Partners, Arbeitslosigkeit, Entscheidung der Mutter zur Berufstätigkeit etc., fordern zur Neudefinition des Vater-/Mutter-Seins heraus (entspricht dem Konfliktthema 1.1, vgl. Kap. 4)
- Dauerhafte Belastungen, wie biografische Traumata, Doppelbelastung durch Beruf und Familie, erschweren die Auseinandersetzung mit Elternrollen und Erziehungsfragen (Konfliktthema 1.2)
- Das Scheitern an Lebenszielen und nicht umzusetzenden Erziehungskonzepten machen eine Neudefinition der Elternrollen und Erziehungsstile notwendig (entspricht dem Konfliktthema 1.3)

Hinsichtlich der gemeinsamen Merkmalsausprägungen (Deutungsmuster) ergibt sich folgendes Bild: Bei den Familien dieser Fallgruppe sind die sozioökonomischen Bedingungen knapp, aber ausreichend. Die professionellen Hilfen haben plötzlich eingesetzt, d. h., der Kontakt mit dem Jugendhilfesystem hat sich eher unvermittelt ergeben. Die Eltern blicken auf eine relativ kurze Phase der Hilfe zurück. Bei den Familien reduziert sich das informelle Helfersystem fast ausschließlich auf Verwandtschaft (Deutungsmuster „Familiensolidarität“). Die aktuellen Belastungen sind erwachsenenzentriert (d. h., sie betreffen in erster Linie das Elternsystem). Die Kindererziehung wird wenig reflektiert. Die Familien ließen sich in den meisten Fällen im Hinblick auf die Kindererziehung keinem der oben beschriebenen Deutungsmuster zuordnen, es handelte sich überwiegend um Mischtypen. Die familialen Konflikte werden sachlich ausgetragen und dabei auch überwiegend gelöst („sachbezogen-erfolgreiche Konfliktkultur"). Der subjektive Hilfeplan ist sehr reflektiert, die Erwartungen an die professionellen Helfersysteme sind relativ hoch („Kunde").

Wirft man einen Blick auf die subjektiven Hilfepläne dieser Fallgruppe, dann zeichnen sich bei den Eltern folgende Hilfethemen und -erwartungen ab: Verbesserung der sozioökonomischen Situation und Entlastung im Alltag, um die Rahmenbedingungen der Kindererziehung zu verbessern, Erziehungsberatung zur Verbesserung der Erziehungskompetenz. Andere Elternteile wünschen sich mehr Entlastung von der Kindererziehung durch die Delegation von Erziehungsaufgaben an Schule und Jugendhilfe, wieder andere erwarten Hilfe bei der Neudefinition der elterlichen Erziehungsrollen und -kompetenzen bei Neugründung der Familie bzw. in Stieffamilien-Konstellationen oder Hilfen bei der Reflexion und Veränderung der biografisch geprägten Erziehungsvorstellungen.

Die Fallgruppe setzt sich überwiegend aus Familien zusammen, die erst seit kurzer Zeit im Rahmen von Hilfen zur Erziehung betreut werden und wo das Jugendamt unvermittelt eingeschaltet wurde. Auslöser sind, wie das folgende Fallbeispiel zeigt, plötzliche Schicksalsschläge innerhalb der Familie:

> Der Vater (0–1), Herr S., lebt mit seinem neunjährigen Sohn und seiner Mutter in einer Haushaltsgemeinschaft. Er hat seit kurzer Zeit eine Freundin, mit der er zusammen eine gemeinsame Wohnung für sich, seinen Sohn und den 18-jährigen Sohn seiner neuen Partnerin sucht. Herr S. blickt auf eine bewegte Lebensgeschichte zurück: Scheidung der Eltern während der Kindheit, Ausbürgerung aus der DDR, Tod der Ehefrau, Depressionen und Alkohol. Die Schwierigkeiten des Vaters entsprechen dem Konfliktthema, das wir „Da standen wir plötzlich vor einer ganz neuen Situation" – situativ erzwungene Neuorientierung in Familie und Arbeitswelt" genannt haben. Herr S. wohnt momentan bei seiner Mutter, weil er wegen finanzieller Probleme seine Eigentumswohnung verkaufen musste. Die ersten Erfahrungen mit dem Jugendamt waren negativ: „Speziell mehr Hilfe hätte ich mir erwartet unmittelbar nach dem Tod meiner Ehefrau, denn da kam zwar jemand so ein Außendienstmitarbeiter vom Jugendamt mal vorbei, aber das war nur die ersten Monate, dann überhaupt nicht mehr ... Im Großen und Ganzen habe ich eigentlich zu den Institutionen, sei es jetzt Kita, Schule oder auch später Hort eigentlich gute Erfahrungen gemacht. A. [der Sohn] wurde sehr gut betreut, also da kann ich überhaupt nichts Schlechtes sagen, da im Großen und Ganzen bin ich wirklich mit der ganzen Situation, so wie sie anfangs den Lauf nahm, war ich eigentlich zufrieden." Zurzeit fühlt er sich vom Jugendamt persönlich angegriffen: „Ja also um das total ehrlich auszusprechen, also äh in Verbindung jetzt mit Jugendamt oder aber auch

Gericht zwecks Anhörung empfand ich das für meine Begriffe schon negativ, weil so 'ne Schritte und so 'ne Wege, die man da gehen muss ja irgendwie so 'nen negativen Tatsch haben, also mit anderen Worten, fühle ich mich da, immer persönlich fühle ich mir da irgendwie angegriffen, als wenn ich jetzt laufend was verzapft habe oder der Junge oder wie was angestellt hat, und aus diesem Grunde haftet es irgendwie negativ. Ja also ... so, wenn man da vor Gericht erscheinen muss, das ist doch nichts Positives, ja gut, das Gericht sieht das vielleicht anders, um dem Kind zu helfen in irgendeiner Verbindung, aber jetzt, wenn man mit Freunden zusammensitzt und darüber redet und so, und die hören dann Anhörung und Gericht und so, das hat immer etwas Negatives mit sich. Und weil ich mir da auch irgendwie gar keiner Schuld bewusst bin, ja, wenn ich jetzt irgendwie, wenn weiß ich doch nicht, mein Junge wurde misshandelt und der kriegt nichts zu essen oder etc. ja, dass dann irgendwie jetzt hier das Jugendamt oder Gerichte aufmerksam werden und, und, und ... dass dann irgendwie Maßnahmen erfolgen müssen, aber das ist bei mir nie der Fall gewesen." Die Entziehungskur hat er ohne Druck gemacht: „Ja ich habe aus freien Stücken .... War in Ordnung bei der Therapie und gerade auch für meine Begriffe mit gut beendet. Ja also, wenn man da Zensuren verteilen würde und ich habe aber diese Therapie nicht ganz bis zum Schluss durchgezogen, sondern jetzt schon bezogen auf meine Wohnung zwecks Umzug und etc., aber im Großen und Ganzen war ich mit der Therapie zufrieden .... Nach der Therapie habe ich mich eben beim Jugendamt gemeldet und habe in Zusammenarbeit mit dem Jugendamt, haben sie dann auch veranlasst, eben das Jugendamt hat es veranlasst, dass ich dann praktisch zum Gericht erscheine äh zwecks Anhörung in Verbindung mit meinem Sohn, und dieser Termin wurde dann auch wahrgenommen, und dort habe ich dann gewisse Auflagen erteilt bekommen, die ich für meine Begriffe eigentlich gut erfüllt habe. Ich habe alles, sei es Umzug, sei es äh polizeilich ummelden, sei es mit der Schulleitung Kontakt aufzunehmen erst mal hier ..., wo A. momentan die Schule besucht, aber auch mit der Schulleitung in G. und ja auch mit Vermieter jetzt zwecks neuer Wohnung".

Für Herrn S. bildet neben dem Alkohol die Erziehung des Sohnes einen zweiten Belastungsbereich: „A. ist ein Kind, wo z. B. in den ersten drei Unterrichtsstunden voll bei der Sache ist, intensiv mitmacht, aber irgendwann lässt die Konzentration nach, und dann hat er nicht das richtige Interesse mehr. Also da fehlt dann, also er kann sich dann momentan, das ist aus der Situation heraus, er kann sich dann nicht mehr konzentrieren ... Die Stressprobleme im Moment sind wirklich die schulischen Leistungen von A. in der Schule."

Seine Mutter ist eine wichtige Stütze für ihn: „Meine Mutter spielt eine der wichtigsten Rollen im gesamten Zusammenleben, weil, sei es jetzt nach dem Tod meiner Ehefrau oder auch im Allgemeinen, wenn es, wenn es in irgendeiner Form Unterstützung bedarf, hat mir meine Mutter immer zur Seite gestanden und immer geholfen, und ich würde sagen, das ist eine der wichtigsten Personen im gesamten familiären Umfeld jetzt." Seine neue Partnerin soll das Kind gleichberechtigt miterziehen: „Grundsätzlich habe ich meiner Partnerin den gesamten Sachverhalt in unserer Vergangenheit und auch jetzt total ausgiebig erläutert und geschildert, und sie greift jetzt praktisch in der Erziehung völlig gleichberechtigt mit ein wie ich selber." Sie macht mit seinem Sohn täglich die Hausaufgaben, er ist „mehr so für den Teil zuständig, wenn es halt um Unternehmungen geht." Die Großmutter kocht.

Die Erziehung seines Sohnes beschreibt Herr S. folgendermaßen: „Streit in dem Sinne kann ich nicht sagen, aber wenn A. jetzt irgendwie in irgendeiner Form und sei es nur Kleinigkeiten, wenn A. versucht, in Anführungsstrichelchen mich zu belügen, hat es auch Konsequenzen. Mein Kind habe ich noch nie geschlagen, so lange, wie es lebt, noch nie und noch nicht mal eine Backpfeife oder so, aber unterm Strich muss er auch merken, und das weiß er schon ganz genau, dass wenn er irgendwie Dummheiten gemacht hat, oder aber es in der Schule Ärger gab, egal in welcher Form, dass er grundsätzlich dann auch mit Konsequenzen zu rechnen hat. Dann heißt es wirklich mal, heute Nachmittag geht es nicht runter, heut wird kein Fahrrad gefahren, heute wird nicht gespielt. Und eben aufgrund dessen, da er eben schlechte schulische Leistungen hat, dass er sich eben hinsetzt jeden Tag und wenn es nur eine halbe Stunde ist und übt." Aber die Sanktionen lassen sich im Alltag oft nicht aufrechterhalten: „Da gebe ich denn öfter mal nach und äh handle dann eben, gib ihm nicht so konsequente Strafen da auf äh ja, und wenn er, wenn er speziell z. B. seinen Willen nicht durchsetzen kann, ja und ich aber konsequent bleibe, heute gehst du mal nicht runter, dreht er sich um, weint und geht weg ... tut mir zwar im Herzen weh, aber äh manchmal muss es sein ... Ein guter Vater ist aber mitunter auch bestimmend also, dass ich mir eigentlich so vornehme oder was so meine Wünsche sind oder viele sind, dass ich da auch noch wirklich dran arbeite und dass ich dort auch nicht abweiche, das möchte ich erreichen und da bleib ich auch dann dran also und das will ich nicht aber eben, dass ich wirklich denn hart und ... viel an so was arbeite, bis ich das erreicht habe." Er möchte ein Vorbild für seinen Sohn sein: „Ganz besonderen Wert lege ich darauf, dass er irgendwann in der Lage ist, sich zu konzentrieren. A. ist ein Kind, wo z. B. in den ersten drei Unterrichtsstunden voll bei der Sache ist, intensiv mit macht, aber irgendwann lässt die Konzentration nach, und dann hat er nicht das richtige Interesse mehr. Also da fehlt dann, das ist aus der Situation heraus, er kann sich dann nicht mehr konzentrieren, und ich versuche daran zu arbeiten äh, indem ich ihm Aufgaben gebe, dass er intensiv da dran bleibt und hilfreich wird auch sein, dass er in naher Zukunft einen Sportverein besucht. Ja, dass er auch da durch den Trainer und so weiter und so fort, zu irgendwelchen Sachen angehalten wird, die ihm auch hilfreich sind."

Herr S. formuliert, vor allem in Bezug auf seinen Sohn, im Interview folgende Hilfeerwartungen und -vorstellungen: „Mehr Entlastung würde ich mir wünschen, dass A. halt auch nach der Schule, sei es im Hort oder wie auch immer, dass er speziell bezogen auf die schulische Leistung in irgendeiner Hinsicht von außen irgendwie gefördert wird ... Weil es gibt ja richtige Fachkräfte, gezielt, die da gezielt irgendwie entgegenwirken können, was ich jetzt aus rein psychologischer Sicht oder so was ja gar nicht so beherrschen kann wie so eine richtige Fachkraft ..., dass da gezielt

A. irgendwie in einer Richtung irgendwie, seine Schule beendet hat, äh, sagen wir mal 'ne Stunde oder auch zwei Stunden Ruhepause hat, und dass er dann gezielt vielleicht noch ein Stündchen, wenn auch nur zwei-, dreimal in der Woche, dass er gezielt in der Richtung, wo die Probleme anstehen, dass er da noch mal gezielt eben halt unterrichtet würde. Das wäre ein großer Wunsch." Für die Zukunft seiner Familie wünscht sich Herr S.: „Erstens mal, daran arbeite ich jetzt auch, dass ich wirklich gemeinschaftlich mit meiner Partnerin in der neuen Wohnung wohnen kann und dass es fast ... alles unter Dach und Fächer, das kann nicht mehr lange dauern, wird unmittelbar auch bald passieren, dann würde ich mir wünschen, dass A., dass A. wirklich ... 'ne Laufbahn einschlägt, wo ich jetzt sagen kann, vonseiten der Schule gibt es keine Probleme mehr und äh, dass er wirklich so mitarbeitet, wie alle anderen Kinder auch." Er möchte nicht wieder Probleme mit dem Alkohol bekommen, „dass es wirklich so bleibt, nicht nur mit Worten, sondern richtig gezielt auch so bleibt und ich meine von außen man kann, es ist ja kontrollierbar, ob einer nur trinkt, oder ob der wirklich normal sich benimmt wie ein normaler Familienvater." Fremde Hilfe, insbesondere eine Therapie, hält er nicht für sinnvoll: „Aber ... ich stolpere auf die fünfzig zu und glaube kaum, dass mir da in irgendeiner Form geholfen werden kann."

Die Konfliktlinie der Familien, die sich dieser Hilfethematik zuordnen lassen, verläuft, wie das Beispiel zeigt, zwischen dem „familiären Innenraum" und der „Außenwelt" der Familie, also zwischen Eltern und Institutionen, wie Schule, Jugendamt oder Familiengericht. Die Aufgabenstellung bezieht sich auf das Austarieren bzw. Neuaneignung von Selbst- und Fremdsichten in Bezug auf gesellschaftliche und familiäre Rollen, wobei gesellschaftliche Ansprüche an die Familienerziehung bzw. normative Erwartungen von Institutionen und eigene Lebensvorstellungen sowie Wünsche in Balance zu bringen sind. Im Hinblick auf diese Hilfethematik ergeben sich folgende jugendhilferelevanten Aufgabenstellungen: Identifizierung und Bewältigung aktueller Belastungsmomente, die das Eltern-Sein erschweren, professionelle Begleitung und Beratung im Bereich der Kindererziehung („coaching"), Klärung aktueller Erziehungsprobleme, Erarbeitung eines Erziehungskonzeptes und Reflexion seiner Umsetzungsmöglichkeiten im Alltag.

## 5.2 „Wer macht was in der Familie?" Klärung der Elternrollen und Zeitkonzepte im Hinblick auf die Verantwortlichkeiten und Aufgaben in der Familie

Bei dieser Thematik steht die Klärung der Aufgabenverteilung zwischen den Elternteilen und eine Verständigung in Bezug auf die elterlichen Rollen und Verantwortlichkeiten innerhalb der Familie im Vordergrund. Diesem Typ ließen sich 25 Familien zuordnen. Es handelt sich bei dieser Gruppe überwiegend um Zwei-Eltern-Familien. Auffällig ist, dass die Väter oder Mütter ihre Selbstverwirklichungswünsche durch kindbezogene Belastungen und familiäre Aufgaben in Frage gestellt sehen. Die Konfliktlinie verläuft bei diesem Typus zwischen dem einzelnen Elternteil und der restlichen Familie. Die Schwierigkeiten ergeben sich aus dem Versuch, eine Balance zu finden zwischen den eigenen Bedürfnissen und Erwartungen einerseits und denen der anderen Familienmitglieder anderseits. Da die Elternteile mit dem Konflikt unterschiedlich umgehen, entstehen Kommunikationsprobleme und Uneinigkeiten bezüglich der Verantwortlichkeiten und der Aufgabenverteilung im Haushalt. Für diese Schwierigkeiten werden aus der Sicht der Eltern folgende Situationen verantwortlich gemacht:

- Die Väter engagieren sich aus der Sicht der Mütter zu stark in der Familie – für die Mütter ergibt sich ein Problem der Selbstdefinition als Mutter (Konfliktthema 2.1)
- Die Väter sind abwesend, die Mütter sind teilweise selbst berufstätig, für die Kinder bleibt wenig Zeit (Konfliktthema 2.2)
- Die Väter wenden sich enttäuscht vom Familienleben ab, die Mütter verbünden sich mit Kindern, dies führt zu Paarkonflikten über Erziehung (2.3)
- Die Eltern bemühen sich gemeinsam um die Kinder, sie haben wenig Zeit für sich und für die für die Paarbeziehung (2.4)
- Die Eltern sind mit sich selbst und ihren Problemen beschäftigt und haben wenig Zeit für die Kinder (2.5)

Weil die Eltern aus ihrer Sicht Ungleichgewichtigkeiten im Hinblick auf innerfamiliale Verantwortlichkeiten, Zeitkonzepte und Aufgabenverteilung zum Thema machen, bestehen ihre Hilfeerwartungen darin, die Reflexion des Elternsystems zu unterstützen mit dem Ziel, die Kooperation zu verbessern bzw. neu auszutarieren oder einzelne Elternteile von Stressmomenten zu entlasten. Sie wünschen sich Hilfe bei der Abstimmung wechselseitigen Erwartungen im Elternsystem, aber auch bei der Entwicklung komplementärer Zeitkonzepte. Das Hilfethema ist die Passung und Vereinbarung von Familienverpflichtungen und individuellen Lebensentwürfen.

Bei den Selbstdeutungen der Eltern und Jugendlichen treten folgende Merkmale (Deutungsmuster) hervor: Der biografische Belastungsverlauf bei den Eltern verläuft eher episodisch, und zwar seit Familiengründung. Die aktuellen Belastungen sind kindzentriert. Die Zeitstruktur, das Zeitkonzept, wird als konkurrent beschrieben: Die Eltern oder die Kinder kommen mit ihren Bedürfnissen zu kurz. Als Fallbeispiel kann hier die Familie Kühl angeführt werden, deren Lebenslage weiter unten ausführlich beschrieben wird (vgl. Kap. 7).

Für das professionelle Helfersystem („Hilfen zur Erziehung") sind folgende Thematiken zu bearbeiten: Aufgabenverteilung in der Familie reflektieren, Klärung individueller Lebensentwürfe der Elternteile, Abstimmen wechselseitiger Erwartungen im Elternsystem unter Berücksichtigung der Erwartungen der Erwachsenen an sich selbst und ihre Partner.

## 5.3 „Welche Ressourcen habe ich als Mutter?" Wahrnehmung der Elternrolle unter besonders schwierigen individuellen Voraussetzungen

Zu dieser Hilfethematik zählen fast ausschließlich alleinerziehende Mütter (N=8). Sie haben aufgrund biografischer Belastungen und prekärer materieller Bedingungen Schwierigkeiten mit der Erziehung. Weil sie aber mit der Rolle als Mutter identifiziert sind, erleben sie das „Muttersein" als Lebenssinn und persönliche Herausforderung. Allerdings fällt die Erfüllung dieser Lebensaufgabe nicht leicht: Die biografischen Belastungen sind so extrem, dass sie die gegenwärtige Lebensführung beeinträchtigen. Armut und soziale Isolation haben teilweise zu einer resignativen Grundhaltung geführt.

Die Fallgruppe zeichnet sich durch folgende Kombination von Deutungsmustern aus: Die sozioökonomischen Rahmenbedingungen sind nicht ausreichend. Hinsichtlich der institutionellen Erfahrungen mit der Jugendhilfe überwiegt das Deutungsmuster „Leben mit professionellen Helfersystemen", d. h., es besteht schon seit längerer Zeit ein Kontakt zu professionellen Helfern. Die Hilfe bezieht sich dabei auf mehrere familiäre Subsysteme, also auf Erwachsene und Kinder. Die Unterstützung durch informelle Helfersysteme beschränkt sich auf eine wichtige Bezugsperson (einen „signifikanten Anderen"). Die aktuellen Belastungen sind erwachsenenzentriert. Bei der Beschreibung der familiären Arbeitsteilung dominiert das Deutungsmuster „Dynamik schwach und personenzentriert", d. h., die familiären Aufgaben sind auf eine Person – meist auf die Mutter – festgelegt. Die Betroffenen sind überwiegend sowohl mit ihrer Mutterrolle als auch in beruflicher Hinsicht unzufrieden. Partnerschaft und Intimität unter den Erwachsenen und die Erfüllung familienbezogenen Aufgaben erscheinen als unvereinbar. Die Intimität unter den Erwachsenen wird eher negativ bewertet bzw. allgemein auch als negative Erfahrung (aus der Vergangenheit) beschrieben. Die Erwartungen an die professionellen Helfersysteme sind hoch.

Für die Frauen bildet fast ausschließlich die Mutterrolle die Lebenserfüllung. Sie sind mit einem Lebensprojekt identifiziert, auf das sie aufgrund ihrer Lebensumstände verwiesen sind. Die Mutter-Rolle bietet Möglichkeiten zur Erhaltung eines positiven Selbstbildes, und gleichzeitig birgt dies die Gefahr der

Überforderung der Beziehung zwischen Mutter und Kind in sich. Besonders die Ablösungsprozesse der Kinder oder das Absprechen mütterlicher Kompetenzen durch Institutionen hat bei den betroffenen Frauen eine tief greifende Lebenskrise zur Folge. Die zentrale Konfliktlinie ergibt sich bei diesen Familien aus dem Spannungsverhältnis zwischen dem Selbstkonzept bzw. den eigenen hohen Erwartungen an die Mutterrolle und den schwierigen Lebens- und Erziehungsbedingungen, wie der folgende Fall (W1–5) zeigt:

> Frau W. ist alleinerziehend. Sie lebt mit ihrer jüngsten Tochter zusammen in einer Wohnung. Sie ist eines von 11 Kindern aus der zweiten Ehe ihrer Mutter. Sie selbst wuchs gemeinsam mit einer ihrer Schwestern in einem Heim auf. Im Alter von 12 Jahren muss sie zu ihrer Mutter zurück, die zu dieser Zeit wieder verheiratet ist. Nach dem sexuellen Missbrauch durch ihren Stiefvater wird sie im Alter von 13 Jahren schwanger. Das Kind ist schwer krank und stirbt im Alter von acht Monaten. Frau W. muss darauf wieder in ein Heim. Sie erzählt hierzu: „Meine Mutter hatte nichts Besseres zu tun gehabt, als mich wieder ins Heim zu stecken. Und so war mein Leben eben davon geprägt, immer zu sehen, dass ich durchkam." Mit etwa 20 Jahren macht sie eine Ausbildung zur Krankenschwester und lernt ihren ersten Mann [Herrn S.] kennen. Der stirbt vor der Geburt ihres ersten Kindes durch einen Unfall. Mit Ihrem zweiten Mann [Herrn W.] ist sie 20 Jahre lang in Kontakt. Während dieser Zeit leben sie vier Jahre zusammen. Herr W. ist bei einem Bauunternehmen beschäftigt und während der Woche auf Montage. In dieser Beziehung kommt es immer wieder zu Trennungen, zum Schluss auch deshalb, weil Herr W. alkoholabhängig ist. Frau W. sagt hierzu: „Wir waren auch nur vier Jahre verheiratet. Aber ich musste aus dieser Struktur raus, weil ich merkte, jedes Mal kam die Angst wieder und wenn er Sonntagabend gegangen ist, habe ich sofort, 'ne Tablette genommen und habe dann H. angerufen, musste erst mal erzählen, weil ich sonst Herzrasen gekriegt habe und Atemnot und alles Mögliche." Aus der Ehe gingen zwei Kinder hervor, M. und N. Nach der Scheidung erkrankt Herr W. an einem Hirntumor. Insgesamt sieht Frau W. ihr Leben als eine Art Kampf, sie sagt: „Und so war mein Leben eben davon geprägt, immer zu sehen, dass ich durchkam."
>
> Im Jahr 1996 macht ein Kinderarzt Frau W. auf die verzögerte Entwicklung ihrer Tochter N. aufmerksam. Frau W. war zu dieser Zeit tablettenabhängig und konsumierte Drogen. Die Aussage des Kinderarztes „... mit ihnen stimmt etwas nicht ...", so Frau W., habe etwas bei ihr ausgelöst und war der Anstoß, ihr bisheriges Leben zu überdenken: „Mensch, klar, stimmt ja sowieso einiges nicht. Da hat sich dann mein Leben total verändert. Ich habe überlegt, ..., Mensch ich brauch' irgendeine Hilfe, ich weiß nicht wie." Frau W. habe sich schließlich auf den Rat der Freundin hin sich an das Jugendamt gewandt mit der Bitte um Hilfe. Daraufhin wurde eine sozialpädagogische Familienhilfe (SPFH) eingeleitet, die Frau W. bei der Erziehung und Versorgung ihrer Kinder unterstützen sollte. Darüber hinaus entschied sich Frau W. für eine Entgiftung. Während mehrfacher stationärer Aufenthalte von Frau W. wurde ihre Tochter N. bei Pflegefamilien untergebracht. Die 15 Jahre alte Toch-

ter M. war zu diesem Zeitpunkt schon heroinabhängig und zog während der laufenden Familienhilfe aus der Wohnung ihrer Mutter aus. Der ebenfalls drogenabhängige Sohn T. war zu dieser Zeit schon ausgezogen. Frau W. gelang es aber, zu ihrer Tochter M. den Kontakt zu halten. Ihren Sohn T. sieht sie etwa alle zwei Jahre einmal.

Die sozialpädagogische Familienhilfe zog sich über mehr als drei Jahre hin. Die Auffälligkeiten ihrer Tochter N. (gestörtes Essverhalten, Einnässen, wenig soziale Kontakte zu gleichaltrigen Kindern, Rückzug, extreme Bindung an die Mutter) war der Anlass für Frau W., sich erneut an das Jugendamt zu wenden. N. wurde daraufhin in einer Tagesgruppe aufgenommen. Der Verlauf der Maßnahme wurde im ersten Hilfeplangespräch von allen Beteiligten als sehr hilfreich dargestellt. Frau W. ist vor kurzem in eine neue Wohnung gezogen und will ihre eigene Therapie weiter führen.

Die Erfahrungen mit dem Jugendamt, insbesondere die Hilfen, werden von Frau W. als durchweg positiv empfunden. „Ich hatte mit diesem Jugendamt hier in W. nur positive Erfahrungen gemacht. Also ich habe jede Hilfe bekommen, wenn ich sie verlangt habe ... Das Schöne ist halt auch bei dem Jugendamt, dass ich anrufen kann, jeden Tag, ist egal wann. Ich selber habe noch nie erlebt, dass mir einer dumm gekommen ist, weil ich denke, das liegt auch an jedem selber, 'ne, es kommt ja immer darauf an, wie gebe ich mich, wie stelle ich mich dar." Frau W. erzählt: „... dann kriegte ich Frau M. und ich muss sagen, den ersten Moment wo ich Frau M. sah, da war das schon bei mir so, äh, aber eine Familienhilfe mit Jeans und T-Shirt fand ich aber genial, ich hatte es mir so vorgestellt; Jugendamtsperson mit Rock, fein gekleidet und was weiß ich, aber da kam dann auch so eine Frau mit Power und das gefiel mir auch." Aus der Maßnahme geht eine intensive Freundschaft zwischen Frau W. und Frau M. hervor, die bis heute besteht.

Die verzögerte Entwicklung von N. und ihr – bis heute andauerndes schwieriges Essverhalten – ist für Frau W. eine Belastung. Die Familienhelferin hatte große Schwierigkeiten, das Essverhalten von N. und ihrer Mutter zu ändern. Auch heute gibt es immer wieder Konflikte zwischen Frau W. und ihrer Tochter, wenn es um das Essen geht. Eine weitere Schwierigkeit ist das Schlafverhalten von N., da sie immer erst spät abends zwischen 22:00 und 22:30 Uhr zu Bett geht. Der Schlaf, so Frau W. fehle ihrer Tochter, und sie wisse nicht, wie sie das ändern solle. Frau W. gibt sich selbst die Schuld an diesem Verhalten ihrer Tochter. N. wurde außerdem beim Klauen in Geschäften erwischt, wodurch sie Kontakt mit der Polizei bekommt. Frau W. nimmt die Schuld für Ns. Verhalten in dieser Sache auf sich.

Frau W. straft in der Erziehung ihrer Tochter nicht, da sie selbst mit Strafen negative Erfahrungen hat. Frau W. meint, dass es an ihrer Erziehung liegt, wenn N. ein Fehlverhalten zeigt: „Das war jetzt mal kurz vor Weihnachten und ich weiß, dass das ein Stück Fehlerziehung ist, bin aber nicht dahintergekommen, woran es liegt." Frau W. versucht, offen und ehrlich mit N. zu reden und ihrer Tochter klarzumachen, was sie falsch macht oder wo sie ihre Verhaltensweisen ändern kann. Frau W. zeigt ihrer Tochter auch, wie wichtig sie ihr ist: „Ja, eben immer wieder klar machen, dass sie für mich wichtig ist und dass ich für sie da bin und wenn sie etwas braucht, sie mich ehrlich darauf anspricht. Ich kann entweder ja oder nein sagen." Frau W. versucht, ihrer Tochter mögliche Konsequenzen deutlich zu machen, die aus ihrem Verhalten resultieren. Für N. sei es wichtig, so Frau W., dass die Versprechen ihrer Mutter auch von dieser eingehalten würden. Das merke und brauche N. Im Moment sei sie mit der Erziehung ihres Kindes aber zufrieden.

Frau W. sieht sich zurzeit selbst als fürsorgliche und liebevolle Mutter. Sie beschreibt sich als einen Gefühlsmenschen, dem die Angelegenheiten ihrer Tochter „an die Nieren" gehen. Zum Verantwortungsgefühl als Mutter äußert sie sich so: „Ich meine, gut. Ich habe ja auch ein Stück meinen Anteil daran, und wenn ich als Mutter mich darum bemühe und möchte aber auch, dass aus meinem Kind was wird oder dass ihm geholfen wird, und da muss ich schon als Mutter losgehen – ja." Sie hat sich vorgenommen, trotz aller schwierigen Lebensumstände durchzuhalten, „... weil ich gedacht habe, Mensch ich muss am Fahren bleiben." Die Verantwortung für ihr Leben zu übernehmen beschreibt Frau W. auch damit, dass sie nicht die Schuld auf andere abschieben könne, und dass sie selbst etwas für die Verbesserung ihrer familiären Situation tun müsse. Frau W. möchte N. eine normale Familie mit einem durchschnittlichen Einkommen „... nicht zu viel und nicht zu wenig ..." schaffen, solange N. bei ihr lebt. In der neuen Wohnung haben Frau W. und ihre Tochter N. separate Zimmer. Diese Räume und Grenzen zueinander bräuchten sie auch, um aufeinander zuzugehen, so Frau W. Die Wohnung bietet Frau W. auch die Möglichkeit, „durchzuatmen", wenn es ihr schlecht geht, da die Wohnung einen Balkon hat, den sie nutze, wenn sie Luft brauche.

Insgesamt sieht Frau W. ihr Leben auch heute noch als Kampf, sie sagt z. B. in Bezug auf die Befristung der Halbweisen- und der Erziehungsrente ihrer Tochter N.: „Und danach muss ich dann sehen, wie geht es weiter, wie fühle ich mich und wie kann es weitergehen. Das ist heftig." Sie sei auch heute noch eine vorsichtige Person, wenn es darum gehe, sich auf andere Menschen einzulassen. Die Ängste aus der Vergangenheit seien zwar auch noch präsent, aber sie arbeite an deren Beseitigung. Mit einem Partner wolle sie nicht noch einmal zusammenziehen, es sei denn, man komme gemeinsam in einer Wohn- und Lebensgemeinschaft unter. Die negativen Erfahrungen ihrer vierjährigen Ehe haben ihre Meinung zur Ablehnung einer gemeinsamen Wohnung geprägt. (W1–5)

Wie an diesem Beispiel deutlich wird, stellt für die professionellen Helfersysteme (Jugendhilfe) die Aufarbeitung der Biografie, die Ermutigung und Stärkung des Selbstwertgefühls und die Förderung der Kontakte in der Nachbarschaft bzw. Einbindung in außerfamiliäre soziale Netzwerke eine wichtige Aufgabenstellung dar. Dazu gehört auch das Erarbeiten von Lebensperspektiven über das „Mutter-Sein" hinaus, aber auch die Unterstützung der Erziehungskompetenzen und eines reflektierten Umgangs mit der eigenen Mutter- und Frauenrolle. Aber auch Hilfen bei der alltäglichen Lebensbewältigung, insbesondere bei Krisensituationen, erscheinen notwendig. Aufgrund der Belastungen sind die Lebensumstände und psychischen Befindlichkeiten häufig labil.

## 5.4 „Rauskommen“ Wunsch nach Entlastung von der Elternrolle und Beseitigung von Armut durch berufliche Integration

Auch dieser Thematik lassen sich überwiegend alleinerziehende Mütter zuordnen (insgesamt 17 Familien). Sie sind unzufrieden mit ihrer materiellen Situation und mit der Rolle als Alleinerziehende. Die betreffenden Frauen orientieren sich im Unterschied zu der letzten Gruppe jedoch über den Bereich des Haushalts und der Familie hinaus. Soziale Integration und ein besseres Selbstwertgefühl vermitteln sich für sie über Erwerbstätigkeit. Eine zentrale Aufgabenstellung besteht ihren Darstellungen zufolge in der Überwindung materieller Not. Dafür verfügen die betroffenen Frauen zumeist jedoch über nur geringe oder wenig gefragte Qualifikationen, was mit ihren vielfach stark belasteten und oft ungewöhnlichen Lebensverläufen verbunden ist, oder sie leben in besonders strukturschwachen Regionen Deutschlands.

Die gemeinsamen Merkmale dieser Gruppe lassen sich folgendermaßen beschreiben: Der Verlauf der biografischen Belastungen ist durchgängig seit der Kindheit; der Kontakt mit professionellen Helfersystemen zieht sich durch die ganze Biografie. Die innerfamiliäre Arbeitsteilung wird als wenig dynamisch gesehen, sie konzentriert sich auf eine Person. Die familiäre Zeitstruktur ist kindzentriert. In der Kindererziehung überwiegt das Muster „Kinder brauchen Liebe – aber mir wächst alles über den Kopf“. Die Mütter haben eine eher selbstkritische Haltung in Bezug auf die Selbstzufriedenheit; sie besteht nur in einem Bereich (Berufs- oder Familienleben). Partnerschaft und Elternschaft werden als nicht vereinbar beschrieben; die Erfahrungen mit Intimität in Partnerschaften werden überwiegend negativ gesehen. Die Betreffenden stellen an die professionellen Helfersysteme eher hohe Erwartungen. Die eigene Reflexion hinsichtlich der familiären Probleme ist eher gering ausgeprägt: Die professionellen Helfer sollen kompensativ wirken.

Bei dieser Gruppe ergibt sich eine Konfliktlinie in der Spannung zwischen beruflichen Selbstverwirklichungswünschen und gesellschaftlich bedingten Realisierungsmöglichkeiten. Soziale Integrität und Lebenssinn erfüllen sich über die Integration in den Arbeitsmarkt. Auch in der Erziehung der Kinder stellt diese Lebensperspektive eine zentrale normative Erwartung dar. Materielle Gleichheit mit den Altersgenossen, schulische Erfolge und Ausbildungsmöglichkeiten bilden zentrale Erziehungsziele, wie das folgende Beispiel zeigt:

Frau E. ist 43 Jahre alt, sie ist geschieden und lebt mit ihren drei Töchtern in einer 85 qm-Wohnung. A. ist 15 Jahre alt, B. 11 Jahre und Tochter C. wurde gerade sieben Jahre alt.

Frau E. ist in der ehemaligen DDR geboren. Sie besuchte acht Klassen der Sonderschule für Lernbehinderte (sie habe damals auch Sprachprobleme gehabt), absolvierte dann eine zweijährige Ausbildung als Gärtnerin und arbeitete danach im selben Betrieb. Aufgrund eines Unfalls und der nachfolgenden Knieprobleme, wechselte sie in einen Stanzereibetrieb. Da dieser Betrieb „pleite machte", musste sie ihr Metier wechseln und arbeitete in einer Großküche, „in vier Schichten". Das Elternhaus von Frau E. war streng, es gab viele Schläge. Ihr Stiefvater missbrauchte sie, als sie zwischen 13 und 14 Jahre alt war, während ihre Mutter eine Spätschicht auf der Post arbeitete. Die Geschwister wussten davon, unternahmen jedoch nichts dagegen. Ihrer Mutter hatte sie „nichts davon erzählt ... nur der Oma und den Nachbarn". Sie zog aufgrund dessen (wann genau ist unklar) zu ihrer „Oma". Bis heute hat sie noch keinen richtigen Kontakt zur Mutter. Als Frau E. 28 Jahre alt war, starb ihre Großmutter und sie lebte zum ersten Mal in einer eigenen Wohnung. Sie lernte einen Mann kennen, mit dem sie zusammenlebte. Nach der Geburt ihrer Tochter A. blieb sie ein Jahr zu Hause, danach nahm sie wieder ihre Arbeit auf.

In der Partnerschaft habe sie „böse Erfahrungen" gemacht, ihr Partner habe sie mit ihrer Halbschwester betrogen und ihrem Kind „wehgetan". Daher flüchtete sie mit ihrer kleinen Tochter 1990 in den Westen. Dort lernte sie einen Mann kennen, vier Monate später heirateten sie: „... da hatte ich auch Pech gehabt ... ich war acht Tage verheiratet, ja und der Mann hatte damals die A. auch ins Gesicht misshandelt ... da bin ich ins Frauenhaus gegangen." A. sei zu dem Zeitpunkt dreieinhalb Jahre alt gewesen. Die weitere Lebensgeschichte fasst Frau E. folgendermaßen zusammen: „Ich bin dann geschieden, verwitwet. Ich habe einen ausländischen Mann gehabt, der hieß E. Ich habe dreiundneunzig geheiratet und habe die B. bekommen. Habe auch Pech gehabt mit der Ehe, bin ich nach F. geflüchtet ..." F. ist eine größere Stadt in einem westlichen Bundesland; dorthin sei sie geflohen, weil die Geschwister ihres Mannes ihr sonst B. „weggenommen" hätten. Sie habe es dann mit ihrem Mann noch einmal „versucht", es sei „nicht gut" gegangen. Dann sei eine Familienhilfe für sie organisiert worden, die sie vier Jahre lang in Anspruch nahm. Tochter C. ist in dieser Zeit geboren worden. Durch eine Annonce lernte sie nach der Scheidung einen anderen Mann kennen, der am aktuellen Wohnort lebt, und mit dem sie dann zusammenzog. „Leider auch Pech gehabt" – ein Jahr lang sei alles gut gegangen: „Er hat sich hinterher ... alles entpuppt, auch 'n Alkoholiker ... Arbeit verloren". Darunter hätten auch die Mädchen gelitten: „Sie haben's auch nicht verkraftet, wenn er getrunken hat ...". Sie habe sich nach der Trennung dennoch entschlossen, am Wohnort zu bleiben; dann habe sie „wieder Schwierigkeiten gehabt mit der A., da hab ich gesagt, ich schalte noch mal Familienhilfe ein".

Tochter A. geht auf eine „Sprach- und Lernbehinderten-Schule", die sie seit der 5. Klasse besucht. Sie macht im nächsten Jahr ihren Abschluss und könnte vielleicht in dem Betrieb X übernommen werden. Frau E. ist Hausfrau. Monatlich stehen ihr 1600 Euro zur Verfügung. Die Miete zahlt das Sozialamt (100 Euro müsse sie selbst beisteuern), sie selbst bezieht „UVG" und erhält für ihre beiden Töchter B. und C. Waisenrente. Das Geld ist manchmal knapp, wenn die Kinder z. B. Klassenfahrten machen und sie das Geld dafür auslegen muss, welches sie aber später dann vom Sozialamt zurück bekommt. Einen Kino-Besuch könnten sie sich gegenwärtig nicht leisten. Mit ihrer Wohnsituation ist sie zufrieden, „hier wohnen türkische Familien, aber die machen keine Probleme". Sie würde gerne wieder arbeiten, jedoch ist die Arbeitssituation schwierig und es findet sich keine Arbeitsstelle: In der Gegend sehe es „schlecht aus".

In Zusammenhang mit einem der Aufenthalte im Frauenhaus (vermutlich dem 2.) wurde von dort aus eine Familienhilfe organisiert, die über vier Jahre lief. Frau E. beantragte aufgrund der positiven Erfahrungen durch die Familienhilfe in G. eine erneute Hilfestellung (Auslöser seien „Schwierigkeiten mit A." Die Familie wird seitdem betreut. Seit kurzer Zeit ist nun Frau D. für die Familie zuständig. Mit ihr kommt Frau E. nicht so gut zurecht, da sie „gern alles allein machen möchte", und sie nun selbst die Ausgaben für Unternehmungen tragen muss; das verstehe sie nicht. Auch die Kinder seien besser mit Frau V. zurechtgekommen. Frau E. sagt: „Ich habe bis jetzt alles durch ... Familienhilfe soweit alles geschafft und ich habe auch zu Frau S. damals gesagt, ich brauche keine Familienhilfe mehr, ich schaffe das alleine ... die sollen Familien helfen, wo's wirklich angebracht ist".

Frau E. hat kaum Außenkontakte. Zu ihrer Mutter hat sie nur noch geringen Kontakt. Unterstützung von außen erfährt sie ausschließlich von Frau D., die einmal in der Woche zu ihr nach Hause kommt und von der Betreuungseinrichtung der Kinder. Die Kinder müssen im Haushalt mithelfen, jedoch gibt es keine genaue Aufgabenverteilung, sondern es wird alles gemeinsam gemacht. Die Kinder müssen ihre Zimmer selbst aufräumen, wobei es manchmal Schwierigkeiten mit A. gibt. Sie nehme sich viel Zeit für die Kinder: Gemeinsame Zeiten zu viert gebe es im Garten oder bei Spaziergängen; das sei für sie auch „genau richtig" so.

Frau E. legt Wert darauf, dass ihre Kinder nicht so frech sind; „sonst hab ich keine Probleme". Sie lässt bei ihren Kindern zwar einiges durchgehen, jedoch wenn das Maß voll ist, dann sagt sie auch, „das gibt's nicht". Insgesamt ist sie aber immer für ihre Kinder da. Als Strafe („wenn sie irgendwas nicht richtig machen") erteilt sie Fernsehverbot oder Hausarrest. Ihre eigene Erziehung war rigide und mit vielen Schlägen geprägt, jedoch gibt sie den Kindern nur selten mal einen „Klaps". Sie sagt aber auch, sie sei als Mutter „zu streng". Die Hausaufgaben müssten ordentlich gemacht sein; bei A. sei die Sauberkeit (im Zimmer und bezüglich der Kleidung) ein Thema. Sie möchte anders erziehen als ihre Eltern, deshalb erteilt sie lieber Hausarrest und Fernsehverbot, als die Kinder zu schlagen. Frau E. habe ihren Kindern viel beigebracht, wie z. B. Kochen, Backen, die Wohnung sauber zu halten und den Garten zu versorgen. Sie achte darauf, dass ihre Kinder ordentlich sind, denn dies bräuchten sie für später. Bei den Hausaufgaben unterstützt sie sie.

Sie wünscht sich für ihre Kinder, dass sie einen vernünftigen Beruf lernen und dass sie ihren Abschluss machen. Frau E. sieht sich als Mutter einerseits „schon richtig, wenn ich manche Eltern sehe ... die Kinder dürfen da alles machen." Wenn sie ihr Leben überdenkt, hätten ihre Beziehungen besser laufen können, allerdings verbindet sie dies auch mit dem Missbrauch ihres Stiefvaters (s. o.). Auf die Frage, was ihr die Familie bedeute, sagt sie: „Ich wünsche, dass es meiner Familie gut gehen soll". Sie sagt, sie würde gerne arbeiten. (W1–27)

Wie das Fallbeispiel zeigt, ist die berufliche Integration ein großer Wunsch der Eltern. Für das Jugendhilfesystem ergeben sich folgende Aufgabenstellungen:

- Der Wunsch, „rauszukommen", sollte positiv aufgegriffen werden, unabhängig von der gegenwärtigen Bewältigung der Mutterrolle,
- Entwicklung von Berufsperspektiven, Eröffnen sinnvoller Tätigkeiten im außerhäuslichen Bereich,
- Entdeckung beruflicher und persönlicher Kompetenzen, Stärkung der Persönlichkeit,
- Sensibilität für den Wunsch der Mütter, ihren Kindern ein besseres Leben zu ermöglichen,
- Hilfe bei der Koordinierung von Beruf und Familie.

## 5.5 „Können wir gute Eltern und gute Partner sein?" Vereinbarkeit von Intimität in der Paarbeziehung und Eltern-Kind-Beziehung

Charakteristisch für diese Hilfethematik ist eine Konfliktlinie, die an der Nahtstelle von Partnerschaft und Elternschaft verläuft (vgl. Tab. 32). Die Eltern bemühen sich sowohl um eine gute Erziehung der Kinder als auch um eine gelungene Partnerschaft. Beides in ein befriedigendes Verhältnis zu bekommen, stößt aus der Sicht der Beteiligten auf Schwierigkeiten. Diese Hilfethematik trifft in erster Linie auf die reorganisierten Familien bzw. „Familien im Übergang" zu. Die Familiengründung ist noch relativ frisch. Die Paare sind noch in der Selbstfindungsphase. Gleichzeitig werden sie von den Kindern und Stiefkindern in der Rolle als Vater oder Mutter gefordert. Die Eltern stehen also vor einer doppelten Aufgabe, nämlich einerseits Erwartungen an Intimität in der Partnerschaft wechselseitig abzustimmen und andererseits in der Rolle als Vater oder Mutter zusammenzuwirken, um den Bedürfnissen der Kinder gerecht zu werden. Die Intimität in der Paarbeziehung scheint aber aus der Sicht der Eltern in Konflikt mit dem Eltern-Kind-System zu geraten. Unterschiedliche wechselseitige Erwartungen im Elternsystem und im Eltern-Kind-System, problematische Verhaltensweisen der Kinder führen zu Konflikten. In den Interviews wird diese Schwierigkeit häufig als „Zeitproblem" umschrieben: Entweder haben die Eltern wenig Zeit für die Kinder, oder, wie bei dem folgenden Fallbeispiel, sind die Eltern mit den Erziehungsaufgaben derart unter Stress gesetzt, dass sie für sich keine Zeit haben:

Im Haushalt wohnen Frau W. (37), ihr Lebensgefährte Herr B. (43) sowie N. (10), ein Sohn von Frau W. Die Familie wird durch eine Sozialpädagogische Familienhilfe unterstützt: Frau W. wurde als Tochter eines Maurers und einer Hausfrau geboren. Sie gibt an, dass ihre Mutter verstorben sei, als sie noch ein Kind gewesen sei. Frau W. ist gelernte Friseurin. Sie habe mit 22 Jahren geheiratet. Von diesem Mann habe sie zwei Kinder bekommen. Sohn N. ist zum Zeitpunkt des Interviews 10 Jahre alt und Sohn K. ist 13 Jahre alt. Frau W. ist von ihrem ersten Mann geschieden. Zum jetzigen Zeitpunkt glaubt Frau W. damals zu früh geheiratet zu haben: „Ich hätte nicht so früh heiraten sollen. Da hätte ich etwas warten müssen, warten können zumindest." Sohn K. lebt nach der Scheidung seiner Eltern bei dem Vater, Sohn N. lebt bei Frau W. und ihrem Lebensgefährten, Herrn B. Frau W. erklärt im Interview, dass sie zurzeit keinen Kontakt zu Sohn K. habe: Ihr Mann habe ihn ihr „weggenommen". Frau W. und Herr B. haben sich in einer Kleinstadt kennengelernt, als Frau W. dort bei ihrer Schwester Urlaub machte. Herr B. sieht die damalige Situation so: „... ja und jedenfalls war da mit ihrem Mann schon nüscht mehr richtig. Und ist schon geschlagen worden." Nach der Trennung von ihrem Mann ist sie mit Herrn B. zusammengezogen.

Herr B. ist in O. geboren und lebt seit seiner Geburt dort. Er gibt an, dass sein Vater verstorben sei und seine Mutter in einem Altersheim ca. 30 km entfernt lebe. Das Verhältnis zwischen Herrn B. und seinen Eltern sei schwierig gewesen. Herr B.: „Also bei meinen Eltern da ging das 'nen bisschen ganz schön grob zu." Er habe Kfz-Schlosser lernen und mit einem Freund von zu Hause ausziehen wollen, seine Mutter habe ihm da „Steine in den Weg gelegt". Er begann dann eine Lehre als Schreiner, die er letztlich abgebrochen habe, und zu dem Zeitpunkt habe er seine erste Partnerin kennengelernt, mit der er sieben Jahre lang zusammengelebt habe; deren Kinder habe er „auch quasi mit großgezogen. ... Auf Montage war ich auch sechs Jahre oder sieben ... Und danach war Schluss, bin ich arbeitslos geworden. Wo ich arbeitslos war, sollt 'nen Lehrgang machen, musst ich den unterbrechen. Ging das mit meiner Krankheit los, konnt' ich auf einmal nicht mehr laufen und das vom Kreuz usw. Und deswegen darf ich jetzt auch nicht mehr alles machen und bin deswegen auch nicht vermittelbar überall."

Frau W. arbeite zurzeit täglich als Zeitungsausträgerin, bei dieser Tätigkeit helfe ihr Herr B. Zusätzlich arbeite sie noch anderweitig. Herr B.: Er sei derzeit arbeitslos und aufgrund gesundheitlicher Probleme auch „schlecht vermittelbar": „Also, gesundheitlich darf ich auch nicht mehr alles machen und deswegen krieg' ich auch schlecht Arbeit." Das monatliche Einkommen beträgt ca. 1000 Euro. Frau W. und auch Herr B. geben an, dass sie mit dem monatlich zur Verfügung stehenden Geld einigermaßen zurechtkommen würden: Frau W.: „Jein"; Herr B. sagt, es sei „etwas zu knapp", alles werde ja auch teurer.

Frau W. berichtet im Interview, dass sie sich nach der Trennung von ihrem Mann sehr gut vom Jugendamt unterstützt gefühlt habe. Frau W.: „Da haben sich die Ämter sehr gut eingesetzt." Frau W.: „Also wie gesagt, der Herr H. unterstützt uns sehr gut ... Wenn irgendwas ist, da ist er da und fährt auch ... das Jugendamt unterstützt mich ... damit die Beziehung zwischen mir und N. stärker wird und halt damit die Familie eine richtige Festigkeit kriegt." Auch Herr B. ist mit der Familienhilfe zufrieden. Herr B.: „Ja gut, wir konnten in dem Moment, wenn man 's so will, wenn wir nicht reden könnten, hätten wir ja alles bei uns reingefressen. So haben wir darüber gesprochen."

Die Geschwister von Frau W. und Herrn B. sowie Freunde von ihnen wohnen ebenfalls in O.

Beide erklären im Interview, dass sie keine familiären Probleme nach außen tragen würden und auch keine Hilfe von Freunden oder Verwandten bekommen würden. Frau W.: „Also, was jetzt das Familienleben betrifft – eigentlich nein. Und das will ich auch gar nicht, dass sich Freunde, Verwandte oder so einmischen." Herr B.: „Nein, nein, das hab ich nicht, die mir helfen. Die kämen auch gar nicht mit ihm zurecht." Zur Nachbarschaft hätten sie wenig Kontakt. Frau W. empfinde das Umfeld „im Großen und Ganzen ... eigentlich sehr gut."

Frau W beschreibt N. als ein „Problemkind". Es gebe aber Streit wegen ihm in der Familie: „Wenn wir nicht wissen, was mit N. los ist und N. uns selber durcheinander bringt"; dies führe dann auch zu Streit zwischen ihr und Herrn B. Aus einem Streit des einen mit N. ergebe sich oft ein Streit zwischen ihnen [Herrn B. und ihr]. Es gebe zu wenig Gelegenheit, mit ihrem Partner Dinge zu besprechen, es fehle insgesamt die gemeinsame Zeit. Herr B: „Im Moment is' schwierig, also gerade wegen N. Da haben wir im Moment nicht viel Zeit. Wegen seinen Problemen hatten wir in dem Moment ja auch viel Probleme. Und da brauch' – manchmal, wenn man seine Ruhe haben will, da kann man sich am Liebsten auf die Couch legen und muss erst mal seine Nerven sammeln. So mach ich das und auch meine Frau, können wir manchmal, komm' wir selber manchmal net, können wir net zusammen reden, gar nix. Da is' sie meistens schon so kaputt dann, dass sie auch manchmal noch mal 'ne Stunde einschläft. Das zerrt ganz schön an den Nerven ... Also manchmal is' man so fertig, also und weil man gerade die Nerven alle so zusammenreißen muss und kann net immer hoch gehen." Daraus ergebe sich auch immer wieder Streit zwischen Frau W. und ihm: „... das steckt dann auch an und wenn er jetzt Stress macht, dann wird sie (Frau W.) auch stressig". Somit sei er auch mit seiner Rolle als Vater unzufrieden: „... is' im Moment sehr stressig, damit bin ich nicht zufrieden. Da könnt ich manchmal auch bald in die Luft gehen, muss mich aber zusammenreißen." Während Frau W. mit der familiären Arbeitsteilung zufrieden ist, ist Herr B. damit unzufrieden, dass N. nur äußerst selten im Haushalt hilft.

Nach Aussage von Frau W. sei sie sich bei der Erziehung von N. mit ihrem Partner einig. Allerdings gibt Frau W. an, dass es manchmal zum Streit zwischen ihr und ihrem Lebensgefährten komme, wenn sich einer von beiden in die Erziehung des anderen einmische. Frau W. empfindet sich als „... streng, aber auch lieb." Außerdem verhätschele sie N. manchmal. Wenn N. Verbote überschreite, d. h. Sachen zerstöre, Schimpfwörter benutze oder nicht höre, würde Frau W. mit ihm darüber reden und erteile zur Strafe Fernsehverbot oder Stubenarrest. Allerdings reagiere sie nicht immer gleich. Frau W.: „Da bin ich, das ist manchmal unterschiedlich. Das kommt auch auf meine Situation drauf an, wie ich mich fühle, wie ich gelaunt bin." Frau W. hofft, dass N. von ihr lerne, ehrlich und höflich zu sein sowie Fehler einzustehen. Sie möchte erreichen, dass „... N. eigentlich auch weiß, dass ich es gut meine mit ihm und dass nicht böse. Dass ich auch eigentlich 'ne gute Mutter für ihn sein will." Erschwert werde ihr die Erziehung im Moment durch ihren Ex-Mann, der beeinflusse den N. und „macht halt dadurch meine Erziehung, die ich bisher angewendet hab, dadurch etwas zunichte".

Herr B. sieht bei seiner Frau eine Veränderung in der Erziehung: „Also, am Anfang war's e wenig kriminell, da kam sie ja überhaupt nicht so richtig zurecht. Aber ja hat sich gut gefangen und is' eigentlich sehr gut jetzt geworden als Mutter ...". Herr B. hat Angst, dass sich N. durch seine unkontrollierbare Wut selbst gefährden könne. Er wünsche, dass N. lerne, seine Wut zu kontrollieren und besser mit seinen Freunden umzugehen.

Ihren Selbstbeschreibungen zufolge ist die Aufgabenverteilung im Haushalt mehr oder weniger auf sie festgelegt: „Ja, Haushalt is' allgemein bin ich zuständig und ich muss auch oft genug sagen: Mach' mal dies oder mach mal jenes!" Frau W. kümmere sich allein um alle Angelegenheiten mit Ämtern und Institutionen. Sie beschreibt sich als gute Mutter und denkt, dass sie in dieser Rolle auch den Erwartungen von N. und ihrem Lebensgefährten gerecht werde.

Herrn B. sieht sie als strengen und liebenswürdigen Vater, der mittlerweile auch gut mit N. zurechtkomme. Frau W.: „Er hat Zeit gehabt oder musste sich viel Zeit nehmen auch für N. Aber jetzt kommt er ganz gut zurecht." Sie erwarte von Herrn B. als Vater, „... dass er auch N. richtig anerkennt als seinen Stiefsohn ... Und ja, dass er N. eben auch nach seinen Maßen hin erzieht, wie er sich das vorstellt."

Auf die Frage nach der Bedeutung seiner Familie für ihn antwortet Herr B., dass er sowohl Frau W. als auch N. sehr lieb habe. Gegenüber N. verstehe er sich als „Vorbild“. Allerdings empfinde er seine Vaterrolle und Frau W.'s Rolle als Mutter als sehr stressig, weil es verstärkt Probleme mit N. gebe.

Zum Thema Streit gibt sie an: „Na hauptsächlich wird manchmal gestritten, wenn N., wenn wir nicht wissen, was mit N. los ist und N. uns selber durcheinander bringt. Dann werden wir uns manchmal auch nicht ganz einig, wer nun was sagt und ja dann gibt es halt schon mal 'ne Streitigkeit zwischen uns.“ Falls Herr B. einen Streit mit N. habe, versuche Frau W. diesen zu schlichten und würde dadurch dann auch mit Herrn B. in Streit geraten. Im Anschluss an Streitsituationen gingen sich Frau W. und Herr B. aus dem Weg, bis sich beide beruhigt hätten. Danach würden sie über ihren Streit reden. Das Zusammenleben der Familie sei im Moment dadurch wenig harmonisch, weil sich der „Ex-Mann“ von Frau W wiederholt in das Leben von Frau W. und N. dränge. Frau W.: „Ja, was würde ich mir für die Familie wünschen – dass wir ein richtiges harmonisches Zusammenleben haben, ohne dass mein Ex-Mann sich einmischt oder mir halt N. versucht wegzunehmen.“

Herr B. berichtet, dass seine Lebensgefährtin und er sich sehr viel um N. kümmern würden und sie dadurch wenig Zeit für einander hätten. Er versuche sie so gut wie möglich bei der Erziehung von N. zu unterstützen und glaube auch, dass dies zur Zeit ausreiche. Herr B.: „Also meine Frau, im Moment unterstütz ich sie ja. Ich kann zwar nicht überall reinreden, aber ich unterstütz' sie irgendwie, wie 's schon geht.“ Manchmal allerdings, „hat er 's (N.) auch schon mal probiert und hat's geschafft, uns zusammen auszuspielen.“

Herr B. und Frau W. sind „verlobt.“ Frau W. erwartet von einer Partnerschaft, dass der Partner in jeder Situation zu ihr stehe: „... egal in welcher Lebenslage. Und dass er halt mit mir durch dick und dünn geht.“ Problematisch für ihre jetzige Partnerschaft sei, dass ihr Lebensgefährte und sie nur wenig Zeit allein miteinander verbringen könnten. Frau W.: „Ja, weil eben halt auch N. sehr viel da ist und da fehlt uns manchmal auch die gemeinsame Zeit und weil wir ja auch sehr viel Termine und so haben ... weil er (Herr B.) und ich auch mal ganz gern unter uns sein wollen, aber haut halt nicht so hin.“

Herrn B.'s Vorstellungen von einer Partnerschaft sind: „Partnerschaft, das muss auf Deutsch gesagt, das muss man schon mal so sehen, muss man gegenseitig helfen, muss man gegenseitig Verständnis haben und muss über Probleme reden können und wenn das alles nicht ist, dann ist keine Partnerschaft gegeben.“ Er habe das Gefühl, dass seine Vorstellungen in der Partnerschaft mit Frau W. nicht hundertprozentig erfüllt würden. (W1–35)

Wie das Fallbeispiel zeigt, werden bei den Familien dieser Gruppe die aktuell beschriebenen Belastungen als „zirkulär“ beschrieben, d. h., sie sind sowohl im Eltern- als auch im Kindersystem verortet, wobei sich die Belastungen gegenseitig verstärken. Partnerschaft und Elternschaft erscheinen nur schwer vereinbar. Die Partnerbeziehung und die gegenseitige Fürsorge unter den Erwachsenen werden jedoch als überwiegend positiv bewertet.

Die Lebenslage und Lebenssituation dieser Gruppe von Familien zeichnet sich durch folgende elternbezogene Konfliktthemen aus:

- Die Mutter ist aufgrund biografischer Belastungen in ihrem Mutter-Sein herausgefordert und versucht, auch die Rolle als Partnerin gut auszufüllen (vgl. Konfliktthema 5.1).
- Die familiäre Neuorganisation ist durch kindbezogene Probleme und schwierige Stiefvater-Stiefkind-Beziehung belastet („Wir lieben und streiten uns, aber können wir auch eine gute Familie sein?" – vgl. 5.2).
- Die Mutter sieht sich vor die Alternative zwischen Partnerschaft und Mutterschaft gestellt, beides scheint aber nicht vereinbar zu sein (5.3).
- Der Mann sucht nach befriedigenden männlichen Rollen, doch diese werden ihm auch in der Familie verwehrt. Weil er sich nicht als Vater und Familienernährer beweisen kann, steht auch die Partnerschaft in Frage (5.4).

Von den hier beschrieben Lebenslagen lässt sich das oben beschriebene Fallbeispiel dem zweiten Spiegelstrich zuordnen. Bei den Hilfen sollte die Klärung wechselseitiger Erwartungen, insbesondere im Eltern-Kind-System, aber auch das Abstimmen wechselseitiger Erwartungen unter besonderer Berücksichtigung der Geschlechtsrollenkonzepte der Beteiligten im Mittelpunkt stehen. Die Bereitstellung von Freiräumen und individuellen Entwicklungsräumen besonders für die Kinder, aber auch für die Erwachsenen, sowie die Bearbeitung von Männer-Themen mit den Vätern und die gemeinsame Suche nach verbindenden Gemeinsamkeiten als Familie sind zentrale Themen der Hilfe. Fünfzehn Familien ließen sich dieser Hilfethematik zuordnen.

# 6. Familiäre Aufgabentypen

Während in den eltern- und erwachsenenbezogenen Hilfethematiken Unterstützungsmöglichkeiten des Elternsystems formuliert sind, zielen die im Folgenden beschriebenen familiären Aufgabentypen auf das gesamte Familiensystem ab. Die Aufgaben beziehen sich gleichermaßen auf das Eltern- bzw. Erwachsenensystem, das Eltern-Kind-System und das Kindersystem. Die Typenbildung stützt sich auf eine weitere explorative Clusteranalyse der Deutungsmuster in den 12 Erfahrungsdimensionen. Es ergaben sich insgesamt sechs Typen. Bei der inhaltlichen Beschreibung und Konstruktion der familiären Aufgabentypen haben wir nicht nur die Deutungsmuster berücksichtigt, sondern dabei drei weitere Analyseschritte befolgt:

Die auf familiäre Schwierigkeiten hinweisenden Deutungsmuster wurden auf die von den Familien beschriebenen Belastungen bezogen, um die signifikanten Deutungsmuster am Interviewmaterial zu konkretisieren. Uns interessierte dabei besonders die Frage, wie die Sorge um sich selbst und den Anderen in der Familie ausbalanciert wird. Dieser Analyseschritt diente der Verifizierung bzw. Validierung der Typen und erleichterte das Auffinden von inhaltlichen Sinnzusammenhängen, die die Familien eines Typs verbinden.

Aus den Deutungsmustern wurden Aufgabenstellungen theoretisch abgeleitet und dann mit den Aussagen im subjektiven Hilfeplan verglichen. Ziel dieses Analyseschrittes war ebenfalls die Konkretisierung bzw. Validierung der theoretisch konstruierten Aufgabenstellungen.

Da die konkreten Aufgabenstellungen von geeigneten Helfern praktisch umgesetzt werden müssen, haben wir für jeden Aufgabentyp die Rolle und den Habitus des Helfers bzw. der Helferin konstruiert. Diese Idealtypen von Helfern wurden dann in Beziehung zu den Deutungsmustern in den Erfahrungsdimensionen „Erfahrungen mit professionellen Helfersystemen“ und „Subjektiver Hilfeplan“ gesetzt, weil diese beiden Erfahrungsdimensionen auch Erwartungen der Familien an den Stil des Helferhandelns beinhalten.

Mithilfe dieser drei Analyseschritte konnte ein am Material kontrollierter Sinnzusammenhang zwischen den Familien, die einem Cluster angehörten, hergestellt und die Aufgabentypen inhaltlich beschrieben werden. Insgesamt ließen sich 63 der 77 Familien den sechs familiären Aufgabentypen zuordnen. Bei der Beschreibung der Typen haben wir vier Aspekte berücksichtigt: Familienformen, charakteristische Deutungsmuster und Belastungen, Aufgabenstellungen und Helferrolle bzw. Helferhabitus. Die Ergebnisse dieses Auswertungsschrittes sollen im Folgenden dargestellt werden:

## 6.1 „Fürsorgefamilien“ Ganzheitliche Fürsorge für Mutter und Kind

Diesem Aufgabentypus gehören Familien mit hohem und längerfristigem Unterstützungsbedarf an, sowohl hinsichtlich des Elternsystems als auch des Eltern-Kind-Systems und des Kinder-Systems. Weil bei ihnen die „ganzheitliche Fürsorge“ eine zentrale Rolle spielt, nennen wir sie „Fürsorgefamilien“.

Tabelle 33: Charakteristische Deutungsmuster des familiären Aufgabentyps „Fürsorgefamilien“

| Charakteristische Deutungsmuster | Anzahl Familien (N=22) mit dem entsprechenden Deutungsmuster |
|---|---|
| Familiäre Arbeitsteilung: „Allzuständigkeit“ | 17 |
| Partnerschaftserleben: „Männer machen nur Theater“ | 17 |
| Selbstzufriedenheit in Bezug auf familiäre Aufgaben und Beruf: Selbstkritiker | 17 |
| Erziehungsprobleme: „Kinder brauchen Liebe, mir wächst alles über den Kopf“ | 14 |
| Biografische Leidensmuster: Das Leben als durchgängige Leidensgeschichte | 14 |
| Sozioökonomische Rahmenbedingungen/finanzielle Ausstattung: Nicht ausreichend | 10 |

Die Familien dieses Aufgabentyps werden fast ausschließlich von alleinerziehenden Müttern gebildet (20 Familien). In der Gruppe befinden sich auch ein alleinerziehender Vater und eine Familie im Übergang. Dementsprechend dominiert in der Erfahrungsdimension „familiäre Arbeitsteilung“ das Deutungsmuster „Allzuständigkeit“, und zwar bei 17 Familien dieser Teilgruppe (vgl. Tab. 33). Das heißt, die familiären Aufgaben konzentrieren sich auf eine Person, die Veränderungsspielräume hinsichtlich der Aufgabenverteilung innerhalb der Familie sind sehr klein. Eine zusätzliche Belastung sind die eingeschränkten sozioökonomischen Ressourcen: Die finanzielle Ausstattung ist aus der Sicht der Eltern häufig nicht ausreichend. Vielfach wird über beengten Wohnraum geklagt. Obwohl häufig der Wunsch nach Unterstützung durch einen Partner besteht, sind die Erwachsenen aufgrund ihrer Partnerschaftserfahrungen (Alkoholprobleme der Partner, Gewalt, fehlender Verantwortungsübernahme für die Familie etc.) skeptisch, ob sich ein Partner finden lässt, mit dem eine intime, familienverträgliche Beziehung möglich ist. In der Erfahrungsdimension „Partnerschaftserleben“ dominiert das Deutungsmuster „Männer machen nur Theater“. Die Familienmitglieder, insbesondere die Elternteile sind biografisch stark belastet. Dies spiegelt sich in dem Deutungsmuster „Das Leben als durchgängige Leidensgeschichte" wider (bei 14 Familien, vgl. Tab. 33). In einigen Familien wird die Befürchtung geäußert, dass traumatisch erlebte biografische Erfahrungen, wie gewalttätiges Erziehungsverhalten der eigenen Eltern, an die Kinder weitergegeben werden könnten.

Die Eltern haben zwar häufig positive Erziehungsvorstellungen nach dem Motto „Meine Kinder sollen es besser haben als ich", sie lassen sich aber im Alltag nur schwer umsetzen: In der Erfahrungsdimension „Erziehungsprobleme" dominiert das Deutungsmuster „Kinder brauchen Liebe, mir wächst alles über den Kopf". Die Kindererziehung gestaltet sich auch deshalb schwierig, weil sich unter den „Fürsorgefamilien" besonders viele Familien mit mehreren problematischen, oft auch kleineren, entwicklungsverzögerten Kindern befinden. Die Schwierigkeiten, mit denen diese Familien zu kämpfen haben, verdeutlicht die folgende Interviewsequenz, in der Frau L., eine alleinerziehende Mutter mit vier Kindern im Alter zwischen fünf und 14 Jahren, die Frage nach der Hauptbelastung beantwortet:

> „Ich denke mal, der Stress zurzeit, dass man alles, vieles allein macht, denk ich mal ... Also, weil, man merkt, wenn die Kinder nicht mithelfen, schmeißen dann alles hin und dann, dass man wirklich, dass sie keine Ordnung, kein Nichts so haben, obwohl man sie alles beigebracht hat ... Ja, dass man wirklich manchmal, weil man zu viel macht, und sowie man fertig ist in einem Zimmer, das andere Zimmer fertig hat und denkt, so jetzt kann man sich mal hinsetzen eine Tasse Kaffee trinken, ja kommt in die Küche rein, wieder liegt alles unten, und raus aus der Küche, Mutti macht ja schon. Dann hat man wieder das Nächste zu tun und dann kommt man ins Wohnzimmer rein, dann liegt da der Joghurt umgekippt, ja und das die das nicht von alleine sehen, weil sie denken, ja Mutti macht ja schon." (O–15)

Die Bewältigung der schwierigen Lebenssituation, aber auch die Erfahrungen des Scheiterns im Alltag führen zu einem fragilen Selbstbild, das immer wieder Zweifel an der Rolle als Frau oder Mutter aufkommen lässt: In der Erfahrungsdimension „Selbstzufriedenheit in Bezug auf familiäre Aufgaben und Beruf" dominiert das Deutungsmuster „Selbstkritiker".

Aus den beschriebenen Problemlagen ergibt sich, dass die Unterstützung im Familienalltag eine vordringliche sozialpädagogische Aufgabe ist. Daneben erscheint die Aufarbeitung der Biografie angezeigt. Mit ihr sind zwei Zielstellungen verknüpft: Sie sollte präventiv darauf abzielen, die Weitergabe destruktiver Muster (Gewalt, Alkohol- und Drogenprobleme etc.) an die nächste Generation zu verhindern. Da sich die biografischen Belastungen oft auf die eigenen Eltern beziehen, erscheint es sinnvoll, Letztere in Familiengespräche einzubeziehen; möglicherweise lassen sich so auch familiäre Ressourcen mobilisieren. Für die Biografiearbeit eignen sich verschiedene Methoden. Einen sozialpädagogisch fundierten Arbeitsansatz hat Faltermeier (2001) mit der „biografischen

Fallarbeit" vorgelegt[15]. Viele der Alleinerziehenden, die dieser Gruppe angehören berichten von negativen Partnerschaftserfahrungen, welche die Suche nach einem unterstützenden Partner erschweren. Da häufig der Wunsch nach partnerschaftlicher Intimität und Unterstützung besteht, könnte eine wichtige Hilfestellung darin bestehen, die Reflexion der Partnerschaftskonzepte zu unterstützen, damit sich negative Partnerschaftserfahrungen nicht wiederholen. Die Familienarbeit sollte dazu auch dienen, materielle und soziale Ressourcen bzw. personelle Unterstützung aus dem sozialen Umfeld der Familien zu mobilisieren. Zur Mobilisierung von Ressourcen kann die Aktivierung informeller Unterstützungs- und Helfersysteme in Familie, Nachbarschaft oder Freundeskreis gehören.

Wie oben schon angedeutet berichten die Eltern von Erziehungsproblemen, die dem Muster „Kinder brauchen Liebe, mir wächst alles über den Kopf" entsprechen" (vgl. Tab 33). Auch beklagen sich die Erwachsenen über die Aufgabenlast im Alltag („Allzuständigkeit"). Da die Erwachsenen fast vollständig von den Bedürfnissen der Kinder und den Erfordernissen der Alltagsbewältigung absorbiert sind, sollte die Balance von Fürsorge für die Kinder und Selbstsorge der Erwachsenen wiederhergestellt werden. Neben der Erarbeitung eines Erziehungskonzeptes erscheint es hilfreich, die Familienmitglieder dabei zu unterstützen, die Zeitstruktur in den Familien besser abzustimmen. Übrigens taucht dieser Wunsch auch im subjektiven Hilfeplan der Familien auf, wie z. B. bei der eingangs zitierten Mutter, sie wünscht sich:

> „Dass wir mal so ein bisschen Plan aufstellen, mal die geregelten Zeiten, sagen wir mal so, was zu Hause manchmal, früh klappt es ja ganz gut, aber dann manchmal so mittendrin, dann ist alles so durcheinander, dass man, so wie man merkt so im Kindergarten oder in der Tagesgruppe, dass man so geregelte Zeiten hat, dass man sagt, o.k. jetzt sind Spielzeiten oder so, dass man sagt, jetzt wird aufgeräumt, Abendbrot essen, dass man irgendwie feste Zeiten drin hat." (O–15)

Aus den bisher beschriebenen Aufgabenstellungen ergibt sich eine Helferrolle bzw. ein Helferhabitus, der durch eine fürsorgliche Haltung gegenüber den Familien gekennzeichnet ist („Fürsorgerin"). Die Beziehung zwischen Helfer

15 In der Jugendhilfepraxis verbreitet sind systemische Arbeitsweisen, wie z. B. die Genogramm-Arbeit. Da wir es bei den „Fürsorgefamilien" fast ausschließlich mit allein erziehenden Müttern mit knappen Ressourcen zu tun haben, bietet sich der frauenspezifische und ressourcenorientierte Genogramm-Ansatz von Rücker-Embden-Jonasch (2000) an. Hildenbrand (1999) hat einen Genogramm-Ansatz entwickelt, der familiendynamische mit zeithistorisch-sozialen Aspekten verknüpft.

und Familie ist eher langfristig angelegt.[16] Helfer bzw. Helferinnen unterstützen die Familien direkt und stellen sich als signifikanter Anderer zur Verfügung. Sie arbeiten mit einer betont ressourcenorientierten Haltung. Dass „Fürsorgefamilien" keinesfalls nur kompensatorische Entlastung erwarten, sondern sich auch als aktiven Teil von Hilfe ansehen, zeigt sich darin, dass in der Erfahrungsdimension „Subjektiver Hilfeplan" das Deutungsmuster „Kunde" dominiert: Die Frauen reflektieren ihre eigenen Ressourcen und Belastungen und haben hohe Erwartungen an professionelle Helfer.

## 6.2 „Paarkonfliktfamilien" Abstimmen wechselseitiger Erwartungen im Elternsystem und Generationengrenzen wiederherstellen

Diesem familiären Aufgabentypus gehören Familien mit vielfältigen Konflikten auf der Erwachsenenebene an. Bei ihnen geraten die Probleme der Kinder aus dem Blick der Erwachsenen. Wir nennen diese Familien „Paarkonfliktfamilien".

Tabelle 34: Charakteristische Deutungsmuster des familiären Aufgabentyps „Paarkonfliktfamilien"

| Charakteristische Deutungsmuster | Anzahl der Familien (N=11) mit dem entsprechenden Deutungsmuster |
|---|---|
| Zirkuläres Belastungsmuster | 11 |
| Erziehungsprobleme: „Wir sind uns über die Erziehung der Kinder nicht einig" | 9 |
| Bewältigung familiärer Konflikte – Konfliktkultur: Beziehungsorientiert-destruktive Konfliktkultur | 9 |
| Partnerschaftserleben: „Partnerschaft und Familie sind nicht vereinbar" | 8 |
| Selbstzufriedenheit in Bezug auf familiäre Aufgaben und Beruf: Gegensatz-Familien, | 8 |
| Familiäre Arbeitsteilung: Dynamisch-personenzentrierte Arbeitsteilung | 7 |
| Familiäre Zeitstruktur: Konkurrentes Zeitkonzept | 7 |

16 Conradi benutzt, um die Zweideutigkeiten des Begriffs der „Fürsorge" zu vermeiden, den Begriff „Take Care". Sie schildert als ein interessantes Beispiel für nicht-bezahlte Care-Beziehungen die „Othermother" in afro-amerikanischen Familien: Dabei handelt es sich um Frauen aus dem Freundes- oder Bekanntenkreis, die Frauen helfen, denen Unterstützung innerhalb der eigenen Familie fehlt (vgl. Conradi 2001, S. 147 ff.).

Bei den „Paarkonfliktfamilien" handelt es sich fast ausschließlich um Familien mit zwei Erwachsenen in der Haushaltsgemeinschaft, wobei die reorganisierten Familien dominieren. Von den insgesamt 11 Familien unserer Stichprobe, die diesem Aufgabentyp entsprechen, handelt es sich bei sechs um reorganisierte und bei drei um Zwei-Eltern-Familien. Die Probleme der Kinder und die Erwachsenenprobleme bedingen sich und schaukeln sich gegenseitig hoch, das Belastungsmuster ist zirkulär (vgl. Tab. 34). Die Ursachen für die Paarkonflikte sind vielfältig. Die Paare streiten sich über die Erziehung der Kinder – das Deutungsmuster „Wir sind uns über die Kindererziehung nicht einig" taucht in der Gruppe bei sieben Familien auf – oder über die Arbeitsteilung, die von einer Person als ungleich verteilt erlebt wird (das Deutungsmuster „Dynamisch-personenzentrierte Arbeitsteilung" tritt bei sieben Familien auf). Da auch im Alltag Konkurrenz zwischen den Bedürfnissen der Erwachsenen und denen der Kinder besteht, erscheinen Partnerschaft und Familie als nicht vereinbar, die Zeitstruktur wird als konkurrent erlebt (bei sieben Familien). Das Elternsystem ist zusätzlich belastet, weil die Partner die Zufriedenheit mit Beruf und Familie ganz unterschiedlich bewerten. Das heißt, in der Fallgruppe dominiert das Deutungsmuster „Gegensatz-Familien" (bei acht von 11 Familien). In den meisten Familien sind die Männer mit ihrer Situation aufgrund von Arbeitslosigkeit und schlechten Arbeitsbedingungen wesentlich unzufriedener als die Frauen. Dies trifft auch auf die Familien zu, in denen die Erwachsenen einen „Rollentausch" vorgenommen haben und die Männer stärker im Haushalt und in der Kindererziehung engagiert sind.

Die Paare dieser Fallgruppe scheinen leidenschaftlich miteinander verbunden zu sein, dennoch werden die Konflikte von den Erwachsenen als trennend und destruktiv erlebt. Sie spielen sich hauptsächlich auf der Beziehungsebene ab. Bei einigen Familien spielen in die Paarkonflikte auch die Schwierigkeiten der Erwachsenen mit den eigenen Eltern hinein: In sechs von 11 Familien werden Probleme mit den eigenen Eltern bzw. Schwiegereltern genannt. Als Beispiel sei folgende Interviewsequenz angeführt:

> Es handelt sich um Familie S., sie besteht aus Herrn S. (Frank), Frau S. und deren fünfjährigem Sohn M. aus erster Ehe. Ein Problem der Familie besteht darin, dass sich der Vater von Frau S., der mit der Mutter von Herrn S. ein Verhältnis hat, in die Familienangelegenheiten einmischt. Es kommt oft zu gewalttätigen Auseinandersetzungen zwischen Herrn S. und seinem Schwiegervater, der im alkoholisierten Zustand Herrn S. angreift. Frau S. beschreibt die Konfliktdynamik der Familie folgendermaßen:
>
> Frau S: …. wenn ich mit F. (Ehemann) auseinandergehe oder so, das ist dann so bösartig, wo es dann auch wieder zum Hauen kommt. Er ist ja auf Alkohol dann auch.
>
> Interviewer: Da gibt es dann Schlägereien?
>
> Frau S: Mit F. Also unsere ganze Familie dann.

Interviewer: Ihr Vater greift Ihren Mann dann richtig an auch?
Frau S: Ja, dann haut er zu. Hat auch nur damit zu tun gehabt mit M. [Sohn]. Weil er dann auf M. rumhetzt.
Interviewer: Wer jetzt?
Frau S: Mein Vater.
Interviewer: Also, das kann Ihr Mann nicht leiden?
Frau S: Nein.
Interviewer: Da schützt er dann auch M.?
Frau S: Beide.
Interviewer: Er schützt Sie dann auch?
Frau S: Ja.
Interviewer: Und da muss er sich dann richtig erwehren sozusagen, dass er nicht verprügelt wird?
Frau S: Ja. Große Klappe, so wie immer, aber die Stärke hat mein Vater nur im Suff. Hat er keinen Alkohol drin, ist er klein wie ein Hut.
Interviewer: Also, er ist dann betrunken und kommt dann bei Ihnen vorbei und dann gibt es Auseinandersetzungen?
Frau S: Ja, aber auch bei Schwiegermama, weil er ja da auch wohnt mit ihr zusammen.

Die Einmischung der Eltern in die Familienangelegenheiten wird von Herrn und Frau S. als Problem erkannt: Beide betonen im subjektiven Hilfeplan die Notwendigkeit (jeweils für den anderen) der Abgrenzung von den eigenen Eltern. Frau S.: „Hilfe ist erst mal das, wenn er wegkommt von seiner eigenen Mutter. Und selber denkt, er hat eine eigene Familie, was ich manchmal nicht denke." Sie hat Angst vor einer Trennung, sie wünscht sich, dass die „Ehe so bleibt, das andere schiebt sich von alleine." (O–18)

Das Beispiel macht deutlich, dass die Paarkonflikte mit einem Generationenkonflikt einhergehen. Eine zentrale Aufgabenstellung besteht, wie in dem Interview angedeutet wird, darin, die Generationengrenzen wieder herzustellen und die Beziehungen neu zu ordnen. Eine andere ergibt sich daraus, dass man bei den Familien dieses Aufgabentyps eine sehr intensive und emotionale Bindung des Paares findet, die auch erotische Momente beinhaltet. Das Paar ist so stark miteinander beschäftigt, dass die Kinder als Störfaktor wahrgenommen werden. Was sich auf der Beziehungsebene Großeltern-Eltern abspielt (siehe Beispiel Familie S.), scheint sich im Eltern-Kind-System zu wiederholen. Die Kinder werden teilweise von den Eltern in die Paarkonflikte hineingezogen. Im Zentrum der Aufgabenstellungen für die „Paarkonfliktfamilien" steht neben der Klärung der Paarbeziehung auch die Aufrechterhaltung einer Generationendifferenz. Destruktive Beziehungskonflikte müssen vom Paar zunächst als solche in ihrem Zusammenhang und in ihren kritischen Aspekten verstanden werden, damit sie diese nicht blind auf dem Rücken der Kinder ausagieren. Die Paare müssen lernen, Konflikte dort auszutragen, wo sie entstehen, im Erwachsenensystem, und produktivere Konfliktlösungsstrategien entwickeln.

Eine mehr sachorientierte Aufgabenstellung für die „Paararbeit“ betrifft das Abstimmen wechselseitiger Rollenerwartungen in Bezug auf die Erziehung, die familiäre Arbeitsteilung und das Zeitmanagement: Die Eltern müssen ein gemeinsames Erziehungskonzept entwickeln und im Erziehungsalltag gemeinsam agieren. Ungleichverteilung der familiären Arbeitsteilung und negativ erlebte Rollendynamiken sollten besprochen und verhandelt werden, wobei die Selbstwertprobleme der Männer ernst genommen und geschlechtsrollentypische Erwartungen reflektiert werden sollten. Gestärkt werden muss hier das Subsystem „Erwachsene“, insbesondere die Seite der Männer: Sinnvoll scheint eine die individuelle Belastungen thematisierende Einzelarbeit zu sein. Es gilt, die Sorge für sich und die Eigenverantwortung der Erwachsenen als eigenständige Individuen zu stärken. Ein verändertes Zeitmanagement sollte darauf abzielen, eine Balance der verschiedenen Bedürfnisse herzustellen, wobei der Zeit der Erwachsenen oder des Paares für sich mehr Spielraum zugestanden werden sollte.

Das Problem für die Kinder ist nicht in erster Linie die mangelnde Zeit der Erwachsenen für sie, sondern deren emotionale Beanspruchung. In dem Maße, wie die Grenzen zwischen den Generationen wiederhergestellt werden, können auch die Bedürfnisse der Kinder von den Erwachsenen stärker berücksichtigt werden. Wenn die Kinder in die destruktiven Konflikte einbezogen waren, brauchen sie gegebenenfalls individuelle Hilfen für die Verarbeitung ihrer Erfahrungen. Damit die Kinder wieder mehr in den Mittelpunkt der Familie rücken, sind Aktivitäten und Vorhaben, die familiäre Gemeinsamkeiten herstellen, sinnvoll.

Da die Arbeit mit „Paarkonfliktfamilien“ sich auf die verschiedenen Beziehungsebenen erstreckt, sprechen wir von „zirkulärer Beziehungsarbeit“. Inhaltlich geht es auf allen Beziehungsebenen um die Balance der Sorge für sich und der Sorge für andere, wobei auf die Bedürfnisse der Kinder besonderes Augenmerk gelegt werden muss, damit sie für die Bedürfnisse der anderen nicht instrumentalisiert werden. Die Gefahr von „Ausbeutungsverhältnissen“ der Kinder deutet sich in der begleitenden Befragung der Fachkräfte an, die in drei Familien auf entsprechende Vermutungen (sexueller Missbrauch und Kindesmisshandlung) hinweisen.

Aufgrund der vielfältigen familiären Beziehungskonflikte ist es bei diesem Aufgabentypus für die Helfer besonders wichtig, eine neutrale Rolle als sachlicher Vermittler oder Mediator einzunehmen. Da eine Schwierigkeit bei der Familienarbeit darin besteht, sich allparteilich zu verhalten und gleichzeitig die Entwicklungsinteressen der Kinder zu vertreten, ist hier „Co-Arbeit“ (zwei Helfer pro Familie) angezeigt. Vor dem Hintergrund, dass diese Familien gleichsam emotional „überhitzt“ sind, können Sachthemen wie familiäre Arbeitsorganisation oder Zeitmanagement die Situation entspannen. Helfer, die emotional auf Bündnisangebote leicht reagieren und stark auf der Beziehungsebene ansprechbar sind, laufen in diesen Familien Gefahr, in die familiären

Konflikte hineingezogen zu werden. Der relativ hohe Anteil des Deutungsmusters „Selbstheiler“ deutet darauf hin, dass einige Familien ihre Belastungen und Ressourcen gut reflektieren, sie aber doch Distanz zum Helfersystem halten wollen.

## 6.3 „Erziehungskonfliktfamilien“ Vater-Sohn-Beziehung stärken

Bei „Erziehungskonfliktfamilien“ ergeben sich die Aufgaben aufgrund von Erziehungsproblemen (vorwiegend) mit einem „schwierigen Kind“. Es handelt sich dabei fast ausschließlich um Jungen im Schulalter, bei denen Verhaltens- und Leistungsprobleme in der Schule im Vordergrund stehen. In den Selbstdeutungen der Eltern überwiegt das kindzentrierte Belastungsmuster (vgl. Tab. 35). Charakteristisch für diesen Aufgabentyp ist das Bild von herausfordernden Jungen und schwierigen Vätern. Wir bezeichnen diese Familien als „Erziehungskonfliktfamilien“. Als Familienformen finden sich alleinerziehende Mütter (2), reorganisierte Familien (3) und Zwei-Eltern-Familien (2).

Tabelle 35: Charakteristische Deutungsmuster des familiären Aufgabentyps „Erziehungskonfliktfamilien“

| **Charakteristische Deutungsmuster** | **Anzahl der Familien (N=7) mit dem entsprechenden Deutungsmuster** |
|---|---|
| Kindzentriertes Belastungsmuster | 7 |
| Erziehungsprobleme | 6 |
| Bewältigung familiärer Konflikte – Konfliktkultur: Sachorientiert-erfolgreiche Konfliktkultur | 5 |
| Subjektiver Hilfeplan: Kompensierer | 4 |
| Sozioökonomische Rahmenbedingungen – finanzielle Ausstattung: Keine Einschränkungen | 4 |
| Partnerschaftserleben: Familienintegrierte Partnerschaft | 4 |

Überwiegend verfügen die Familien in sozioökonomischer Hinsicht über Ressourcen, vier der sieben Familien müssen keine Einschränkungen hinnehmen. Sie beschreiben eine sachorientiert-erfolgreiche Konfliktkultur (5 Fälle) und ein positives Partnerschaftserleben, das durch familiäre Funktionen nicht beeinträchtigt ist (4 Familien). Allerdings haben die Eltern Schwierigkeiten mit der Erziehung der Kinder (6 Familien). Wie aus dem folgenden Beispiel hervorgeht, konzentrieren sich die Erziehungsprobleme auf die Vater-Kind-Beziehung:

Herr A. (Zwei-Eltern-Familie mit einem zehnjährigen Sohn; zwei erwachsene Söhne sind schon ausgezogen) schildert seine Erziehungsunsicherheit, nachdem das Kind zu Hause Geld gestohlen hat: „Wir haben uns unterhalten, wie bestrafen. Das Einzige, was ihm wehtut, ist eigentlich Fernsehverbot. Er ist eine Fernsehratte vor dem Herrn. Da sagte sie (seine Frau) aber, das können wir nicht machen, das hängt nicht im Zusammenhang mit dem Geld klauen. Sie weiß auch nicht, wie wir ihn bestrafen sollen. Wir wissen momentan wirklich nicht, was wir machen sollen. Meine Frau hat das aber mittlerweile schon wieder überwunden. In ihrer typisch eigenen Art. Sie ist da nun schon wieder ganz lieb und nett und trallala. Sie kann da schon relativ schnell wieder zur Tagesordnung übergehen. Ich kann das nicht. (Interviewer: Wer ist da für sie gegenwärtig eine Hilfe?) Ja, ich habe da eigentlich gar keinen, der mir da richtig hilft. Das ist ja diese Problematik. Ich habe Frau B. (Schulsozialarbeiterin) angesprochen. Und das ist das, was ich meine: Ich bin Verkäufer bei V. gewesen, ich habe Verkaufsschulungen gemacht ... Und diese Psychologiestudien sind ja ähnliche Fragetechniken wie beim Verkauf. Und wenn man dann sagt, ich kann da im Moment auch nichts machen. Dann ärgert man sich darüber und sagt sich, dann hätte ich mir den Weg eigentlich sparen können. Ich denke mal, so eine richtige Hilfe ist mir im konkreten Fall im Moment niemand."

Frau A. bewundert ihren Mann in seinem Engagement für den schwierigen Sohn, sie erlebt ihn aber zunehmend resigniert: „Er ist da ruhiger, er ist nicht so impulsiv wie ich, obwohl in letzter Zeit kribbelt es ihm auch ... Das konnte er früher alles noch besser kompensieren, aber das ist immer das, was ich an ihm bewundere. Ich bin da, wie gesagt, eine andere Richtung. Ich muss es gleich erst mal loswerden, er macht das auf eine ruhige Art und Weise und ich denke, das kommt auch an bei den Kindern ... Also, da kommt er gar nicht mit klar, weiß er nicht, wie er sich verhalten soll in dem Sinne. Also, ich denke, er ist ja als ADS-Kind mit eingestuft worden unser Michael. Da habe ich mir damals auch einschlägige Literatur geholt und auch gelesen und ihm, Lesen ist sowieso nicht sein Ding, davon ganz abgesehen. Ich sage, dann verstehst du mal die Dinge, ich meine, ja, sagt er, damit kann er sich nicht zurechtfinden, dass eben halt das Kind so anders ist." (O–26)

Aufgrund der Erziehungsprobleme beschreiben sich die Familien als überlastet; dazu kommen verschiedene, jeweils auf die Männer bzw. Väter bezogene Probleme: Da die kindlichen Probleme fast ausschließlich Jungen, und die Erwachsenenprobleme fast ausschließlich Männer bzw. Väter betreffen, stehen bei den „Erziehungskonfliktfamilien" männliche Thematiken im Mittelpunkt, die z. B. Leistungserwartungen und Erwartungen an Grenzsetzung zum Inhalt haben. In fast allen Familien werden zusätzlich noch einzelne, teilweise dramatische Belastungen, wie z. B. der Tod eines Kindes, geschildert.

Innerhalb der Aufgabenstellungen für die „Erziehungskonfliktfamilien" nimmt eine Erziehungsberatung als Verständigungsmöglichkeit über ein gemeinsames Erziehungskonzept eine zentrale Rolle ein. Dabei können spezifische, die Erziehungskompetenz von Eltern stärkende Methoden, wie Eltern-

Coaching oder Video-Home-Training, zum Einsatz kommen. Ebenso wichtig sind Unterstützungsmaßnahmen bei den Schulproblemen und die Kooperation mit dem System Schule, um einen gemeinsamen Erziehungsansatz zu entwickeln. Die beschriebenen jungen- und männerspezifischen Belastungen sollten auf der Beziehungsebene (Vater – Sohn) bearbeitet werden. Da die Probleme mit den Männern vorwiegend aus Sicht der Mütter beschrieben werden, ist es denkbar, dass diese den Männern bzw. Vätern in der Erziehung die grenzsetzende Rolle zuschreiben wollen bzw. mit ihrer Erfüllung unzufrieden sind. Wir nehmen dies als Hinweis, dass der Beziehungs- und Regelaspekt des Erziehungskonzeptes (emotionale Basis und Grenzsetzung) zwischen den Eltern neu ausbalanciert werden sollte, damit nicht nur die Väter den „schwarzen Peter“ in der Erziehung zugespielt bekommen.

Für den Helfer ist es wichtig, offen für Jungen- und Männerprobleme zu sein und mit männlichen Geschlechtsrollenerwartungen und ihren Widersprüchen reflektiert umgehen zu können. Besondere Bedeutung haben Modelle von Vaterschaft und das Thema „Leistung“. Da es sich beim subjektiven Hilfeplan vorwiegend um „Kompensierer“ handelt (die eigenen Belastungen und Ressourcen werden von den Eltern kaum reflektiert, die Erwartungen an professionelle Helfersysteme sind eher hoch), sollten schulische Entlastung und das Erzielen von Erziehungserfolgen zunächst im Vordergrund stehen. Die Erwachsenenbelastungen können dann während des Hilfeprozesses thematisiert werden. Um dabei die Niederschwelligkeit zu sichern, ist ein narrativer Gesprächsstil hilfreich. Der Helfer ist primär in der Rolle des „Erziehungstrainers.“

## 6.4 „Überlastungsfamilien“ Mütter entlasten, familiäre Aufgaben neu verteilen

Bei den Familien, die sich diesem Aufgabentyp zuordnen lassen, herrscht eine traditionelle Arbeitsteilung zulasten der Mütter vor. Wir nennen diese Familien „Überlastungsfamilien“. Sie stammen alle aus Westdeutschland. Bei der Hälfte der Familien handelt es sich um reorganisierte, bei der anderen um Zwei-Eltern-Familien.

Charakteristisch für diese Gruppe von Familien ist eine bestimmte Sichtweise der Mütter: Sie fühlen sich mit der Bewältigung des Familienalltags überfordert, obwohl die Arbeitsteilung vordergründig als partnerschaftlich beschrieben wird und keiner starken Dynamik unterliegt (bei fünf von sechs Familien, vgl. Tab. 36). Die Männer sind Vollzeit beschäftigt, die Frauen arbeiten in Teilzeit oder sind Hausfrauen. Sie klagen über Alltagsbelastungen, die sich z. B. aus der Haushaltsorganisation oder aufgrund langer Fahrwege ergeben. In den Überlastungsfamilien treten die Probleme überwiegend (bei vier Familien) zwar „nur" episodisch seit der eigenen Familiengründung auf, sie werden aber als sehr gravierend beschrieben, wie z. B. außerfamiliärer Missbrauch, Herzprobleme eines Kindes, Bettnässen etc. Aus der Sicht der Mütter sind sie es, die sich ausschließlich um die Belastungen der Kinder kümmern. Die Arbeitsteilung wird aber trotzdem als partnerschaftlich beschrieben, und es wird keinesfalls von den Männern mehr Beteiligung oder Entlastung gefordert. Da einige Mütter über Schuldgefühle klagen, weil sie sich aus ihrer Sicht nicht genügend um die Kinder zu kümmern, kann man vermuten, dass diese Mütter ein idealistisches „Mütterideal" haben. Sie trauen ihren Männern im Haushalt wenig zu oder es entspricht nicht ihren Rollenvorstellungen, dass sie mehr Engagement von ihren Partnern erwarten. Stattdessen werden Entlastungserwartungen an externe Helfer bzw. vorwiegend Helferinnen formuliert.

Tabelle 36: Charakteristische Deutungsmuster des familiären Aufgabentyps „Überlastungsfamilien"

| **Charakteristische Deutungsmuster** | **Anzahl der Familien (N=6) mit dem entsprechenden Deutungsmuster** |
|---|---|
| Familiäre Arbeitsteilung: Partnerschaftliche Arbeitsteilung | 5 |
| Familiäre Zeitstruktur: Konkurrentes Zeitkonzept | 5 |
| Biografische Leidensmuster: Belastungen episodisch seit der eigenen Familiengründung | 4 |
| Selbstzufriedenheit: Selbstzufriedene | 4 |
| Partnerschaftserleben: Partnerschaft und Familie sind nicht vereinbar | 4 |

Die Eltern beschreiben sich selbstzufrieden in Bezug auf familiäre Aufgaben und Beruf und nennen kaum Selbstwertprobleme. Im subjektiven Hilfeplan formulieren aber alle Mütter selbstwertbezogene Veränderungserwartungen, wie z. B. mehr Zeit für eigene Interessen. Das Zeitkonzept ist konkurrent, weil die Frauen kaum Zeit für die Verwirklichung der eigenen Bedürfnisse haben. Außerdem fehlt dem Paar Zeit für sich, sodass Partnerschaft und Familie als schlecht vereinbar angesehen werden.

Zu den Aufgabenstellungen für die „Überlastungsfamilien" gehören funktional-entlastende Hilfen zur Entspannung der familiären Situation. Dabei kann auch Unterstützung außerhalb von Jugendhilfe vermittelt und angebahnt werden (Familienersatzleistungen wie Babysitting oder „Notmütter"). Vonseiten der Jugendhilfe sind direkte Unterstützungsleistungen wie z. B. Freizeitaktivitäten mit den Kindern durch Einzelfallhelfer u. ä. sinnvoll. Als Beispiel für eine „Überlastungsfamilie" soll im Folgenden eine Interviewsequenz wiedergegeben werden, in der die Mutter, Frau F., ihren „subjektiven Hilfeplan" kurz erläutert. In dem Interview wird von ihr die familiäre Arbeitsteilung nicht kritisiert, sondern Erwartungen im Sinne einer Kompensation an Dritte geäußert:

> „Ich brauch keine Putzfrau! Ich bin zuhause. Ich schaffe die Arbeit selber! Ich bräuchte jemanden, der nachmittags kommt und die Kinder zu ihren sportlichen Aktivitäten fährt, damit ich hier zuhause, weil ich bin hier die Zentrale: Ich schicke den dahin, ich schicke den dahin, ich schicke den dahin, ja ich bin hier echt der Ansprechpartner für alle! Ich brauch ein Taxi! Oder ich bräucht 'ne Oma! Eine fitte Oma. Die hier im Haushalt bleibt. Die sich hier mit allen privaten Dingen auch auskennt, und ich bin das Taxi. Und dann hab ich noch gesagt: Was mir jetzt persönlich gut tun würde, wäre einmal im Monat ein freies Wochenende! Das heißt, von Freitagabend bis Sonntagabend! Freitagabend gehen meine Kinder weg, kommen Sonntagabend zurück." (W1–1)

Eine innerfamiliäre Entlastung der Mütter wäre durch eine veränderte familiäre Arbeitsteilung erreichbar. Dazu müssten aber die Väter stärker in die Erziehungsverantwortung genommen werden. Ein Beratungsauftrag könnte darauf abzielen, zu einer kritischen Selbstreflexion traditioneller Rollen und der daraus resultierenden familiären Aufgabenverteilungen anzuregen. Ein weiteres mögliches Ziel einer solchen „Familienkonzeptberatung" ist die Entwicklung eines familiären Zeitmanagements, das den Müttern und dem Paar mehr autonome Zeit ermöglicht, unter Berücksichtigung der teilweise starken beruflichen Belastungen der Erwachsenen.

Der Helfer bzw. die Helferin ist Angebotsvermittler sowie Ressourcen- und Sozialraumexperte, um entlastende Hilfen anzubahnen und zu organisieren. Mit direkten entlastenden Hilfen könnten fehlende Ressourcen der Familie kompensiert werden. Um die familiäre Arbeitsteilung und Zeitstruktur verändern zu können, sind Kompetenzen im „Familienmanagement" notwendig. Der Helfer ist in zweiter Linie „Kritiker" traditioneller Arbeitsteilung mit besonderem Verständnis für die Schwierigkeit, vom Bild der aufopferungsvollen Übermutter abzurücken und sich zu erlauben, die eigenen Bedürfnisse stärker zu artikulieren und die Sorge für andere um die Sorge für sich zu erweitern.

## 6.5 „Neugründungsfamilien" Vereinbarkeit von Partnerschaft und Familie klären, ein zukunftsfähiges Familienkonzept fördern

Die Vereinbarkeit von Partnerschaft und Familie sowie die Bildung eines tragfähigen Familienkonzeptes sind Aufgabenstellungen, die sich Familien stellen, die sich reorganisiert haben oder sich in einem Umbruch befinden. Aus unserer Stichprobe entfielen drei reorganisierte und zwei so genannte „Familien im

Übergang" auf diesen Aufgabentypus. Charakteristisch ist, dass insbesondere bei den Erwachsenen, die Kinder mit in die neue Beziehung oder Partnerschaft bringen, Zweifel bestehen, ob Partnerschaft und Familie vereinbar sind: Zum Beispiel sieht eine Mutter die Gefahr, dass die Partnerschaft unter den Verhaltensauffälligkeiten ihres Sohnes leiden könnte, wenn sie mit ihrem Kind zu ihrem Partner zieht. Eine andere Mutter ist der Eifersucht ihres Partners ausgesetzt, weil sie sich nach seiner Ansicht zu viel um ihre Tochter kümmert und für sie „ihr letztes Hemd gibt." Wieder eine andere Mutter wünscht sich von ihrem Mann, dass er zu seinem Stiefsohn ein „kumpelhaftes Verhältnis" eingehen soll, statt väterliche Erziehungsversuche zu unternehmen, die zu Konflikten führen, durch die sich der Sohn zunehmend von der Familie entfremdet. Allen Familien ist gemeinsam, dass sie noch keine befriedigende Lebensform gefunden haben. Die Familienmitglieder, die ein Kind in die neue Familie gebracht haben, sind biografisch stark belastet, z. B. durch Traumatisierung durch den Tod einer nahe stehenden Person, Abtreibung, Gewalt etc. Die Schwierigkeiten mit den Kindern resultieren aus den Belastungen der Erwachsenen (erwachsenenzentrierte Belastungsmuster, vgl. Tab. 37).

Tabelle 37: Charakteristische Deutungsmuster des familiären Aufgabentyps „Neugründungsfamilien"

| **Charakteristische Deutungsmuster** | **Anzahl der Familien (N=5) mit dem entsprechenden Deutungsmuster** |
|---|---|
| Subjektiver Hilfeplan: Kunde | 5 |
| Sozioökonomische Rahmenbedingungen – finanzielle Ausstattung: Knapp ausreichend | 4 |
| Partnerschaftserleben: „Partnerschaft und Familie sind nicht vereinbar" | 4 |
| Familiäre Arbeitsteilung: Dynamisch-gleichgewichtete Arbeitsteilung | 4 |
| Erwachsenenzentriertes Belastungsmuster | 3 |
| Familiäre Zeitstruktur: Synchrones Zeitkonzept | 3 |
| Einbindung in informelle Helfersysteme: Familiensolidarität | 3 |

Der neue Partner soll in dieser Situation die Schwierigkeiten kompensieren. Wenn dann vom neuen Partner auch noch Unterstützungsleistungen für die problematischen Kinder erwartet werden, ist die neue Partnerschaft schnell brüchig. Dies zeigt sich darin, dass bei der Fallgruppe das Deutungsmuster „Partnerschaft und Familie sind nicht vereinbar" häufig auftritt (bei vier der insgesamt fünf Familien). Zwischen neuem Partner und Kind entsteht Konkurrenz mit der Gefahr, dass die Kinder aus der Familie gedrängt werden (Fremdunterbringung, bei vier der fünf Familien).

Da mit dem neuen Partner teilweise die erste befriedigende Partnerschaft erlebt wird, fällt es den Eltern nicht leicht, sich für die Kinder zu entscheiden. Sie befinden sich in einem Entscheidungsdilemma. Im folgenden Zitat zeigt sich dies sehr deutlich. Es stammt von einer alleinerziehenden Mutter, die mit ihrem neunjährigen Sohn zusammenlebt. Die volljährige Tochter ist gerade ausgezogen. Der neue Lebenspartner der Mutter lebt teilweise mit im Haushalt, er hat aber ein eigenes Haus, das er auch bewohnt. Die Familie befindet sich im Übergang, da die Partner überlegen, wie sie gemeinsam leben sollen. Die Mutter zweifelt, ob sie mit ihrem Partner zusammenziehen will. Ihre Partnerschaftserfahrungen und die Beziehung zu ihrem aktuellen Partner beschreibt sie so:

> „Besonders geprägt haben mich meine zwei Ehen, ich war einmal verheiratet, meinen ersten Mann habe ich mit 15 kennengelernt, mit 18 geheiratet, meine Tochter gekriegt, ich habe ja jetzt 2 Kinder. Ja die Ehe hat mich geprägt, weil war irgendwie keine Ehe. Dann war ich zehn Jahre alleine, wo ich nur ab und an mal einen kleinen Freund hatte und dachte: Nie wieder heiraten. Dann habe ich den Vater von Toni (Sohn) kennengelernt. Die Ehe hat mich noch mehr geprägt, weil, der hat mich neun Jahre lang betrogen und ich habe das nicht gemerkt. Gut, daraus habe ich beschlossen, dass ich nicht mehr heiraten werde ... Er [der aktuelle Partner] fühlt sich ein bisschen in den Hintergrund gesetzt. Am liebsten hätte er, dass ich von früh bis abends nur für ihn da bin. Aber das geht nun mal nicht. Ich bin ein Mensch, der muss auch mal zu seiner Freundin, will mich auch mal alleine ausquatschen können. Ich muss auch mal allein raus. Das versteht er im Moment gar nicht, aber darüber haben wir schon manchmal gesprochen." (O–2)

Eine wichtige sozialpädagogische Aufgabenstellung besteht in der Klärung der Frage, in welcher Weise Partnerschaft und Familie vereinbar sind. Eine „Familienkonzeptberatung" könnte für diese Familien hilfreich sein, eine den besonderen Bedingungen angepasste familiäre Lebensform zu finden, die die Bereiche Kindererziehung, familiäre Arbeitsteilung, Zeitkonzept und das Verhältnis von Partnerschaft und Familie gleichermaßen berücksichtigt. Insbesondere könnte sie auch dazu dienen, die Rolle des neuen Partners in der Familie zu definieren. Bei der Beratung und Begleitung sollten auch unkonventionelle familiale Lebensformen und Partnerschaftskonzepte erwogen werden (z. B. getrennt wohnen zu bleiben, der Partner übernimmt aber trotzdem familiäre Funktionen). Es ist bekannt, dass für reorganisierte Familien die Orientierung an der „Normalfamilie" oft nicht hilfreich ist (vgl. Napp-Peters 1995). Dem kommt entgegen, dass die betreffenden Familien ziemlich genaue Vorstellungen von möglichen Hilfen haben. Das Reflexionsniveau hinsichtlich ihrer eigenen Belastungen und Ressourcen ist relativ hoch, die Erwartungen an professionelle Helfer sind ebenfalls sehr ausgeprägt: Das Deutungsmuster „Kunde" tritt bei diesen Familien häufig auf (vgl. Tab. 37). In vier der fünf Familien, auf die dieser Aufgabentyp zutrifft, werden im subjektiven Hilfeplan Veränderungsziele bzw. Hilfen genannt, die sich auf die Klärung der Familienform beziehen. Damit die neue Partnerschaft nicht zu stark durch die biografischen Erfahrungen eines Partners belastet wird, könnte ergänzend Biografiearbeit angeboten werden. In drei Familien werden entsprechende Hilfen im subjektiven Hilfeplan genannt.

Die Kinder in den „Neugründungsfamilien" sind in den Interviews Randfiguren, ihre Probleme werden zwar in den Zusammenhang der elterlichen Belastungen gestellt, über ihre Sorgen und Nöte wird aber kaum berichtet, obwohl die Belastungen der Erwachsenen auch gleichzeitig die Belastungen der Kinder waren oder sind (der Tod der Ehefrau ist auch der Tod der Mutter des Kindes). Für diese Familien gilt, was Wallerstein u. a. (2002) über die Folgen von Scheidung und die Phase der familiären Neuorganisation geschrieben haben: „Absorbiert von der Aufgabe, ihr eigenes Leben neu zu ordnen, sind diese Mütter und Väter mit tausendundeinem Anliegen beschäftigt, und das kann sie blind machen für die Nöte und Bedürfnisse ihrer Kinder." (S. 17) Letzteren sollten „signifikante Andere" als „Advokaten" ihrer Bedürfnisse oder als Gesprächspartner zur Verfügung gestellt werden. Da in drei Familien „Familiensolidarität" als eine informelle Ressource genannt wird, könnten diese Rolle andere Familienmitglieder einnehmen. In anderen Familien könnten professionelle Helfer als „signifikante Andere" zur Verfügung stehen. Die Kinder brauchen auch dann advokatorische Hilfe, wenn sie gedrängt werden, den neuen Partner zu schnell zu akzeptieren.

Helfer, die in ihrer professionellen Haltung und in ihren Herkunftserfahrungen am Modell der „Normalfamilie" orientiert sind, laufen in diesen Familien Gefahr, nicht genügend Offenheit für unkonventionelle Familienformen mitzubringen. Helfer sind in der Rolle des „Familienkonzeptberaters" oder „Familienkonstrukteurs", wobei sie parteilich die Interessen der Kinder im Auge behalten sollten („Anwalt des Kindes").

## 6.6 „Verselbstständigungsfamilien" Die familiäre Ablösung der Kinder begleiten, den Dialog zwischen den Generationen fördern

Bei „Verselbstständigungsfamilien" handelt sich um Familien mit älteren Kindern bzw. Jugendlichen, die sich im Prozess der Ablösung befinden. In den Selbstdeutungen der Eltern zeigt sich, dass die Bedürfnisse und zeitlichen Erwartungen der Erwachsenen mit denen der Jugendlichen schlecht vereinbar sind („konkurrentes Zeitkonzept"). Die Konflikte spielen sich überwiegend im Eltern-Kind-System ab und haben einen destruktiven Charakter. In neun von

12 Fällen tritt in den Interviews das Deutungsmuster „Beziehungsorientiert-destruktive Konflikte“ auf (vgl. Tab. 38). Sie führen z. B. dazu, dass Jugendliche aus der Familie gedrängt werden und die Möglichkeit von Fremdunterbringung in Betracht gezogen wird; oder es besteht zwischen einem Elternteil und einem Jugendlichen ein so enges Verhältnis, dass sich der andere Elternteil ausgeschlossen fühlt. Die Konflikte sind in ihren Auswirkungen also überwiegend trennend. Wenn man davon ausgeht, dass die zentrale Entwicklungsaufgabe von Jugendlichen darin besteht, ein enges, von Nähe geprägtes Verhältnis zu den Eltern aufrechtzuerhalten und gleichzeitig immer mehr Autonomie zu gewinnen (Gerhard 2005), dann finden sich in den „Verselbstständigungsfamilien“ zwei problematische Tendenzen:

1. Das Verhältnis zu den Eltern bleibt kindlich eng, die Autonomie vergrößert sich nicht. Von den Eltern wird Unselbstständigkeit (keine eigenen Interessen, fehlende Freunde) beklagt oder ein Elternteil problematisiert die zu große Nähe des Partners zum Kind. Als Beispiel lässt sich eine Familie anführen, in welcher der 16-jährige Sohn noch bis vor einigen Jahren im Ehebett zwischen den Partnern schlief (W1–19).
2. Das Verhältnis zu den Eltern lockert sich stark und die Autonomie vergrößert sich unangemessen. Besonders deutlich zeigt sich dies bei drei Familien mit einem erwachsenenzentrierten Zeitkonzept: In den Beschreibungen des Tagesablaufes durch die Erwachsenen werden die Kinder praktisch nicht erwähnt, man hat den Eindruck, sie sind nur gelegentliche Familienbesucher.

Tabelle 38: Charakteristische Deutungsmuster des familiären Aufgabentyps „Verselbstständigungsfamilien“

| **Charakteristische Deutungsmuster** | **Anzahl der Familien (N=12) mit dem entsprechenden Deutungsmuster** |
|---|---|
| Selbstzufriedenheit: Selbstkritiker | 9 |
| Bewältigung familiärer Konflikte – Konfliktkultur: Beziehungsorientiert-destruktive Konfliktkultur | 9 |
| Familiäre Zeitstruktur: Konkurrentes Zeitkonzept | 7 |
| Biografische Leidensmuster: Belastungen episodisch seit Familiengründung | 7 |
| Subjektiver Hilfeplan: Kunden | 6 |
| Familiäre Arbeitsteilung: Partnerschaftliche Arbeitsteilung | 6 |

Im Folgenden schildert ein alleinerziehender Vater (Herr M.), wie seine Tochter, die unter Essstörungen leidet, zwischen Autonomie und Nähe hin- und herschwankt:

„Da hat sie nicht so ein großes Bedürfnis, mich zu sehen, wenn ich an sie herantrete. Allerdings kriege ich ja manchmal auch zu hören, ... dass sie es wünschen würde, dass ich mich um sie kümmere. Aber sie lässt es andererseits auch nicht zu. Also, man hat den Eindruck, sie kommt mit sich so recht nicht klar und kann nicht zum Ausdruck bringen, was sie sich wünscht ... Nicht mit dem Essen, aber so einfach mit dem Durchbrechen von allen Regeln, dass man nicht bei offenem Fenster heizt im Winter oder wird beleidigend ... in ziemlichen Steigerungsformen. Solche Sachen, die gingen zeitgleich einher. Und ich habe mir das erklärt, sie hat irgendwo ein Problem, das muss nicht allein durch das Essen hervorgerufen sein. Ich denke immer, es gibt vielleicht ein Problem, das viel tiefer liegt, was mit dem Essen verarbeitet wird und sich auch anders äußert." (O–28)

Tendenziell dominiert in den Zwei-Eltern-Familien eine stärkere Bindung der Kinder, während bei den reorganisierten Familien und bei den alleinerziehenden Vätern die Autonomie der Kinder größer zu sein scheint. In beiden Fällen besteht die Tendenz, dass sich die Eltern bzw. Elternteile aus ihrer Sicht von den Jugendlichen entfernen. Es lassen sich hypothetisch verschiedene Konfliktmechanismen und Konfliktebenen formulieren: In einigen Familien, so scheint es, werden Konflikte, die auf der Erwachsenenebene angesiedelt sind, auf die Erwachsenen-Kind-Ebene gleichsam umgeleitet. Bei beiden alleinerziehenden Vätern beispielsweise werden vermutlich offene Konflikte aus der Trennungs- und Scheidungsphase, die lange zurückliegen, durch die wieder intensivieren Beziehungen der Töchter zu ihren Müttern aktualisiert. Diese alten Konflikte werden, so lässt sich vorsichtig vermuten, über die Töchter zu deren Nachteil ausgetragen. In anderen Familien speisen sich die Konflikte aus Rollenproblemen der Erwachsenen. Bei den reorganisierten Familien beispielsweise zeigt sich, so scheint es, dass die Rollen der neuen Partner bzw. der Stiefväter nicht tragfähig genug bestimmt wurden und zwischen ihnen und den Jugendlichen bislang verdeckte Konkurrenzen aufbrechen. Bei anderen Familien wiederum entstehen Konflikte, weil die Kinder eine „Partnerersatzfunktion" übernehmen. In den „Verselbstständigungsfamilien" führt die „normative Krise" der Adoleszenz offenbar zur Dynamisierung oder zum Aufbrechen von latenten oder scheinbar „stillgelegten" Konflikten. Dies sind einige Vermutungen, die sich am Material anstellen lassen, die aber im Einzelfall genauer überprüft werden müssten.

Aus all dem lässt sich schließen, dass die Förderung des Dialogs zwischen den Generationen die zentrale Aufgabenstellung ist. „Verselbstständigungsfamilien" befinden sich im Prozess der Neuorientierung, weil die Jugendlichen sich eigenständig entwickeln müssen und ihnen dafür mehr Verantwortung und Freiheit zugestanden werden muss. Für diese Entwicklung brauchen sie aber die Unterstützung und den Zuspruch der älteren Generation, also zunächst der Eltern. Dies wird auch von den Erwachsenen erkannt: Eine Mutter beschreibt die Rolle der Familienhelferin treffend als „Dolmetscherin" zwischen ihr und ihrer jugendlichen Tochter (O–10). In fast allen 12 Familien werden im subjektiven Hilfeplan Vorschläge zur Verbesserung der Erwachsenen-Jugendlichen-Beziehung genannt.

Der Dialog zwischen den Generationen zielt inhaltlich auf das Beziehungsgefüge der gesamten Familie ab. Die Eltern als familiäres Subsystem sind mit der wachsenden Selbstständigkeit ihrer Kinder („empty nest") gezwungen, ihr Leben neu zu organisieren. Dies fällt ihnen umso schwerer, je mehr sie in ihren Kindern bislang ihren Lebensinhalt gefunden haben. Zusätzlich zu dieser Aufgabenstellung sind die beschriebenen Konflikte aufzuarbeiten, damit die Kinder gleichsam ohne familiäre Hypotheken ihren eigenen Weg gehen können.

Die Aufgabenstellung für die Jugendlichen besteht in der schrittweisen Loslösung von der Familie, d. h., Orientierung an außerfamiliären institutionellen Notwendigkeiten (Schule und berufliche Zukunft), Zukunftsplanung mit „signifikanten Anderen", Intensivierung der Kontakte zu Gleichaltrigen etc. Am familiären Aufgabentyp der „Verselbstständigungsfamilien" wird deutlich, dass sich die Familien in der Jugendhilfe hinsichtlich der Bewältigung allgemeiner Entwicklungsaufgaben von anderen nicht unterscheiden: Die Verselbstständigung von Jugendlichen stellt sich in jeder Familie als „normative Krise" dar. Bei den von uns untersuchten Familien kommen aber im Unterschied zu anderen noch besondere Belastungen dazu, die diesen Prozess erschweren.

Für die Helfer besteht die Schwierigkeit darin, verhandlungsorientiert mit den Generationen zu arbeiten und gleichzeitig die Entwicklungsperspektiven der Jugendlichen und der Erwachsenen zu berücksichtigen. Sympathie für jugendliche Grenzüberschreitungen darf nicht dazu führen, dass die Belastungen der Erwachsenen und die durch sie zu leistenden Entwicklungsaufgaben gering geschätzt werden. Die Helfer sind in einigen Familien in der Rolle des „Entbinders", in anderen stärken sie den Familienzusammenhalt und binden die Jugendlichen zunächst wieder stärker an die Familie. Um den Dialog zwischen den Generationen befördern zu können, sind zeithistorische oder kulturelle Kenntnisse über unterschiedliche Bedingungen des Aufwachsens notwendig. Insbesondere gilt es, die unterschiedlichen generationalen Kontexte bei den ostdeutschen Familien, deren Kinder in einer anderen Gesellschaft aufwachsen als ihre Eltern, zu berücksichtigen (zur politischen Sozialisation vgl. die Studie von K. Bock 2000).

Für die oben beschriebenen sechs Aufgabentypen könnte man mehr oder weniger konkrete „Muster-Hilfepläne" entwickeln, d. h., es wäre denkbar, jedem Typ einen vorbildlichen Betreuungsplan zuzuordnen. Wir wollen es aber bei den obigen groben Skizzen von Hilfeprofilen belassen. Zu groß ist die Gefahr einer subsumtionslogischen Zuordnung von Praxisfällen zu Aufgabentypen. Bei den hier beschriebenen Typen handelt es sich um abstrakte Aufgabenstellungen, um Idealtypen. Dasselbe gilt auch für die eltern- und erwachsenenbezogenen Hilfethematiken, die wir in Kapitel 5 behandelt haben. Der Einzelfall geht in der Praxis in den von uns beschriebenen Typen nicht voll und ganz auf, sondern hat seine eigene Kontur. In ihm bildet sich Allgemeines, aber auch Individuelles, unverwechselbar Eigenständiges ab. Aufgabe der sozialpädagogischen Falldiagnose ist es, die individuelle Fallstruktur erkennbar zu machen. Dafür sind die von uns entworfenen Aufgabentypen, Hilfethematiken, Konfliktthemen und Deutungsmuster hilfreich. Das Besondere, die individuelle Struktur einer Familie wird deutlich, indem man den Fall mit dem Allgemeinen, also den hier beschriebenen Typen, Thematiken und Deutungsmustern in Beziehung setzt bzw. kontrastiert. Dies ist auch mit dem Begriff Diagnose gemeint, und zwar im Sinne von „unterscheiden", „auseinander erkennen". Diagnose ist eine methodisch kontrollierte Erkenntnistätigkeit, die sich gleichsam zwischen den Erscheinungen des Einzelfalls und Begriffen (im Sinne von typisierenden Annahmen) hin- und herbewegt und die durch sorgfältigen Vergleich das Besondere vom Allgemeinen unterscheidet. In diesem Sinne soll im folgenden Kapitel das Verfahren der Sozialpädagogischen Familiendiagnose vorgestellt werden.

# 7. Die Sozialpädagogische Familiendiagnose in der Jugendhilfe

Die Akzeptanz von sozialpädagogischen Diagnosen hat in den letzten 15 Jahren seit dem Erscheinen der ersten Auflage unseres Buches weiter zugenommen. Zum einen wurde im Zusammenhang mit der Diskussion kritischer Kinderschutzfälle („Kevin", „Lea-Sophie" etc.), die dann auch Anlass zu gesetzlichen Veränderungen (§ 8a SGB VIII, Bundeskinderschutzgesetz) waren, deutlich, dass in den Erziehungshilfen sozialpädagogische diagnostische Methoden zum Verstehen von Familien insbesondere in Bezug auf drohende oder latente Kindeswohlgefährdung fehlen (Althans 2011 und Bohler/Franzheld 2010). Andererseits sehen sich viele Jugendämter aufgrund ihrer Arbeitsbedingungen und im Zusammenhang mit dem Erleben komplexerer Problemlagen in Familien immer weniger in der Lage, eine differenziertere Hilfeplanung im Sinne des SGB VIII § 36 durchzuführen und delegieren diese an freie Träger in Form von ambulanten und stationären Clearings oder anderer Formen der externen Hilfebedarfsermittlung (Cinkl/Krause 2011, Arbeitsgruppe Fachtagungen Jugendhilfe im Deutschen Institut für Urbanistik 2013). Aber nicht nur zur Unterstützung der Hilfeplanung werden sozialpädagogische Diagnosen für sinnvoll und notwendig erachtet, sondern auch begleitend bei der praktischen Familienarbeit. Die ambulanten und stationären Hilfen stehen unter dem Druck, die Ziele, Methoden und Inhalte der Arbeit (u. a. vor dem Hintergrund von Leistungsvereinbarungen) inhaltlich zu fundieren und in gemeinsamer Arbeit mit den Familien umzusetzen. Dies korrespondiert mit Erkenntnissen der Evaluationsforschung, dass die Kooperation mit den Kindern, Jugendlichen und Familien der entscheidende Wirkfaktor für den Erfolg der Erziehungshilfen ist (Schmidt/Schneider/Hohm u. a. 2002) und auch im Zusammenhang mit der Hilfeplanung nachgewiesen werden konnte (Institut für Soziale Arbeit 2009). In den aktuellen Debatten um Kinder und Jugendliche in komplexen Problemlagen („Systemsprenger") wird zunehmend die Notwendigkeit selbstdeutungsbasierter sozialpädagogischer Diagnostik deutlich (Cinkl 2018, Kramlinger/Cinkl 2020).

Mittlerweile findet man in der Fachliteratur unterschiedliche Konzepte sozialpädagogischer Diagnosen. Die meisten werden in den Handbüchern von Heiner (2004) und von Buttner/Gahleitner/Hochuli Freund u. a. (2018) beschrieben. Welche davon und mit welcher Verbreitung tatsächlich in der Praxis angewendet werden, entzieht sich unserer Kenntnis. Überhaupt fehlen Studien zur konkreten Anwendung von Methoden des Fallverstehens in den Erziehungshilfen. Eine Ausnahme bildet die ethnografische Untersuchung von

Ackermann (2018) zu Entscheidungsprozessen im Jugendamt bei Kindeswohlgefährdung, die nachdrücklich die Notwendigkeit betroffenenorientierter Verfahren der Fallbearbeitung zeigt. Auch Wolff et al. (2013) haben im Rahmen des Projektes „Aus Fehlern lernen" des DJI im Zusammenhang mit Kindeswohlgefährdung festgestellt, dass Kinder zu wenig beteiligt werden. Ebenso fehlen in Übersichtswerken zur Risikoabschätzung bei Kindeswohlgefährdung (Deegener/Körner 2006, Kindler et al. 2006) methodische Überlegungen zur selbstdeutungsbasierten sozialpädagogischen Diagnostik in Bezug auf die erwachsenen Familienmitglieder. Eine Ausnahme bilden die Überlegungen von Cinkl und Uhlendorff in Körner und Deegener (2011).

Im Folgenden werden wir eine sozialpädagogische Diagnoseform vorstellen, die in ihrem Prototyp auf der Grundlage des hier dokumentierten Forschungsprojektes entwickelt wurde. Ihre aktuelle „reife" Form erhielt das Verfahren im Rahmen eines Evaluationsprojektes in Kooperation mit freien Trägern, die das Verfahren in unterschiedlichen ambulanten und stationären Hilfeformen anwenden, wobei auf der Grundlage einer evidenzbasierten Grundhaltung die Elemente des Verfahrens akzentuiert wurden, die einen tatsächlichen Wirkfaktor darstellen (Cinkl/Krause 2011). Das Verfahren wird mittlerweile von vielen Jugendhilfeträgern in Deutschland, der Schweiz und in Österreich angewendet. Bei der Darstellung der Methode gehen wir in drei Schritten vor: Zunächst (1) werden wir die theoretisch relevanten Handlungsmaximen erläutern. Daran schließt sich (2) die Darstellung der methodischen Schritte an. Um die Methode zu veranschaulichen folgen (3) zwei Fallbeispiele.

## 7.1 Sozialpädagogische Familiendiagnosen – theoretisch relevante Handlungsmaximen

Bei der Entwicklung der sozialpädagogischen Familiendiagnose haben wir uns von grundlegenden, theoretisch begründeten Handlungsmaximen Sozialer Arbeit leiten lassen bzw. es haben sich aus den Praxiserfahrungen bei der Anwendung des Verfahrens und aus Erkenntnissen der Evaluation Bezüge zu soziologischen, sozialpädagogischen und philosophischen Ansätzen ergeben.

1. *Lebensweltorientierung und die Stimme der Adressaten*: Die Selbstbeschreibungen der Familienrealität durch die erwachsenen Familienmitglieder im Rahmen der Sozialpädagogischen Familiendiagnose dienen dazu, dass die Fachkräfte deren Selbstdeutungen im Hinblick auf ihre Lebensrealität besser verstehen und eine fachliche Einschätzung bilden können. Im Sinne von Husserl (1936) und Schütz/Luckmann (1979) verstehen wir unter Lebenswelt die (inneren) Gewissheiten, über die ein Individuum Kraft seiner Deutungen ver-

fügt im Hinblick auf sich selbst, auf andere Menschen oder der Welt im Allgemeinen und die es mit anderen zu teilen versucht. Die Lebenswelt eines Individuums bildet sich insbesondere durch die Interaktion mit anderen Menschen aus und ist somit eine soziale Konstruktion der Wirklichkeit. Lebenswelt ist die subjektive Wirklichkeit, in der ein Mensch lebt und agiert. Lebensweltorientierung (Thiersch 1992) meint u. a., dass die Fachkräfte die Selbstdeutungen ihrer Adressatinnen zu verstehen versuchen und auf deren Basis Hilfe- und Handlungsvorschläge machen, die sich in deren Lebenswelt einfädeln. Die Selbstdeutungen der erwachsenen Familienmitglieder lassen sich über deren sprachliche Selbstthematisierungen erschließen. Grundlage einer lebensweltlichen Diagnostik ist daher die „Stimme der Adressaten" (Bitzan/Bolay/Thiersch 2006).

2. *Alltagsorientierung und die gemeinsame Sorge*: Die Sozialpädagogische Familiendiagnose richtet sich auf die Analyse der aktuellen Problem- und Alltagsbelastungen im Familiensystem, wobei die Haushaltsgemeinschaft als Ort der Alltagsbewältigung im Vordergrund steht. Dabei lässt sich differenzieren nach dem Erwachsenen-System (Elternrolle und Paarbeziehung), dem Erwachsenen-Kind-System und dem Geschwistersystem (sofern mehrere Kinder in der Haushaltsgemeinschaft leben). Auf letzteres legen wir besonderen Wert, da sich in zahlreichen Sozialpädagogischen Diagnosen für Kinder und Jugendliche die besondere Bedeutung der Geschwisterbeziehungen gezeigt hat, insbesondere unter dem Aspekt gegenseitiger Unterstützung, wenn Eltern nicht handlungsfähig sind (wobei auch hier Mädchen häufiger Sorgetätigkeiten ausüben) oder als Schutz jüngerer Kinder durch ältere Geschwister bei Kindeswohlgefährdung.

Mit Bezug auf die Alltagsorientierung lassen sich diagnostisch relevante Kategorien ableiten, wie Kindererziehung, Zeitmanagement (familiäre Zeitstrukturen), Arbeitsteilung, alltägliche Beziehungskonflikte zwischen Eltern und Kindern sowie auf der Paarebene. Eine weitere Kategorie bilden die Vorstellungen der Familienmitglieder, wie Alltagsprobleme behoben werden können im Sinne eines subjektiven Hilfeplans. Die Alltagsbewältigung nimmt ihren Ausgangspunkt von aktuellen Alltagsproblemen, dabei wirken die Zeitdimensionen „Vergangenheit" und „Zukunft" als Hintergrundfaktoren mit; ein Beispiel hierfür ist die Kindererziehung, wenn Eltern ihre Kinder anders erziehen wollen, als sie selber von ihren Eltern erzogen wurden, oder wenn sie ihren Kindern andere Zukunftsvorstellungen vermitteln möchten vor dem Hintergrund des eigenen Aufwachsen in Armut in ihrem Herkunftsmilieu.

Der Familienalltag schließt intensive Care-Beziehungen ein. Es handelt sich dabei einerseits um asymmetrische Sorgeverhältnisse, etwa zwischen Eltern und Kindern. Andererseits lassen sich symmetrische Care-Beziehungen feststellen, auf die z. B. Foucault (2014) unter dem Begriff der „Sorge" im Zusammenhang seiner Analysen zur Entstehung von partnerschaftlicher Fürsorge und Intimität in der Paarbeziehung hinweist. „Familie" ließe sich demnach definieren als asymmetrische Fürsorgegemeinschaft auf symmetrischer Grundlage, d. h. Familien sind dann in ihrer Alltagsbewältigung gefährdet, wenn die asymmetrische Sorge für die Kinder nicht kompensiert wird durch partnerschaftliche Fürsorge (Intimität).

3. *Macht und subalternes „Wahrheitsspiel"*: Ebenso wie zwischen Eltern und Kindern besteht zwischen den Familien und den Institutionen eine strukturell bedingte asymmetrische Machtbeziehung. Darüber hinaus wird im Zusammenhang mit vermuteter oder tatsächlicher Kindeswohlgefährdung die Machtposition der Jugendämter besonders spürbar: Bei der Evaluation der Sozialpädagogischen Familiendiagnosen erlebten die Familien Eingriffe der Jugendämter weitgehend als „Willkür" (Cinkl/Krause 2011, S. 225, zu analogen Ergebnissen kommt Berghaus 2020). Diese Machtasymmetrie wird in konstruktivistischen Theorien Sozialer Arbeit z. T. ausgeblendet (etwa Cooper 2001). Ein Verständnis von Hilfeplanung als Aushandlungsprozess zwischen Sozialarbeitern, Sozialpädagoginnen und den Adressaten bzw. Adressatinnen (Merchel 1995) sollte berücksichtigen, dass die Augenhöhe zwischen den Beteiligten erst (methodisch) hergestellt werden muss, bevor eine gleichberechtigte Verhandlung beginnen kann. Dazu müssen die Familien ermächtigt werden. Dies kann beispielsweise dadurch geschehen, dass die Familien die Diagnoseergebnisse mit Hilfe der Flipcharts selber präsentieren (mit dem Ergebnis, dass der Redeteil der Familie als Indikator für tatsächliche Beteiligung stark ansteigt; Cinkl/Krause 2011, S. 121 ff.). Diese sind dann nicht Ausgangspunkt eines Aushandlungsprozesses, sondern Basis der Gewährung von geeigneten und notwendigen Hilfen; das Jugendamt kommt mit eigenen Sichtweisen nur dann ins Spiel, wenn „gewichtige Anhaltspunkte" für Kindeswohlgefährdung vorliegen, aber auch hier sind im Sinne des § 8a SGB VIII die Familienmitglieder zu beteiligen (siehe exemplarisch der Praxisfall in Cinkl/Krause 2011, S. 235 ff.). Es ist auch deshalb notwendig, die Familien im Hilfeplanverfahren methodisch zu unterstützen, da diese häufig sozial benachteiligt sind und über weniger Möglichkeiten verfügen, sich Gehör zu verschaffen und ihre eigenen Interessen zu vertreten. Deshalb ist es auch eine ethische Notwendigkeit, „den Subalternen eine Stimme (zu) geben" (Cinkl 2017). Werden diese gehört, entsteht ein anderes „Wahrheitsspiel" (Foucault 2014) als Gegenmacht zu den Expertenspielen. Foucault verwendet in seinem Buch „Die Regierung der Lebenden" den Begriff „Wahrheitsspiel", um deutlich zu machen, dass sich die Ausübung von Macht in der Regel durch Verweis auf behauptete Wahrheiten legitimiert und damit Gegenmacht auf einer Gegenwahrheit beruhen muss – Hinweise, welche „Wahrheitsspiele" die Entscheidungsfindung der Jugendämter dominieren gibt Ackermann in Bezug auf die „Kategorisierung von Eltern" bei Kindeswohlge-

fährdung (Ackermann 2017, S. 237 ff.). Dass die Sozialpädagogischen Familiendiagnosen tatsächlich die Familien in ihrer Position „mit der Wiedergewinnung personaler Handlungsfähigkeit gegenüber dem Helfersystem" stärken, hat die Evaluation gezeigt (Cinkl/Krause 2011, S. 147).

4. *Diagnose durch Dialog*: „Dia-" bedeutet „Unterschied" oder „Dazwischen", d. h. eine Diagnose ist zunächst nichts anderes als die Erkenntnis – gnosis – der Besonderheiten eines Einzelfalls. Aber diese Erkenntnis ist keine eines Experten oder einer Expertin über die Lebenslage einer Familie, sondern die Selbsterkenntnis der einzelnen Familienmitglieder und der gesamten Familie in Bezug auf ihre Lebenswelt. Die Sozialpädagogischen Familiendiagnosen sind kein Verfahren des Fallverstehens, bei dem die Familie zu einem Objekt des Verstehens gemacht wird, sondern Anleitungen zum Selbstverstehen. Dass dieses Selbstverstehen eine außerordentlich wirkungsvolle Intervention darstellt und keinesfalls ein folgenloser kontemplativer Akt der Selbstbespiegelung ist, hat sich in der Evaluation gezeigt: Die Rückmeldung der Diagnoseergebnisse an die Familienmitglieder in Form der Flipcharts ist charakterisiert durch den „Wirkungskomplex Förderung der Eigenaktivität – Neue Erkenntnisse – Emotionale Auseinandersetzung" (Cinkl/Krause S. 146), d. h. Selbsterkenntnis, Selbsthilfe und handlungsleitende Gefühle stellen eine Einheit dar. Die professionelle Herausforderung, den (diagnostischen) Dialog zu führen, besteht darin, den diagnostischen Prozess formell in seinem Ablauf zu gestalten, sich aber inhaltlich zurückzunehmen. Die Expert*innenschaft der Professionellen besteht in Kenntnissen über die allgemeine Lebenssituation von Kindern und Familien (die Fragen der Interviewleitfäden und die Interviewauswertung beruhen auf diesen Kenntnissen) und in der Fähigkeit, den diagnostischen Dialog zu führen. Die Familien dagegen sind Expert*Innen für ihre spezielle Lebenssituation. Eine wichtige Voraussetzung für den Dialog ist eine angemessene Sprache und eine Orientierung am Sprachstil der Betroffenen – Bachtin (1995) gibt in seinen Thesen zur Volkskultur dazu interessante Anregungen. Um der Gefahr zu begegnen, dass sich die diagnostischen Fachkräfte aufgrund ihrer eigenen persönlichen und professionellen Themen und „Vorurteile" nicht auf die Selbstdeutungsmuster der Familien einlassen können, ist eine professionelle Selbsterfahrung sinnvoll (Cinkl 2017). Der Dialog findet zunächst zwischen den Professionellen und den einzelnen Familienmitgliedern statt, wird aber im weiteren diagnostischen Prozess in die Familie zurückverlagert, wenn die Erwachsenen sich ihre Themen und Handlungsvorschläge vorstellen und im nächsten Schritt das Kind/der/die Jugendliche seine Themen und Handlungsvorschläge den Erwachsenen vorstellt – wir haben es also hier mit einem Prozess der Externalisierung und Re-Intimisierung des Dialogs zwischen Professionellen und Familienmitgliedern zu tun. Autonomie wird zunächst abgegeben und dann wieder zurückerlangt bzw. zurückgegeben.

## 7.2 Phasen und methodische Schritte der Sozialpädagogischen Familiendiagnose

Der methodische Verfahrensablauf der Sozialpädagogischen Familiendiagnose hat sich seit der ersten Veröffentlichung unseres Buches (im Jahr 2006) kontinuierlich weiterentwickelt: Von den zunächst zwei prototypisch vorgeschlagenen Modellen hat sich im Rahmen diverser Fortbildungen jenes Modell durchgesetzt, dass dann Gegenstand des Evaluationsprojektes von 2009 bis 2011 (Cinkl/Krause 2011) war. In diesem Projekt konnte die „Wirkfähigkeit" des Verfahrens nachgewiesen werden, wobei nur unbedeutende Modifikationen vorgenommen werden mussten und zwei Diagnoseschritte hinzugefügt wurden: das Reflexionsgespräch und die Selbstevaluation. Die detaillierte Analyse der einzelnen Wirkfaktoren (Cinkl/Krause 2011, S. 64 ff.) ergab einige Akzentverschiebungen: die Teamauswertung hat weiterhin einen zentralen Stellenwert, während sich das Rückmeldegespräch als besonders wirkmächtiger Diagnoseschritte aus Sicht der Familienmitglieder erwies. Überraschend war auch, dass die Präsentation der Diagnoseergebnisse im Hilfeplangespräch durch die Familienmitglieder aus Sicht des Jugendamtes so deutlich positiv bewertet wurde (ebd., S. 121 ff.). Unsere praktischen Erfahrungen und die Berichte aus Fortbildungen haben seit dem Evaluationsprojekt gezeigt, dass zur Förderung des familiären Dialogs und der Aushandlungen über Sichtweisen und Bedürfnisse die Präsentation der eigenen Lebensthemen und Handlungsvorschläge durch das Kind oder den Jugendlichen den erwachsenen Familienmitgliedern gegenüber besonders wirkungsvoll ist. Besonders wirkmächtig scheint die Präsentation der eigenen Diagnose im Hilfeplangespräch durch die jungen Menschen im Sinne der Berücksichtigung von Sichtweisen und Hilfeerwartungen zu sein. Bemerkenswert ist, dass in den Sozialpädagogischen Diagnosen für Kinder und Jugendliche regelmäßig „gewichtige Anhaltspunkte" im Sinne des § 8a SGB VIII genannt werden, obwohl der Interviewleitfaden im engeren Sinne nicht als Rechercheinstrument für Kindeswohlgefährdung konzipiert ist, der diagnostische Prozess aber offenbar ermutigt, über Kindeswohlgefährdung zu sprechen (dies gilt in vielen Fällen auch für Kinder und Jugendliche, die schon länger in den Erziehungshilfen betreut wurden und die Kindeswohlgefährdung bislang nicht bekannt war). Im Evaluationsprojekt wurde ein Rahmenmodell für Kindeswohlgefährdung, das „Diagnostische Dreieck" (ebd., S. 233 ff.), konzipiert, für das mittlerweile einige praktische Erfahrungen vorliegen, die zeigen, dass bei tatsächlicher oder vermuteter Kindeswohlgefährdung die Sichtweisen der Erwachsenen sehr offensiv in den Hilfeplanprozess eingebracht werden müssen, weil sie sonst kaum berücksichtigt werden.

Die folgende Darstellung der Sozialpädagogischen Familiendiagnose berücksichtigt die Sozialpädagogischen Diagnosen für Kinder und Jugendliche nur, insofern sie Teil einer Sozialpädagogischen Familiendiagnose sind (ausführlich Cinkl/Krause 2011, S. 171 ff.). Eine detaillierte Darstellung der einzelnen diagnostischen Schritte der Sozialpädagogischen Diagnosen für Kinder und Jugendliche findet sich bei Uhlendorff (2010).

Die Sozialpädagogische Familiendiagnose besteht aus acht Phasen mit entsprechenden methodischen Schritten:

### *(1) Diagnoseeinleitung*

Im Rahmen der Diagnoseeinleitung sind rechtliche und jugendhilfeorganisatorische Kontexte zu berücksichtigen: Bei der Klärung des erzieherischen Bedarfs und einer entsprechenden Hilfe zur Erziehung, beispielsweise im Rahmen einer Sozialpädagogischen Familienhilfe oder einer Mutter-Vater-Kind-Einrichtung, ist die Diagnoseeinleitung Teil der Hilfeeinleitung und damit der Erstkontakt mit den Eltern, Kindern und Jugendlichen. In diesem Fall ist die Familiendiagnose selbstverständlicher und obligatorischer Teil der Hilfe und wird den Familien auch so präsentiert. Wird einer Familie bereits eine Hilfe zur Erziehung gewährt und kommt es zu keinem produktiven Arbeitsbündnis oder zeitigt die Hilfe keinen Erfolg, kann die Sozialpädagogische Familiendiagnose zur Neujustierung eingesetzt werden. Sie kann auch im Rahmen eines Clearings bei Kindeswohlgefährdung eingesetzt werden, hier sollte die Familiendiagnose ergänzt werden mit anderen diagnostischen Methoden zur Recherche der „gewichtigen Anhaltspunkte“ sowie mit den Einschätzungen der beteiligte Fachkräfte; das Jugendamt sollte gegenüber der Familie offenlegen, inwieweit ein Zwangskontext vorliegt, d. h. ob die Nicht-Kooperation mit negativen Konsequenzen für die Familie verbunden ist. Im Evaluationsprojekt wurde dazu ein Rahmenmodell, das „Diagnostische Dreieck“ entwickelt (Cinkl/Krause 2011, S. 233 f.). Die Diagnoseeinleitung dient dem Ziel, die Familie für die Mitarbeit am diagnostischen Prozess zu gewinnen, indem Transparenz über das Verfahren hergestellt wird, wobei besonders zu betonen ist, dass es um die Orientierung an den Selbstdeutungen der Familienmitglieder geht. Bei Clearings oder zur Neujustierung der Hilfe formulieren die am diagnostischen Prozess Beteiligten eine Fragestellung, die mit Hilfe der Sozialpädagogischen Familiendiagnose beantwortet werden soll.

### *(2) Vorgespräch*

Das Vorgespräch mit den Familienmitgliedern findet in der Regel innerhalb der Familienwohnung statt und wird von einer Fachkraft moderiert. Nach Möglichkeit nimmt die gesamte Familie teil. Ziel ist es, die Familienmitglieder auf die Diagnose vorzubereiten. Dies umfasst Folgendes: die Einwilligung zur Teilnahme (falls noch nicht geschehen), Informationen zum Interviewverfahren

(Interviewthemen, Ablauf), zum Umgang mit den Interviewinformationen (Datenschutz), zum Ablauf der Diagnose etc. Das Ziel des Vorgesprächs besteht darin, konkrete Absprachen hinsichtlich des diagnostischen Prozesses und dessen Modalitäten zu treffen, dies umfasst auch die Sicherstellung der informationellen Selbstbestimmung („Ist die Familie damit einverstanden, dass das Jugendamt alle Diagnoseergebnisse erfährt oder nur einzelne Teile, etwa die Konfliktthemen und die Handlungsvorschläge?"). Schließlich werden Ort und Termine für die Interviews vereinbart.

### *(3) Interviews mit Eltern, Jugendlichen und Kindern*

Mit Hilfe der Interviews wird das „Sprachmaterial" für die Diagnoseerstellung erhoben. Bei den Interviews handelt es sich nicht um Beratungsgespräche, sondern um Gesprächssituationen zur systematischen Generierung von Informationen. Die Interviews werden mit den Elternteilen, den Jugendlichen oder Kindern einzeln durchgeführt. Sie basieren auf einem Leitfaden (einem für die Eltern und einem für die Jugendlichen und Kinder). Nach unseren Erfahrungen kann man mit Kindern ab dem sechsten Lebensjahr ein Interview führen. Die Leitfäden für die Eltern sowie für die Kinder bzw. Jugendlichen finden sich im Anhang. Im Fokus der Elterninterviews stehen folgende Themen: aktuelle Familiensituation, Biografie, Familienalltag, Selbstbild, Belastungen, Kindererziehung, Hauptschwierigkeiten und Erwartungen an Helfersysteme. Der Interviewleitfaden ist so aufgebaut, dass er standardisierte Fragen enthält und Stichworte, die, falls sie nicht thematisiert wurden, als Fragen formuliert werden können. Die Interviews mit den Kindern und Jugendlichen enthalten folgende Schwerpunkte: Tagesablauf, Interessen, Körpererfahrungen, Familie und Verwandtschaft, Biografie, Freunde, Erfahrungen mit Schule/Ausbildung und Jugendhilfe, Zukunftswünsche und Selbstbild. Für die Interviewdurchführung gilt die Regel, dass die Interviewten Fragen, die sie nicht beantworten wollen, nicht beantworten müssen. Die Interviews werden auf Tonträgern aufgezeichnet (Audioaufnahme).

### *(4) Teamauswertung der Interviews*

Die Interviews werden im Team gemeinsam abgehört (auf Transkription wird verzichtet). Eine Teamgröße von drei Fachkräften ist dabei optimal. Zur Auswertungsgruppet sollten der/die Interviewer*in gehören sowie die Fachkräfte des betreuenden Teams. Wenn die Sozialpädagogische Familiendiagnose zur Neujustierung der Hilfe eingesetzt wird, ist es sinnvoll, wenn die Mitglieder des Auswertungsteams die Familien nicht kennen, um ein möglichst vorurteilsfreies Hören zu ermöglichen. Die Auswertung der Elterninterviews erfolgt nach folgendem Schema (Cinkl/Krause 2011, S. 179 – dort finden sich auch mögliche Modifikationen):

- Protokollierung von aktuellen Belastungen, Ressourcen und des subjektiven Hilfeplans auf Flipchart-Bögen beim Hören.
- Einordnung in die Deutungsmuster der Erfahrungsdimensionen auf DIN A4-Vordruck (siehe Anhang 5 und 9/Diagnosemanual in diesem Band) oder am Computer mit Hilfe von Ankerzitaten, wobei die Erfahrungsdimensionen auf die einzelnen Teammitglieder aufgeteilt werden.
- Formulierung von Konfliktthemen in Ich-Form-Sätzen auf Flipchart.
- Nach Einordnung in die Hilfethematiken und Aufgabentypen (siehe Anhang 7 und 8 in diesem Band): Erarbeitung von Handlungsvorschlägen bei Familien mit wenig Ressourcen und wenig eigenen Hilfeideen (subjektiver Hilfeplan), ansonsten Erarbeitung von Handlungsvorschlägen in den Rückmeldegesprächen mit der Familie.
- Beantwortung der Fragestellung (im Rahmen von Clearings).
- Bewertung des Interviews an Hand der Interviewregeln (dies dient der Verbesserung der Interviewtechnik).

Bewährt hat sich mittlerweile das Notieren möglicher Konfliktthemen auf Moderationskarten durch die einzelnen Fachkräfte während des Hörens, die dann als Basis der Formulierung der Konfliktthemen auf dem Flipchart durch das Team dienen. Die Auswertung der Interviews mit den Kindern und Jugendlichen erfolgen in einer vereinfachten Form: das Interview wird gemeinsam gehört und analog zu den Erwachsenen werden Moderationskarten mit den Lebensthemen für die Formulierung der Themen auf Flipchart genutzt.

Als eine wichtige Grundregel für die Dokumentation der Interviews gilt, dass Interpretationen durch die Fachkräfte vermieden werden. Die Dokumentation erfolgt möglichst dicht an der Sprache der Interviewten. Eine wichtige Regel ist, dass Benennung der Konfliktthemen bzw. Lebensthemen den tatsächlichen Aussagen der Eltern und Jugendlichen folgen, im Sinne einer „dichten Beschreibung" (Geertz 1983). Die Einordnung in die Deutungsmuster der 12 Erfahrungsdimensionen (siehe Anhang 5) dient der Kontrolle, ob eventuell Konfliktthemen überhört wurden: Wenn sich etwa bei der Einordnung in die Erfahrungsdimension „Biografische Leidensmuster" das Deutungsmuster „Das Leben als durchgängige Leidensgeschichte" findet, ist unter den Konfliktthemen ein auf die Biografie bezogenes Thema zu erwarten. Wenn zusätzlich zu oben dargestellten Auswertungsschritten eine Einordnung in die Hilfethematiken und Aufgabentypen vorgenommen wird (siehe Anhang 7 und 8), dient dies vor allem der Schwerpunktsetzung in Bezug auf die Hilfedurchführung: bei einer „Paarkonfliktfamilie" sollten die auf das Paar bezogenen Themen im Vordergrund stehen. Im weiteren diagnostischen Prozess kann die Einordnung auch der fachlichen Legitimierung von Hilfen dienen; trotz der breiten Verankerung systemischer Arbeitsweisen gibt es immer noch Jugendämter, die Paarberatung oder Paartherapie nicht zu den Aufgabenfeldern der Erziehungshilfen zählen.

### (5) Einzelrückmeldungen

Der Rückmeldeprozess beginnt mit den Rückmeldegesprächen für die Einzeldiagnosen der Erwachsenen. Die Einzelrückmeldung gibt die Fachkraft, die das Interview geführt hat. Sie hat folgenden Ablauf:

1. Die Flipchart-Bögen Belastungen, Ressourcen, Subjektiver Hilfeplan sowie der Flipchart-Bogen mit den Konfliktthemen werden aufgehängt. Die ersten drei Flipchart-Bögen werden kurz durchgegangen, aber nicht diskutiert, weil es sich um direkte Aussagen der Betroffenen handelt.
2. Die Konfliktthemen werden einzeln präsentiert und ausführlich erläutert mit inhaltlichen Bezügen auf das Interview. Für jedes Konfliktthema wird dann die Frage „Haben wir Sie richtig verstanden?" gestellt. Modifizierungswünsche in Bezug auf die Konfliktthemen werden an der Flipchart durch die Betroffenen selbst vorgenommen (Korrekturen in einer anderen Farbe) und anschließend abgehakt.
3. In Bezug auf die Erarbeitung der Handlungsvorschläge gilt folgende Regel: In der Teamauswertung werden Handlungsvorschläge dann erarbeitet, wenn sich bei den aktuellen Belastungen mehr Aussagen als bei den Ressourcen und dem subjektiven Hilfeplan zusammen finden. Diese werden dann im Rückmeldegespräch präsentiert.

Dominieren die aktuellen Belastungen nicht, werden die Handlungsvorschläge an Hand der Konfliktthemen erarbeitet, und zwar für jedes Konfliktthema mindestens ein Handlungsvorschlag. Dabei wird Bezug genommen auf die Flipcharts mit den Ressourcen und dem subjektiven Hilfeplan, auf denen sich in der Regel Anregungen für Handlungsvorschläge finden. Finden sich dort keine Anregungen, werden die Betroffenen gefragt: „Haben Sie konkrete Vorstellungen oder Ideen, was getan werden könnte?" Erst danach bringt die rückmeldende Fachkraft eigene Ideen ein. Wurden in der Teamauswertung Handlungsvorschläge erarbeitet, werden diese präsentiert und nachgefragt, ob sie nachvollziehbar sind, als sinnvoll erachtet und als umsetzbar betrachtet werden. Zusätzlich wird nach eigenen Handlungsvorschlägen der Betroffenen gefragt. Hier spielt eine dialogische Gestaltung des Gesprächs eine zentrale Rolle. Im Rückmeldegespräch können auch konkretisierende oder Verständnisfragen sowie Fragen nachgeholt werden, die im Interview nicht gestellt wurden.

4. Zum Schluss werden Absprachen getroffen hinsichtlich der Vorstellung der Diagnoseergebnisse gegenüber anderen Familienmitgliedern.

### *(6) Gegenseitige Vorstellung der Diagnoseergebnisse*

Im nächsten Verfahrensschritt stellen sich die Erwachsenen die Diagnoseergebnisse gegenseitig vor. Dies kann das Verstehen für den Anderen befördern, aber auch Differenzen deutlich werden lassen. Deshalb sollte das Gespräch zu zweit moderiert werden. Nach der gegenseitigen Vorstellung werden gemeinsame Themen oder Themenbereiche (Korrelationsthemen) identifiziert. Diese drehen sich oft um die Kindererziehung und/oder die Paarbeziehung. Dann stellen sich die Erwachsenen ihre Handlungsvorschläge vor und verständigen sich, welche davon umgesetzt werden sollen. Die gegenseitige Vorstellung der Konfliktthemen und der Handlungsvorschläge sind oft so umfänglich, dass dafür zwei Termine notwendig sind. Bei einem weiteren Termin stellen die Jugendlichen selbst ihre Lebensthemen und ihre Handlungsvorschläge mit Unterstützung einer diagnostischen Fachkraft vor. Zusätzliche Handlungsvorschläge der Erwachsenen werden ergänzt. Die Erwachsenen wiederum präsentieren ihrem Kind ihre Vorstellungen, wie seine Lebenssituation in der Familie durch ihre Handlungsvorschläge verbessert werden könnte. Die Auseinandersetzung der Eltern mit der Lebenssituation ihres Kindes ist ein wichtiger Gradmesser für die Empathie der Eltern ihrem Kind gegenüber und für die Fähigkeit, ihm zuzuhören. Wenn keine Sozialpädagogische Diagnose vorliegt oder das Kind noch zu jung ist, kann eine sozialpädagogische Fachkraft advokatorisch als „Stellvertreter" des Kindes dessen Perspektive den Eltern gegenüber einnehmen.

### *(7) Reflexionsgespräch*

Das Reflexionsgespräch der betreuenden Fachkraft bzw. des betreuenden Teams mit der Familie stellt den „Startschuss" für die Hilfe dar. Es findet ca. 10 Tage nach dem Rückmeldegespräch statt, um der Familie Zeit zur weiteren Reflexion zu geben. Im Zentrum des Gesprächs stehen folgende Fragen:

- Wie war bei den Beteiligten die „Gefühligkeit" (emotionale Auseinandersetzung) nach den einzelnen Rückmeldungen? Welche Wirkung hatte dies?
- Gab es neue Erkenntnis? Welche Wirkung hatte dies?
- Mit wem haben Sie über welche Themen und Handlungsvorschläge gesprochen? Welche Wirkung hatte dies?
- Haben Sie schon eigenständig Handlungsvorschläge umgesetzt? (Erfolg/ Misserfolg)
- Haben Sie noch weitere eigene Handlungsideen?

- Welche Auswirkungen hatte die Rückmeldung in Bezug auf die Kinder/Jugendlichen (Verstehen problematischer Verhaltensweisen des Kindes, Gespräche mit dem Kind, Gespräche mit signifikanten Anderen über das Kind, neue kindbezogene Handlungsideen etc.)?

Nach der Reflexion der Rückmeldungen wird im Hinblick auf die Handlungsvorschläge eine Prioritätenliste mit konkreten und realistischen Zeitangaben zur Umsetzung (auf Flipchart) erarbeitet.

### *(8) Hilfeeinleitung*

In der Regel beginnt die Hilfeeinleitung mit einem Hilfeplangespräch. Wenn kein Hilfeplangespräch stattfindet, beginnt die Hilfeeinleitung bereits mit dem Reflexionsgespräch. Die Familien stellen dabei mit Hilfe der Flipcharts ihre Diagnose den Fachkräften des Jugendamts selbst vor. Die Selbstpräsentation der Diagnoseergebnisse kann sich aber nur dann positiv auswirken, wenn sich das Jugendamt in seiner Grundhaltung auch an den Familien orientiert und das Mündigmachen der Sichtweisen der Familien nicht als Machtverlust bewertet. In den Hilfeplangesprächen findet auch ein Ringen um die Deutungshoheit statt und inwieweit Partizipation und dialogische Zusammenarbeit auf Augenhöhe tatsächlich Grundhaltung des Jugendamtes sind.

Für alle Arbeitsschritte der Sozialpädagogischen Familiendiagnose ist der Einsatz von Flipcharts charakteristisch, weil er die Transparenz der Diagnoseergebnisse und einen kollektiven Arbeitsprozess mit einem gemeinsamen visuellen Aufmerksamkeitsfokus ermöglicht. Die Flipcharts mit den Diagnoseergebnissen stellen neben dem Tonträger des Interviews das wichtigste materielle Resultat der Diagnose dar. Die Sicherung der Originalaussagen verhindert die Enteignung der Sichtweisen der Familie. Die Vergegenständlichung durch Flipcharts und Tonträger macht die Diagnoseergebnisse verbindlicher.

### *(9) Selbstevaluation*

Die Selbstevaluation dient routinemäßig nach 4 bis 6 Monaten zur Überprüfung der eigenen Arbeit und in der Regel zur Vorbereitung des nächsten Hilfeplangesprächs. Sie wird aber auch dann eingesetzt, wenn es Krisen in der Zusammenarbeit zwischen Fachkräften und der Familie gibt. Die Selbstevaluation wird durch die betreuende Fachkraft bei der Routineüberprüfung durchgeführt und durch eine unabhängige Person bei Krisen in der Zusammenarbeit oder bei drohendem Hilfeabbruch. Als Material werden die Flipcharts mit den Konfliktthemen und den Handlungsvorschlägen verwendet. Der Ablauf der Selbstevaluation gestaltet sich folgendermaßen:

- Die Themen werden einzeln mit der Frage „Inwiefern ist das Thema noch relevant?“ durchgegangen.
- Es wird jeweils nach den Gründen gefragt, warum ein Thema nicht mehr relevant ist (Umsetzung der Handlungsvorschläge, Eigenaktivität, veränderte Lebensumstände)
- Die Handlungsvorschläge werden einzeln mit der Frage „Ist der Handlungsvorschlag umgesetzt worden?“ durchgegangen.
- Bei den nicht umgesetzten Handlungsvorschlägen wird nach den Gründen gefragt, bei den umgesetzten Handlungsvorschlägen nach Erfolg der Misserfolg.
- Es wird ein Resümee in Form von zwei Flipcharts erarbeitet: „Was ich geschafft habe“ (Erfolge) und „Was als Nächstes zu tun ist“ (weitere Handlungsvorschläge), Ein Beispiel findet sich in Cinkl/Krause (2011, S. 191).
- Die betreuenden Fachkräfte nehmen Stellung zu ihren Handlungsmöglichkeiten: „Wo wir die Familie unterstützen können“.

Die Ergebnisse der Selbstevaluation werden ggf. im Jugendamt beim nächsten Hilfeplangespräch durch die Familie wieder in Form der Flipcharts präsentiert.

## 7.3 Praxisbeispiele

Im Folgenden dokumentieren wir zwei Sozialpädagogische Familiendiagnosen. Dabei folgen wir dem in Abschnitt 7.2 skizzierten Diagnoseverlauf. Die erste Diagnose (Herr Fuchs) entstand im Rahmen einer mehrmonatigen Fortbildung, in der Falldiagnosen aus der Praxis der Teilnehmer*innen erstellt und begleitet wurden. Der Diagnose-Schritt „gegenseitige Vorstellung der Diagnoseergebnisse“ entfiel hier, da es sich um einen alleinerziehenden Vater mit Kleinkindern handelt. Die zweite Diagnose entstand im Rahmen eines Clearingverfahrens eines freien Jugendhilfeträgers.

### 7.3.1 Sozialpädagogische Diagnose Herr Fuchs

1. *Diagnoseeinleitung*: Herr Fuchs (34 Jahre alt) wohnt mit seinen beiden Söhnen Markus (2 Jahre) und Paul 1 (Jahr) in einer Dreizimmerwohnung in einem Mietshaus in einer Großstadt. Markus lebt seit einem Jahr bei Herrn Fuchs, Paul dort seit einem halben Jahr. Herr Fuchs und die Mutter der beiden Söhne haben sich vor einem Jahr geschieden, nachdem sie aus der gemeinsamen Wohnung ausgezogen war. Aufgrund eines Familiengerichtsbeschlusses konnte Markus bei Herrn Fuchs bleiben, während Paul zu seiner leiblichen Mutter zog.

Es kam zu einer Eskalation zwischen den beiden Elternteilen, da Herr Fuchs das Wohl seines Sohnes Paul bei der leiblichen Mutter gefährdet sah. Schließlich hat Herr Fuchs das Jugendamt eingeschaltet, in Folge dessen das Kind in eine Pflegefamilie untergebracht wurde. Herr Fuchs hat sich sehr intensiv darum bemüht, dass sein Sohn Paul mit ihm und Markus zusammenlebt. U. a. hatte er seine Bereitschaft geäußert, seine Berufstätigkeit einzustellen, um voll und ganz für seine Kinder da zu sein. Das Jugendamt hat seinem Wunsch entsprochen unter der Voraussetzung der Inanspruchnahme einer sozialpädagogischen Familienhilfe. Darauf hat sich der Vater eingelassen. Im Rahmen des Hilfeplanverfahrens, an dem Herr Fuchs, die Fachkraft des Jugendamtes und ein Sozialpädagoge des freien Trägers (der mit der SPFH beauftragt wurde) teilnahmen, wurde beschlossen, die Sozialpädagogische Familienhilfe einzuleiten und in den ersten Wochen den erzieherischen Bedarf für die Fortschreibung der Hilfe zu konkretisieren. In der Teambesprechung der Fachkräfte des freien Trägers wurde beschlossen, dass der zustände Betreuer Herrn Fuchs zunächst im Alltag begleitet und Herrn Fuchs die Sozialpädagogische Familiendiagnose anbietet, sobald ein Vertrauensverhältnis besteht. Das Angebot wurde ihm nach zwei Wochen unterbreitet und das Diagnoseverfahren kurz vorgestellt. Herr Fuchs erklärte, dass er grundsätzlich bereit sei, und willigte ein, ein Vorgespräch zu führen.

2. *Vorgespräch*: In dem Vorgespräch erläuterte sein Betreuer Herrn Fuchs Sinn und Zweck sowie den Ablauf und die Grundregeln der Diagnose, ebenso die Datenschutzbestimmungen. Herr Fuchs hörte interessiert zu, stellte Nachfragen. Er teilte seinem Betreuer mit, dass seine Familiengeschichte im Rahmen des Gerichtsprozesses schon so oft erzählt habe, dass ihm das Interview und das Auswertungsgespräch keine Schwierigkeiten bereiten werde. Es wurde ein Interviewtermin vereinbart.

3. *Interviewdurchführung:* Das Interview fand eine Woche später statt, wie verabredet in seiner Wohnung. Das Interview dauerte ca. 50 Minuten.

4. *Teamauswertung des Interviews*: An der Teamauswertung waren der zuständige Betreuer und zwei Fachkräfte der SPFH beteiligt. Beim Abhören der Tonaufnahme wurden folgende Ergebnisse auf einer Flipchart festgehalten (bei den Passagen in Anführungsstrichen handelt es sich um wortwörtliche Zitate aus dem Interview, bei den restlichen um sinngemäße Wiedergabe der Mitteilungen):

**Belastungen**

- Ich bin so ziemlich allein mit Haushalt und Kindern. Meine Mutter, Geschwister und Onkel wohnen 300 km entfernt und können mich im Alltag nicht unterstützen … Der Haushalt überlastet mich: „Ick hab früher immer über alleenerziehende Frauen geschimpft … so ähm ach Frauen könn dat, die schaffen dat mit links 'ne. Und jetz seh ick et selber wie schwer det überhaupt is och."
- Herrn F. belastet: „Dass ick halt äh kein Freizeit mehr hab. Alle zwei Wochen 'ne so weggehn mit nem Kumpel und so 'ne. Dat geht einfach nich mehr."
- Ich bin arbeitslos und den ganzen Tag mit Haushalt und Erziehung beschäftigt, „manchmal, da fällt mir die Decke uff'n Kopp".
- Konsequente Haltung in der Erziehung: „Also eigentlich bei der Konsequenz bleiben. Da hab ick immer noch meine Schwierigkeiten."

**Subjektiver Hilfeplan**

- Ich wünsche mir Ratschläge im Alltag in Bezug auf Ernährung der Kinder. Ich brauche Tipps, wie ich konsequenter im Umgang mit den Kindern bin, damit sie ihre Grenzen kennen.
- Ich brauche Alltagsentlastung, um etwas für mich zu machen und um Freunde zu treffen.
- Ich möchte meine finanzielle Situation verbessern, eine Weiterbildung zum Kurierfahrer absolvieren und einer Berufstätigkeit nachgehen.
- Der Berufseinstieg ist mit dem Wunsch verbunden, auch Kontakt zu anderen Erwachsenen intensiver wieder pflegen zu können: „Man kann unter Leuten denn vielleicht und so 'ne ja". Während sich die Kinder in der Kita befinden, möchte ich arbeiten.
- Ich möchte auch Zeit ohne die Kinder verbringen: „[…] denn hab ick och n bißchen äh äh Ruh. Also auch n bißchen Zeit für mich hab."
- Ich wünsche mir eine neue Partnerin, die mich im Alltag und bei der Kindererziehung unterstützt: „Ick mein, wenn man dann zusamm' is und so, dann müssten auch die Kinder auf die Partnerin hörn."

**Ressourcen**

Das Verhältnis zu meiner Mutter ist harmonisch; die Kinder sind ihr wichtig: „und da tun die Kinder sich immer wohlfühln", auch mein Onkel hat einen gut Draht zu den Kindern.

**Konfliktthemen**

- Ich bin ein guter Vater, es gibt aber noch ein paar Alltagshürden, die ich überwinden will, dies betrifft die gesunde Ernährung der Kinder, außerdem muss ich in der Erziehung konsequent zu bleiben.
- Ich möchte wieder in den Beruf einsteigen, ich bin mir aber unsicher, wie sich dies mit der Kinderbetreuung vereinbaren lässt.
- Ich bin den ganzen Tag mit Haushalt und Kindererziehung beschäftigt, mir fällt manchmal die Decke auf den Kopf. Ich wünsche mir Entlastung und Ausgleich.
- Ich wünsche mir eine neue Partnerin, ich habe Angst, dass die Beziehung schief läuft.

Schließlich wurden die restlichen Aussagen von Herrn Fuchs in den übrigen Auswertungskategorien zusammengefasst:

**Biografische Erfahrungen und Familiengeschichte**
Herr Fuchs wuchs zunächst bei seinen Eltern auf. Er hat drei weitere Geschwister. Nach der Trennung der Eltern blieb er bei seiner Mutter. Während seines 11. Lebensjahrs kam es zu einem weiteren Lebenseinschnitt. Herr Fuchs wurde in einer stationären Einrichtung der Jugendhilfe untergebracht, da er in der Schule auffällig geworden sei. „Kam halt das Jugendamt und Kinder weg; da wurde nich gefragt so wie heute". Nach einem längeren Heimaufenthalt ist Herr Fuchs für kurze Zeit wieder zu seiner Mutter gezogen, die in der Zwischenzeit einen neuen Partner kennengelernt hat. Da Herr H. sich mit ihm nicht verstanden hat und es zu Auseinandersetzungen gekommen ist, hat der ‚Stiefvater' ihn rausgeworfen. So hat Herr Fuchs mit 14 Jahren auf der Straße gelebt: „Und bin halt immer immer weggezogen … ick hab schon fast in ganz Deutschland gewohnt also. Ick kenn eigentlich jedes Bundesland *(lacht)*." In der Herkunftsfamilie herrschte ein traditionelles Rollenverständnis. Beide Elternteile sind berufstätig gewesen; die Mutter war gleichzeitig für die Kinder und den Haushalt zuständig. Nach der Trennung der Eltern hat sich dies nicht verändert: „Im Prinzip war sie eigentlich nur für uns da". Die Großeltern haben seine Mutter bei der Betreuung der Kinder unterstütz. In Erinnerung geblieben ist ihm, dass sein Vater ihn geschlagen hat. Die Beziehung zu seiner Mutter beschreibt er als harmonisch bis sie ihren neuen Partner kennengelernt hat, der für seine Mutter Priorität hatte.

**Sozioökonomische Rahmenbedingungen**
Herr Fuchs lebt gegenwärtig von Transferleistungen. Bei einem finanziellen Engpass erhält er Hilfe von seiner Mutter. Mit seiner Wohnsituation ist er unzufrieden, da ihm seine Wohnung zu klein erscheint.

**Erfahrungen mit öffentlichen Institutionen**
Herr Fuchs hat mehrere Jahre in einem Heim gelebt. Er hat unangenehme Erinnerungen an die Mitarbeiter des Jugendamts, die ihn aus der Familie genommen haben.

**Einbindung in informelle Unterstützungs- und Helfersysteme**
Zu seiner Mutter, die 300 km weiter weg wohnt, hat er guten Kontakt. Er besucht sie häufig mit den Kindern und erhält finanzielle Unterstützung von ihr. Seine Geschwister und sein Onkel, mit denen er sich gut versteht, wohnen ebenfalls 300 km entfernt. Er hat zu seinem Vater keinen Kontakt. Herr Fuchs hat niemanden, der ihn bei der Betreuung der Kinder unterstützen könnte. Bei einem terminlichen Engpass würde er seinen Familienhelfer um Hilfe bitten.

**Familiäre Arbeitsteilung**
Herr Fuchs ist alleinzuständig für den Haushalt und die Kindererziehung.

**Familiäre Zeitstruktur**
Der Tagesrhythmus orientiert sich an zeitlichen Vorgaben der Kita. Der Tag beginnt für Herrn Fuchs um sechs Uhr morgens. Bevor er die Kinder weckt, macht er sich fertig und bereitet das Frühstück vor. Nachdem er gemeinsam mit den Kindern gespielt und „SpongeBob" geschaut hat, bringt er sie gegen halb neun in die Kita. Danach erledigt Herr Fuchs die Einkäufe und nimmt Termine wahr. Gegen 14.00 holt er die Kinder wieder ab. Der Nachmittagsbereich wird mit Basteln oder Aktivitäten außer Haus (z. B. Tierpark, Spielplätze) gestaltet. Um sechs Uhr wird gemeinsam das Abendessen eingenommen. Anschließend werden die Kinder gebadet. Bevor sie schlafen gehen, spielen oder toben die Kinder. Mit dem Tagesablauf ist Herr Fuchs zufrieden.

**Kindererziehung**
Die gesunde Ernährung der Kinder ist ihm wichtig, allerdings sei er im Kochen noch nicht so geübt. Ihn frustriert, dass die Kinder das von ihm zubereitete Essen oft nicht mögen. Weil die Mutter seinen jüngsten Sohn mit Süßigkeiten verwöhnt hat, verlangt er oft nach Süßigkeiten. Er bereitet viel Kamillen- und Pfefferminztee zu, „also dat trinken sie sehr viel." Allerdings verlangt Paul Zucker im Tee; „wie gesacht viele Probleme gehabt, weil die Mutter hat den Kleenen immer wenn er geschrien hat den süßen Krümeltee rin in Mund und was zu trinken. War er still so. Und darauf hat er praktisch n Reflex entwickelt." Ihm ist ein gewaltfreier Umgang seiner Kinder untereinander wichtig. Auch für ihn selbst kommt das Schlagen seiner Kinder nicht in Frage. Herrn Fuchs ist ein „lockerer Umgang" mit den Kindern wichtig, er macht mit ihnen auch „Blödsinn", auch wenn manchmal Gegenständen zu Bruch gehen, was er nicht als dramatisch empfindet. Er kritisiert seine inkonsequente Haltung den Kindern gegenüber: „[...] Also eigentlich schon also dat gibts zwar wieder bei bei der Konsequenz bleiben. Da hab ick immer noch meine Schwierigkeiten, weil ähm wenn ick mitm Markus schimpfe, dann guckt er so traurich und so mit seine Kulleraugen mit seine langen Wimpern und denn hm kann ick manchmal nich hart bleiben."
Die Fürsorgetätigkeiten empfindet er vor allem dann anstrengend, wenn die Kinder besondere Fürsorge brauchen. So konnte er in der Phase, in der Paul Zähne bekommen hat, wenig schlafen, „es sind halt Kinder und äh ick kann n Kind nich den Mund zubinden oder n Kind nich einsperren oder so geht nich also muss ick halt durch."

**Selbstbilder und Personenentwürfe**
Herr Fuchs beschreibt sich als Vollzeitvater, der kaum Zeit für sich hat: „Wenn se ma schlafen hab ick ma Zeit für mich 'ne aber dann muss ick auch auf de Uhr gucken weil ick bin halt mehr so n Nachtmensch 'ne. Also ick bin halt äh ick geh meist um zwöfs eins ers schlafen. Aber dann muss ick och langsam ma abstelln so n bißchen weil äh dat schlaucht ja doch ganz schöne. Wegen die Kinder halt 'ne. Weil die brauchen mich ja auch fit."

**Familiäre Interaktionserfahrungen, Fürsorgemuster, Bindungen**
Die beiden Söhne sind ihm das wichtigste im Leben. Zur Mutter haben die Kinder keinen Kontakt mehr. Die intensivste Zeit mit ihnen verbringt er am Wochenende: „Also Wochenende sind wir meist wenn dat Wetter ... gut is, immer unterwegs. Weil hier gibt's halt viele Möglichkeiten" (Bootsausflüge, Parks, Spielplätze). An verregneten Tagen bastelt er gemeinsam mit seinen Söhnen.

**Partnerschaftskonzepte**
Aktuell hat Herr Fuchs keine neue Partnerschaft. Er wünscht sich aber eine Partnerin, die ihm auch einen Teil der Verantwortung für die Kinder abnimmt und ihn unterstützt. Er hat jedoch gewisse Ängste vor einer neuen Beziehung. „Ne also aber ick hab halt Angst das is dat Problem, ... wenn ich jetz 'ne Partnerin habe das dat gleiche wieder anfängt vielleicht wie mit der Mutter von den Kindern. Und davor hab ick so bißchen Bammel halt 'ne. Weil mir gehts auch um meine Kinder".

An die Auswertung erarbeitete das Team eine gemeinsame fachliche Einschätzung. Als Ausgangspunkt diente ein „Diagnosemanual" (siehe Anhang 5 und 9, das auf den Auswertungskategorien und der Typologie der Deutungsmuster beruhte; siehe Tab. 39).

Tabelle 39: Diagnosemanual Herr Fuchs

| Erfahrungsdimension | Deutungsmuster |
|---|---|
| 1. Biografische Leidensmuster | Vermutlich: *„Das Leben als durchgängige Leidensgeschichte"*. Im Interview kam die Biografie zu kurz, es müsste im Folgegespräch erfragt werden, ob ihn die Biografie (Kindheit/Jugend) aktuell noch belastet. |
| 2. Sozioökonomische Rahmenbedingungen/finanzielle Ausstattung | *„Es reicht nicht"*. Er muss, um über die Runden zu kommen, sich finanzielle Unterstützung von seiner Mutter einholen; die Wohnung ist zu eng |
| 3. Erfahrungen mit professionellen Helfersystemen | Nicht zuzuordnen, Erfahrungen mit Jugendamt müssten noch erfragt werden. |
| 4. Einbindung in informelle Helfersysteme | *„Nicht eingebundene Familie"*, Herr Fuchs ist z. Z. als Vater auf sich selbst gestellt, potentielle Helfer*innen (Mutter, Onkel) wohnen weit weg. |
| 5. Aktuell relevante familiäre Belastungen | *„Erwachsenenzentriertes Belastungsmuster"*, er wünscht sich Entlastung von Haushalt und Kindererziehung (mir fällt die Decke auf den Kopf); Herr F. fühlt sich als Alleinerziehender mit Haushalt und Erziehung der Kinder überfordert |
| 6. Familiäre Arbeitsteilung | *„Allzuständigkeit"* |
| 7. Familiäre Zeitstruktur | *„Kindzentriertes Zeitkonzept"* |
| 8. Erziehungsprobleme | *„Kinder brauchen Liebe, mir wächst alles über den Kopf"* |
| 9. Selbstzufriedenheit in Bezug auf familiäre Aufgaben und Beruf | *„Selbstkritiker"*, er ist unzufrieden, dass er arbeitslos ist, auf der anderen Seite ist er trotz aller Belastungen mit seiner Rolle als Vater zufrieden |
| 10. Bewältigung familiärer Konflikte – Konfliktkultur | *„Sachbezogen-erfolgreiche Konfliktkultur"*, Herr F. hat sich für seine Kinder eingesetzt und erfolgreich das Sorgerecht eingeklagt. |
| 11. Partnerschaftserleben | *„Identität" von Familie und Partnerschaft"* Für Herrn F. gehören Partnerschaft und Eltern-schaft/Familienfunktionen zusammen. Mit diesem Konzept ist er scheinbar in seiner Ehe gescheitert und es könnte ihn an einer neuen Partnerschaft hindern. Er zieht andere Partnerschaftskonzepte (living-apart together) nicht in Betracht. |
| 12. Subjektiver Hilfeplan | *„Selbstheiler"*, seine Erwartungen an professionelle Helfer sind eher niedrig (Unterstützung im Alltag, Erziehungstipps), er hat den Sorgerechtsstreit allein bewältigt und seinen Job gekündigt, um seine Kinder zu betreuen (und dem Jugendamt/Familiengericht zu zeigen, dass er seine Familienfunktionen erfüllen kann). |

Mit Blick auf das Diagnosemanual ergibt sich eine Vielzahl an Kategorien, in denen sich für Herr Fuchs Herausforderungen stellen: Sozioökonomische Rahmenbedingungen (Einkommens-/Wohnsituation), Einbindung in informelle Helfernetzwerke, Arbeitsteilung, Zeitstruktur, Erziehung, Balance von

Familienleben und Beruf. Mit Blick auf seine Ressourcen, seinem subjektiven Hilfeplan und seinem bisherigen Engagement als verantwortungsvoller Vater (gewonnener Sorgerechtsstreit) lassen sich eher positive Prognosen im Hinblick auf die Bewältigung der Herausforderungen abgeben. Allerdings, so scheint es, will Herr Fuchs sie alle gleichzeitig lösen und überfordert sich damit. Der Handlungsvorschlag (für das Rückmeldegespräch und eventuell weiterer Folgegespräche) der im Team erarbeitet wurde lautete: Herrn Fuchs dabei zu unterstützen, sich kurz-, mittel- und langfristige Ziele zu setzen und einen Aktionsplan zu erarbeiten. Ziel des Rückmeldegesprächs sollte es sein (nach der Präsentation der Belastungen, des subjektiven Hilfeplans und Ressourcen) seine „Leistungen" in seiner Rolle als verantwortungsbewusster und liebevoller Vater zu honorieren und mit ihm kurz-, mittel- sowie langfristige Ziele zu entwerfen, die in einen „Aktionsplan" eingehen.

5. *Rückmeldegespräch*: Zwei Wochen nach dem Interview fand die Rückmeldung im Wohnzimmer von Herrn Fuchs statt. An dem Gespräch nahmen, neben Herrn Fuchs, sein Betreuer und eine weitere Fachkraft des Teams teil. Herr Fuchs zeigte sich von der Rückmeldung sichtlich berührt. Einige Stellen kommentierte er sehr ausführlich. Allerdings fügte er dem im Interview Gesagten keine neuen Informationen hinzu mit einer Ausnahme: dass ihm das Einkaufen einschließlich Planung schwer falle, oft wisse er nicht, was und wo er günstig und gut einkaufen könne. Gelegentlich kaufe er zu viel ein, sodass die Lebensmittel verderben. Den Vorschlag, für sich kurz-, mittel und langfristige Ziele zu formulieren und einen entsprechenden Aktionsplan zu entwickeln und auf einer Flipchart-Seite aufzuschreiben, nahm er an. Das Ergebnis lautete so:

Kurzfristige Ziele:

- Ich will richtig kochen lernen und herausfinden, wie ich meine Kinder gesund ernähre. Ich möchte lernen, wie man einen Einkaufsplan erstellt und gut und günstig einkauft.
- Ich will einen konsequenten Erziehungsstil entwickeln.

*(Aktionsplan: Herr D. (Bezugsbetreuer) hilft mir beim Aufstellen eines Ernährungsplans und beim Einkaufen. Da Herr D. auch ein guter Familienkoch ist, wird er gemeinsam mit mir kochen. Herr D. wird mich im Alltag begleiten und mir Rückmeldung geben im Hinblick auf mein Erziehungsverhalten.)*

Mittelfristiges Ziel:

- Ich werde eine Umschulung zur Fachkraft für Kurier-, Express- und Postdienstleister machen.

*(Aktionsplan: Herr D. hilft mir, ein Bildungsförderzentrum zu finden, dass eine Teilzeitausbildung anbietet.)*

Langfristiges Ziel (nach der Umschulung):

- Ich werde mir in der Nähe meiner Familie eine Stelle als Kurier- oder Servicefahrer und eine schöne Wohnung für mich und meine Kinder suchen.

6. *Reflexionsgespräch im Team und mit Herrn Fuchs*: Das Rückmeldegespräch wurde zeitnah im Team ausgewertet. Das von Herrn Fuchs erstellte Zielplakat erschien den Fachkräften überzeugend. Anschließend fand ein Reflexionsgespräch mit Herrn Fuchs statt. Ziel des Gesprächs war es, das Zielplakat mit Herrn Fuchs nochmals durchzugehen und eventuelle neue Handlungsideen zu entwickeln. Gleichzeitig sollte das Hilfeplangespräch mit dem Jugendamt vorbereitet werden. Im Hinblick auf das anstehende Hilfeplangespräch wurde beschlossen, unter Berücksichtigung des Zielplakats dem Jugendamt ein Angebot des Jugendhilfeträgers zu unterbreiten: Ein achtwöchige intensive (Marte Meo unterstütze) Familienbegleitung (SPFH) durch Herrn D. im Umfang von 16 Fachleistungsstunden pro Woche. Nach acht Wochen intensiver Betreuung soll die Maßnahme auf sechs Fachleistungsstunden/Woche reduziert werden.

7. *Hilfeeinleitung, Einbringen der Diagnose in das Hilfeplangespräch*: An dem Gespräch waren Herr Fuchs, seine beiden Kinder, Herr D. und eine ASD-Mitarbeiterin beteiligt. Während des Hilfeplangesprächs konnte Herr Fuchs das von ihm erstellte Plakat mit den Zielen und den Aktionsplänen der ASD-Mitarbeiterin (die das Verfahren schon kannte) vorstellen und erläutern. Herr D. erläuterte die fachliche Einschätzung seines Teams und das Hilfeangebot. Es wurde ein Hilfeplan unterzeichnet, in dem die Ziele und die Aktionspläne von Herrn Fuchs sowie die fachliche Einschätzung von Herrn D. festgehalten wurden. Die schon eingeleitete Sozialpädagogische Familienhilfe wurde um vier Wochen mit jeweils 16 Fachleistungsstunden verlängert. Nach vier Wochen sollte ein weiteres Hilfeplangespräch zur Fortschreibung erfolgen.

8. *Selbstevaluation*: Die genannten Ziele wurden in den vier Wochen angegangen und zum Teil umgesetzt, dies betraf in erster Linie die Ernährung der Kinder. Im Erziehungsverhalten zeigte Herr Fuchs dennoch Unsicherheiten, sodass die intensive Familienbetreuung um einen Monat verlängert werden konnte, mit Erfolg, die Kinder gingen nun pünktlich ins Bett, konnten sich länger selbstständig beschäftigen und hielten beim Toben Grenzen ein (es gingen deutlich weniger Wohnungsgegenstände zu Bruch). Die SPFH wurde nach zwei Monaten auf sechs Stunden pro Woche reduziert. Herr Fuchs hat sechs Monate nach dem Hilfeplangespräch eine Umschulung als Kurierfahrer (in Teilzeit) begonnen. Diese hat er nach einem dreiviertel Jahr beendet, da er in der Nähe des Wohnortes seiner Mutter eine Arbeitsstelle als Fahrer (in Teilzeit) bei einem Cateringservice („Essen auf Rädern") und eine Wohnung für sich und seine Söhne gefunden hat.

## 7.3.2 Sozialpädagogische Diagnose Frau Wenzel

Die folgende Sozialpädagogische Familiendiagnose wurde von einem freien Träger der Jugendhilfe[17] erstellt, der im Rahmen einer Leistungsvereinbarung mit dem örtlichen Jugendamt Sozialpädagogische Familiendiagnosen im Rahmen der Sozialpädagogischen Familienhilfe und als Clearing anbietet. Die Darstellung der Sozialpädagogischen Familiendiagnose entspricht der Berichtsform für die eigene Dokumentation und wird im Wesentlichen auch so verwendet im Clearingbericht für das Jugendamt. Der Bericht, den wir in Form und Inhalt für besonders gelungen halten, wurde uns freundlicherweise von Stefanie Haitz zur Verfügung gestellt. Wir haben ihn anonymisiert, an einigen Stellen gekürzt und markante Details weggelassen, um Wiedererkennungseffekte auszuschließen:

### Sozialpädagogische Familiendiagnose

Inhaltsverzeichnis

1. Angaben
2. Fallvorstellung
3. Fragestellung
4. Flipcharts (Fotos)/Aktuelle Belastungen, Ressourcen, Subjektiver Hilfeplan, Konfliktthemen, Handlungsvorschläge
5. Deutungsmuster
6. Beantwortung der Fragestellung
7. Darstellung der Rückmeldung und Auswirkung auf die Diagnose
8. Praktische Konsequenz für den Hilfeprozess
9. Anhang/Erläuterung/Hypothesen

### 1. Angaben

| | |
|---|---|
| Interviewte Personen: | Frau Wenzel |
| Ort und Interviewdauer: | Pforzheim Frau Wenzel / 75 min. |
| Interviewer/In, Tonträger: | Frau Haitz / Digital Voice Recorder |
| Auswertungsteam: | Frau Haitz und zwei Kolleginnen aus dem Team der SPPFH |
| Rückmeldegespräche: | Frau Wenzel<br>Frau Fischer (Jugendamt) zwei Wochen später |
| Betreuungsform: | SPFH |

17 Es handelt sich um die Sozialpädagogische Familienhilfe von pro familia e.V. Pforzheim. Wir danken dem Leiter der SPFH, Wolfgang Jeuter, seiner Stellvertreterin Kerstin Hasel, der fachlichen Begleitung der Sozialpädagogischen Familiendiagnosen, Dagmar Campisi und der Familienhelferin Stefanie Haitz dafür, uns den Bericht zur Verfügung gestellt zu haben. Das Team der SPFH arbeitet schon seit Jahren kontinuierlich mit den Sozialpädagogischen Familiendiagnosen und ist entsprechend qualifiziert und zertifiziert.

## 2. Fallvorstellung

Frau Wenzel ist eine 34-jährige alleinerziehende Mutter. Ihr Sohn Jakob ist zwei Jahre alt. Frau Wenzel war über acht Monate in einer Fachklink wegen einer Alkoholsucht. Sie hat die Therapie erfolgreich beendet. Während des Entzugs und der Therapie hat sie abstinent gelebt. Nach ihrer Rückkehr nach Pforzheim wünschte sie sich weiterhin Unterstützung in Form von SPFH bei der Erziehung ihres Sohnes und bei der Bewältigung der Alltagsaufgaben. Die Fachklinik sah ebenfalls einen Unterstützungsbedarf, weshalb sich Frau Wenzel beim Jugendamt meldete und eine SPFH beantragte, die auch bewilligt wurde. Einige Wochen nach Beginn der Hilfe hatte Frau Wenzel einen Alkoholrückfall. Sohn Jakob musste für ca. zwei Monate in Obhut genommen werden und kam während dieser Zeit in eine Pflegefamilie.

## 3. Fragestellung

*Was benötigt die Mutter, um weitere Alkoholrückfälle vermeiden zu können und um Jakob adäquat großziehen zu können?*

## 4. Flipcharts[18]: Aktuelle Belastungen, Ressourcen, Subjektiver Hilfeplan, Konfliktthemen, Handlungsvorschläge

| Aktuelle Belastungen |
|---|
| • Ich bin mit der Wohnsituation total unzufrieden, die Wohnung ist zu klein, zu laut<br>• Dinge aus der Vergangenheit kommen bei mir manchmal hoch<br>• Es fällt mir schwer, die richtige Therapieeinrichtung zu finden<br>• Mein Partner kann sich besser bei Jakob durchsetzen<br>• Schlimm ist es, wenn Jakob nicht durchschläft<br>• Ich mache mir ständig Sorgen um mein Kind<br>• Mir fehlt Routine, das fällt mir sehr schwer<br>• Ich habe Angst um Jakob in der Pflegefamilie<br>• Ich weiß nicht, wie es Jakob in der Pflegefamilie geht<br>• So kann es nicht weitergehen |

18 Hier werden normalerweise die Fotos der Flip-Charts eingefügt, worauf wir aus darstellungstechnischen Gründen verzichten.

| Ressourcen |
| --- |
| • Ich bin gut unterstützt<br>• Ich suche Hilfe beim Arzt<br>• Meine Freundin hilft mir<br>• Ich kann Hilfe annehmen<br>• Zwei abgeschlossene Berufsausbildungen<br>• Interessiert, offen<br>• „Mein Papa ist mir sehr wichtig"<br>• „Ich bin bereit, etwas zu tun"<br>• „Ich habe jetzt die richtige Hilfe und Unterstützung bekommen, die ich brauche"<br>• „Meine eigene Familie, mein eigenes Leben. Dafür würde ich mein Leben geben, wenn nötig."<br>• „Er hat Eigenschaften, die ich nicht habe." (Partner) |

| Subjektiver Hilfeplan |
| --- |
| • „Dass mein Partner mir hilft und mich unterstützt."<br>• Erziehungsberatungsstelle<br>• Tagesklinik<br>• Tagespflege für Jacob<br>• Suchtberatung<br>• Hilfe zur Erziehung für Probleme innerhalb der Familie und auch für die Partnerschaftsprobleme<br>• „Alles, was Jacob anbelangt, kann gelöst werden"<br>• „Meine Probleme können gelöst werden" |

| Konfliktthemen |
| --- |
| • Ich war immer das schwarze Schaf in der Familie – meine Familie hat immer geschaut, wo sie mir das Leben schwer machen konnte<br>• Meine Mutter hat mich geschlagen – ich war an allem schuld<br>• Ich war der „Teufel in Person" (laut Oma)<br>• Ich habe Probleme, Menschen zu vertrauen<br>• „Als Mutti hat man einen Fulltimejob" – ich muss eigene Bedürfnisse zurückstellen<br>• Der Kindesvater kommt nicht in Verantwortung<br>• Ich sehe mich als schwache und als starke Mutter<br>• Ich habe Angst um Jacob<br>• Ich habe Selbstzweifel |

| Handlungsvorschläge |
| --- |
| • Kitaplatz für Jacob<br>• „Ich wünsche mir für längere Zeit/Jahre Hilfe" in Form einer SPFH<br>• Elternkurs bei pro familia – „Ich möchte, dass mein Sohn Respekt vor mir hat, aber keine Angst"<br>• Psychiatrische Tagesklinik zur Bearbeitung ihrer biografischen Themen<br>• Erziehungs- und Familienberatungsstelle |

## 5. Einordnung in die Deutungsmuster Familie Wenzel

1. Biografische Leidensmuster

1.1 Das Leben als durchgängige Leidensgeschichte: Biografische Belastungen seit der Kindheit bei einem oder bei beiden Elternteilen/Partnern: Die Biographie wird als durchgängige Leidensgeschichte seit der Kindheit beschrieben.

2. Sozioökonomische Rahmenbedingungen/finanzielle Ausstattung

2.2 „Reicht so, wir sind sparsam" Die regelmäßigen Einkünfte sind sehr knapp bemessen, die Betroffenen haben sich aber mit der Situation arrangiert und stellen sich als sparsam bzw. bescheiden dar.

3. Erfahrungen mit professionellen Helfersystemen

3.4 Leben mit professionellen Helfersystemen: Der Kontakt mit professionellen Helfersystemen besteht seit längerer Zeit oder über größere biografische Abschnitte und bezieht sich auf mehrere bzw. jeweils unterschiedliche familiäre Subsysteme.

4. Einbindung in informelle Helfersysteme

4.5 Ein guter Freund/eine gute Freundin: Es werden sehr bedeutsame Einzelpersonen als Helfer genannt, ihnen wird eine hohe biografische Bedeutung zugesprochen, sie können als „signifikante Andere" bezeichnet werden.

5. Aktuell relevante familiäre Belastungen

5.1 Erwachsenenzentriertes Belastungsmuster: Die beschriebenen Belastungen beziehen sich vorwiegend auf die Erwachsenen, die kindbezogenen Belastungen scheinen sich eher aus ersteren zu ergeben.

6. Familiäre Arbeitsteilung

6.3 Dynamisch gleichgewichtete Arbeitsteilung: Die Rollen unterliegen einer Änderungsdynamik; insgesamt ist die Aufgabenlast aber eher gerecht verteilt.

7. Familiäre Struktur

7.3 Synchrones Zeitkonzept: Die Bedürfnisse von Erwachsenen und Kindern werden gleichermaßen stark berücksichtigt.

8. Erziehungsprobleme

8.3 „Kinder brauchen Liebe- mir wächst alles über den Kopf": Das Erziehungskonzept ist eher schwach entwickelt, allgemeine Erziehungsprinzipien werden wenig reflektiert. Eltern verhalten sich situativ und dadurch widersprüchlich: „Mein Kind darf leider alles." Naiver Erziehungsstil: Eltern wollen Liebe geben und gutmütig sein, lassen aber alles durchgehen. Die Erwachsenen legen hohes Gewicht auf die emotionalen Bedürfnisse der Kinder, haben aber Schwierigkeiten, den Kindern Grenzen zu setzen und sind damit überfordert.

9. Selbstzufriedenheit in Bezug auf familiäre Aufgaben und Beruf

9.2 Selbstkritisch: Die Erwachsene ist entweder nur mit der beruflichen Rolle, nicht aber mit den familiären Rollen zufrieden oder umgekehrt. Negative Erfahrungen des einen Bereiches werden durch positive Erfahrungen im anderen Bereich kompensiert. Häufig wird die eigene Elternrolle sehr ambivalent beschrieben: Selbstkritisch, aber bedeutsam.

10. Bewältigung familiärer Konflikte – Konfliktkultur
10.2 Beziehungsorientiert-destruktive Konfliktkultur: Die Konfliktthemen liegen überwiegend auf der Beziehungsebene, die Konfliktfolgen werden als negativ und trennend dargestellt: Die Beziehung wird geschwächt und teilweise in Frage gestellt.
11. Partnerschaftserleben
11.1 Familienintegrierte Partnerschaft: Partnerschaft unter den Erwachsenen und die familienbezogenen Aufgaben erscheinen als vereinbar, die Intimität unter den Erwachsenen wird eher positiv bewertet.
12. Subjektiver Hilfeplan
12.1 Kunde: Die Erwachsenen zeigen ein hohes Niveau der Reflexion bezüglich ihrer eigenen Belastungen und Ressourcen; sie sehen sich als Teil des Problems oder der Hilfe, ihre Erwartungen an professionelle Helfersysteme sind ebenfalls hoch.

Familiärer Aufgabentyp: „Fürsorgefamilie" Ganzheitliche Fürsorge für Mutter und Kind. Die Frau ist biografisch stark belastet und artikuliert einen langfristigen Unterstützungsbedarf für sich und ihr Kind.

## 6. Beantwortung der Fragestellung/fachliche Empfehlung

Um einen erneuten Alkoholrückfall bei Frau Wenzel evtl. vermeiden zu können, benötigt Frau Wenzel Entlastung im Alltag, z. B. in Form von Tagesmutter/Kitaplatz/Freizeitangebote für Jakob und einen geregelten, strukturierten Tagesablauf für Mutter und Sohn.

Weiterhin wünscht sich Frau Wenzel eine langfristige professionelle Begleitung und die Installierung einer auf Alkoholproblematik spezialisierten Tagesklinik, die ihren Schwerpunkt auf die psychischen Problematiken/Belastungen, die sich hinter einer Alkoholsucht verbergen, legt.

Mutter und Sohn benötigen ausreichenden Wohnraum, sie leben in einer Einraumwohnung.

Auch die Entwicklung von Erziehungskompetenzen bzw. das sich Hineinversetzen und Verstehen von Kindern und ihren Bedürfnissen sind wichtige Themen für die Mutter. Hier könnten der Elternkurs bei pro familia e.V. und regelmäßige Termine bei der Erziehungsberatungsstelle hilfreich und zielführend sein.

## 7. Darstellung der Rückmeldung und Auswirkung auf die Diagnose

Die Rückmeldung an Frau Wenzel fand in den Räumen von pro familia e.V. statt. Frau Wenzel konnte alle ausgewerteten Flipcharts positiv und reflektiert für sich anschauen und annehmen. Eine ihrer beeindruckendsten Reaktionen war: *„Diesen Alkoholrückfall musste ich geradezu konstruieren. Im Nachhinein habe ich verstanden, dass dieser ein Hilfeschrei war. In den acht Monaten in der*

*Fachklink wurde ausschließlich die Sucht an sich bearbeitet, nicht aber die psychischen Belastungen/Traumata, die sich dahinter verbergen."*

Weiterhin konnte Frau Wenzel ihre aktuellen Belastungen und die dazu erarbeiteten Handlungsvorschläge im Jugendamt vorstellen. Die zuständige Sozialarbeiterin Frau Fischer konnte die Ergebnisse der Diagnose gut annehmen und in den Hilfeprozess einfließen lassen.

**8. Praktische Konsequenz für den Hilfeprozess**

Die Hilfen wurden eingeleitet und in den Hilfeplan aufgenommen. Frau Wenzel hat bereits an dem Elternkurs von pro familia e.V. teilgenommen und konnte laut eigenen Aussagen schon viele erlernte Anregungen in Bezug auf die Erziehung ihres Sohnes in die Praxis umsetzen. Weiterhin konnte sie eine Tagesklinik für ca. acht Wochen besuchen und an ihren psychischen Thematiken arbeiten und vieles für sich lösen. Ihr Sohn Jakob kann seit einiger Zeit regelmäßig eine Tagesmutter besuchen, bis ein Kitaplatz für ihn gefunden wird.

Frau Wenzel, Jakob und ihr neuer Partner konnten ein kleines Häuschen beziehen. Seit kurzem arbeitet Frau Wenzel Teilzeit bei einer Zeitarbeitsfirma. Sie besucht außerdem regelmäßig eine Frauengruppe, die von einer Suchtberatungsstelle im 14-tägigen Rhythmus angeboten wird.

**9. Anhang/Erläuterung/Hypothesen**

Aufgrund der durchgeführten Diagnose konnte Frau Wenzel in kürzester Zeit stabilisiert werden und Entlastung erfahren. Sie konnte einige erarbeitete Ziele praktisch für sich umsetzen. Weiterhin haben sich ihre Erziehungskompetenzen hierdurch wesentlich verbessert. Jakob gedeiht prächtig, die Beziehung zwischen Mutter und Sohn gestaltet sich adäquater und intensiver. Frau Wenzel kann die Bedürfnisse ihres Sohnes besser wahrnehmen und darauf eingehen.

Markant an dieser Sozialpädagogischen Familiendiagnose ist, dass durch den diagnostischen Dialog die Selbsterkenntnis Frau Wenzels so befördert wurde, dass sie zielgerichtet in ihrer Eigenaktivität gefördert wurde. Die Einordnung in die Deutungsmuster hat das, was in den Konfliktthemen deutlich wurde, bestätigt, nämlich die nach wie vor belastenden biografischen Erfahrungen, die sich negativ auf die gegenwärtige Lebenssituation auswirken und auch Bestandteil der Hilfen sein müssen.

# 8. Zusammenfassung und Ausblick

Nimmt man den Begriff „Lebensweltorientierung" ernst, dann sollten wirksame erzieherische Hilfen an den Selbstdeutungen der betroffenen Erwachsenen, Kinder und Jugendlichen ansetzen. Nicht äußere Zuschreibungen und Etikettierungen, nicht Störungsanalysen und Testverfahren sollen die gemeinsame Situationsdefinition zu Beginn oder in der Fortschreibung einer erzieherischen Hilfe bestimmen, sondern die konsequente Orientierung an den subjektiven Problemsichten und Orientierungen der Menschen, um deren Leben und Alltag es geht. Familien in der Kinder- und Jugendhilfe sind Familien mit Eigensinn und vielfach konkreten Vorstellungen darüber, was für sie in der jeweils gegebenen Situation „Hilfe" bedeuten könnte. Es zeigt sich deutlich, dass diese „Hilfen" nur in wenigen Fällen durch eine schlichte Auswahl aus einem „Katalog" von Hilfsangeboten abgedeckt werden können.

Mit dem Begriff „Lebenswelt" im phänomenologischen Sinne sind die subjektiven Gewissheiten gemeint, die Individuen von sich und ihrer Welt haben. Im Unterschied zum gegenwärtigen Sprachgebrauch bedeutet „Lebenswelt" nicht eine äußerlich beschreibbare soziale Lage von Individuen, sondern die soziale Konstruktion der Wirklichkeit. In diesem Sinne verfolgte unsere Untersuchung zwei Ziele: Zum einen haben wir versucht, die soziale Konstruktion von Wirklichkeit bzw. Wirklichkeiten von Familien in der Jugendhilfe zu beschreiben, und zwar in typisierender Form. Anhand des Interviewmaterials ließen sich 45 „typische" Deutungsmuster, 16 Konfliktthemen, fünf eltern- und erwachsenenbezogene Hilfethematiken und sechs Aufgabenstellungen identifizieren, die sich auf die Selbstdeutungen der Familien stützen. Zum anderen sind wir der Frage nachgegangen, in welcher Form auf der Grundlage dieser Ergebnisse eine sozialpädagogische Familiendiagnose denkbar ist. Zweifelsohne handelt es sich dabei um zwei ganz unterschiedliche analytische Schritte: Bei der Typenbildung geht es um die Herausarbeitung des Allgemeinen, bei der Familiendiagnose um die Besonderheit des Einzelfalls. Die Blickrichtungen mögen zwar verschieden sein, dennoch stehen sie in einem wechselseitigen Verhältnis: Die Typenbildung ist ohne Kontrastierung und Vergleich der Einzelfälle nicht möglich; bei der Falldiagnose sind Praktiker*innen auf allgemeine Begriffe, Kategorien und Typen angewiesen, um die Besonderheit des Einzelfalls zu erkennen und von dem Allgemeinen abzugrenzen. Im Bereich der qualitativen Forschung erfolgt diese Abstraktion durch Stilisierung, mit der das für den Gegenstand Wesentliche hervorgehoben und das Unwesentliche vernachlässigt wird. Wir hatten es bei der Typenbildung methodologisch mit einem Problem zu tun, das Kudera folgendermaßen zusammenfasst:

> „Insofern repräsentiert ein Typus ein Ganzes, dessen Logik sich in seinen Teilen ausdrückt, markieren die Konstruktionsprinzipien den bekannten ‚roten Faden', der das Gewebe der Dimensionen durchzieht. Deshalb erschließt sich der Zusammenhang dieser Teile nicht, wie bei standardisierten Verfahren, über die Kovariation, sondern über die Durchgängigkeit ihrer Logik, über die Homologie ihrer generativen Prinzipien. Dabei ist es wichtig, in Erinnerung zu rufen, dass Typenbildung im Rahmen qualitativer Forschung nicht an Fallzahlen gebunden ist. Jeder Fall hat seine eigene, idiosynkratische Gestalt und bildet insofern seine eigene Typik aus. Der Vergleich solcher Individualtypen erzeugt je nach gewähltem Abstraktionsniveau und verwendeten Konstruktionskriterien aus den herangezogenen Gemeinsamkeiten und Unterschieden Typen, die, von den Einzelfällen abgelöst, strukturell und ihrer Logik nach homolog sind. In dieser Homologie besteht ihr Kern ... Hieraus wird noch einmal klar, dass der Gehalt eines empirisch konstruierten Typus nicht in seiner statistischen Repräsentanz begründet ist – die selbstverständlich nach Maßgabe eines darauf gerichteten Erkenntnisinteresses selbst wichtig und informativ sein kann – sondern in der Prägnanz, hinreichenden Differenziertheit und Plausibilität, mit der er eine jeweils spezifische Konfiguration in ihrem jeweiligen Zusammenhang entfaltet, verdichtet und gleichzeitig verständlich und erklärbar macht." (Kudera 1995, S. 333 f.).

Den von uns formulierten Deutungsmustern, Thematiken und Aufgabenstellungen liegen Gemeinsamkeiten oder Gleichartigkeiten in verschiedenen dimensionalen Ausprägungen zugrunde: Die Deutungsmuster rekurrieren auf mehrdimensionale Merkmalsräume, die Thematiken und Aufgabenstellungen wiederum auf unterschiedliche Merkmalskombinationen der Deutungsmuster. Allerdings sind wir bei der Konstruktion der Aufgabentypen einer anderen Logik gefolgt. Letztere basieren auf einer bestimmten Kombination von Deutungsmustern, die wir zusätzlich auf Aufgabenstellungen der Jugendhilfe bezogen haben. Bei dieser Typenbildung kam neben den Selbstsichten der Familien also noch eine außenstehende fachliche Perspektive zur Geltung. Unsere Vorschläge bezogen sich dabei auf die konkreten Helfersysteme.

Zum Abschluss sollen nun in Thesenform noch weitergehende Aufgabenstellungen für die Jugendhilfe skizziert werden, die sich aus den Ergebnissen unserer Untersuchung ableiten lassen, unabhängig von den Typen:

1. Familien in der Jugendhilfe leben meist ungewollt in unkonventionellen Lebensformen und Haushaltsgemeinschaften. Jenseits traditioneller und erprobter Muster haben sie Schwierigkeiten, für sie befriedigende Familienkonzepte zu finden. Sie sind auf der Suche nach angemessenen Lebensformen. Die Aushandlung und Gestaltung neuer Formen und Rollen erfordert Kompetenzen, über die die Familien in der Jugendhilfe vielfach nicht verfügen. Es wird also in Zukunft in der Jugendhilfe stärker darum gehen, eine

Art „Familienkonzeptberatung“ durchzuführen. D. h., es müssen Beratungsformen entwickelt werden, die Familien dabei unterstützen, einen für sie und für andere befriedigenden familialen Lebensstil zu finden.

2. Wir sehen Familie als eine Gemeinschaft, bei der die gegenseitige Fürsorge im Zentrum steht. Dies betrifft nicht nur die Fürsorge auf der Generationenebene, also die Sorge der Eltern um die Kinder, sondern auch die Sorge der Eltern um sich selbst und auch die Fürsorge für den Partner. Als ein zentrales Problem der Familien hat sich die Balance verschiedener Bedürfnisse herauskristallisiert. Wenn die Sorge für Andere, besonders die Sorge für die Kinder, sich nicht im Gleichgewicht mit der Sorge für sich selbst befindet, sind die Erwachsenen tendenziell in der Alltagsbewältigung eingeschränkt. Die Paarbeziehung kann im Hinblick auf die Bedürfnisse der Erwachsenen eine wichtige Funktion erfüllen: Eine positiv beschriebene Intimität des Paares stellt eine Kompensation für die familiären Alltagsbelastungen dar. „Familie“ lässt sich demnach grundlegend definieren als eine asymmetrische Fürsorgegemeinschaft (Eltern – Kinder) auf symmetrischer Grundlage (der Paarbeziehung). Vielen von uns befragten Familien fehlen allerdings positive Paarerfahrungen. Die gegenseitige Fürsorge im Elternsystem oder die Sorge um sich selbst wird als unbefriedigend erlebt. Wenn die asymmetrische Eltern-Kind-Fürsorgebeziehung nicht durch symmetrische Fürsorge auf der Paarebene kompensiert wird, besteht strukturell die Gefahr der Überforderung. Notweniger Bestandteil von erzieherischen Hilfen sollte Paarberatung oder die Auseinandersetzung mit Partnerschaftskonzepten und Formen der Fürsorge sein. Auch Alleinerziehende sind auf die genannten symmetrischen Beziehungen angewiesen. In professionellen Helfern suchen sie teilweise signifikante Andere; dies macht ein geändertes Selbstverständnis der Professionellen erforderlich.

3. Nicht nur auf der Paarebene, sondern auch im Hinblick auf individuelle Selbstzufriedenheit rücken die Geschlechterverhältnisse in den Vordergrund. Viele der von uns befragten Männer und Frauen haben Schwierigkeiten mit der Definition ihrer Geschlechtsidentität, mit dem Gerechtwerden geschlechtsspezifischer Erwartungen und der Balance verschiedener Rollen im Erwerbsleben, in der Partnerschaft, in der Erziehung und bei der Alltagsbewältigung (vgl. hierzu auch die Forschungsergebnisse in Euteneuer/Uhlendorff 2020). Die Arbeit mit den Eltern und Elternteilen im Hinblick auf diese existenziellen Fragen wird zunehmend wichtiger in der Familienarbeit. Da die Kinder- und Jugendhilfe häufig Hilfe von Frauen für Frauen ist, sollten Männer- und Väterthematiken stärker akzentuiert werden.

4. Entgegen der häufig geäußerten Einschätzung, dass die meisten Familien an Jugendhilfe eine „Reparaturerwartung" ihrer schwierigen Kinder stellen, haben fast alle der von uns befragten Eltern einen subjektiven Hilfeplan. Dieser wird aber, zumindest bei einigen Familien, von den professionellen Helfersystemen zu wenig berücksichtigt. Das hängt sicherlich auch damit zusammen, dass diese Hilfepläne, würde man sie umsetzen, aus dem Angebotsspektrum der Hilfen zur Erziehung herausfallen. Wir halten es für wichtig, dass die Selbstsichten der Familienmitglieder, ihre eigenen Hilfepläne respektiert werden. Nur so kann die Kooperation von Helfern und Familien verbessert werden.

5. Ein beträchtlicher Anteil der Familien verfügt nicht nur über knappe materielle Ressourcen und ungenügende soziale Netzwerke, sondern ist biografisch so stark belastet, dass aktuell die familiären Funktionen als stark beeinträchtigt erlebt werden. Auf schnelle Hilfe zur Selbsthilfe zielende Ansätze sind hier nach wie vor nicht ausreichend. Langfristig angelegte Hilfen mit fürsorgendem Charakter bleiben notwendig.

6. Daneben gibt es aber auch Familien, in denen die biografischen Belastungen der Eltern vergleichsweise gering sind; hier liegen also die Aufgabenstellungen in der Erziehung, weil unterschiedliche Erziehungsvorstellungen aufeinanderprallen oder die Erziehungskonzepte im Alltag nicht umgesetzt werden. Hier erscheint uns eine kurze, aber intensive, den Familienalltag begleitende Betreuungsform angezeigt, welche die Reflexion der normativen Erwartungen in der Kindererziehung unterstützt. Dies betrifft insbesondere die reorganisierten Familien, die sich als neue Familiengemeinschaft zusammenfinden müssen. Als unterstützende Kraft könnten Familiengespräche dienen. Als Beispiel sind die von Keppler (1995) beschriebenen „Tischgespräche" zu nennen.

7. Familien beschränken sich nicht auf die Eltern-Kind-Beziehung und die Paarebene. Die Erwachsenen sind innerhalb der Familie immer auch autonome Subjekte. Es ist generell immer auch zu fragen, ob es individuumsbezogene Hilfen für die Erwachsenen geben sollte. Bei den Männern ist besonders das Thema Arbeit (Arbeitslosigkeit, belastende Arbeitsbedingungen) im Auge zu behalten. Um der Gefahr der Abhängigkeit von Helfersystemen zu begegnen, ist es wichtig zu überprüfen, inwiefern die asymmetrische Helfer-Klient-Beziehung den Familien genügend Autonomie für Entwicklungsprozesse lässt. Dazu hat Conradi (2001) mit dem Ansatz des „Take Care" einige Bewertungskriterien vorgeschlagen.

8. Unter den aktuellen gesellschaftlichen Rahmenbedingungen gibt es – besonders für Menschen mit geringen formalen Qualifikationen – nur wenige Möglichkeiten zur produktiven, gesellschaftlich anerkannten Betätigung. Familie wird so zum ausschließlichen Betätigungsfeld, auch für Männer. Dadurch entstehen Rollenunsicherheiten, Erwartungen und Frustrationen, die intensiver Kommunikation und des Aushandelns bedürften. Die Entwicklung individueller Lebensperspektiven unter Beibehaltung des familiären Lebenskontextes wird so zu einer wichtigen Aufgabe der Jugendhilfe. Unter den gegenwärtigen gesellschaftlichen und sozialpolitischen Rahmenbedingungen sind ihr dabei zweifelsohne Grenzen gesetzt. Aufgrund dieser Beschränktheit ergeben sich in Zukunft noch stärkere Ambivalenzen für die Jugendhilfe (vgl. in diesem Zusammenhang Galuske 2002).

9. Die finanziellen Ressourcen der von uns untersuchten Familien sind insgesamt knapp. Die Hälfte der befragten Männer ist arbeitslos, bei den Frauen sind es sogar 66%. Dass die meisten Familien angeben, mit dem Geld „gerade so“ auszukommen, interpretieren wir als verdeckte Armut, weil in den subjektiven Hilfeplänen sozioökonomische Themen (Geld, größere Wohnung, Urlaub) häufiger auftauchen als bei den Belastungen. Zusammen mit den veränderten sozialpolitischen Rahmenbedingungen, die aller Voraussicht nach die Armut in Familien vergrößern werden, erscheint es uns notwendig, dass Kinder- und Jugendhilfe ihren anwaltschaftlichen Auftrag wieder stärker in den Vordergrund stellt.

10. Zwischen den Familien aus Ost- und Westdeutschland[19] ergaben sich signifikante Unterschiede. Hinsichtlich der Verteilung der Deutungsmuster in den einzelnen Erfahrungsdimensionen lässt sich insgesamt sagen, dass die ostdeutschen Familien stärker belastet sind, weniger Ressourcen haben, sich aber stärker als aktiv Handelnde im Hilfeprozess verstehen. Bei ihnen sind auch aufgrund der gesellschaftlichen Umbrüche die durchgängigen Leidensmuster häufiger vertreten als bei den westdeutschen Familien. Knappere Ressourcen werden in der geringeren finanziellen Ausstattung und der familiären Unterstützung sichtbar. Da in der Erfahrungsdimension „subjektiver Hilfeplan“ die Deutungsmuster „Kunde“ und „Selbstheiler“ relativ häufiger als in den westdeutschen Familien vorkommen, lässt sich sagen, dass die ostdeutschen Familien ihre Belastungen und Ressourcen stärker reflektieren und sich stärker als Teil des Hilfeprozesses begreifen. Ob sich mittlerweile die Unterschiede zwischen Ost und West nach mehr als 15 Jahren angeglichen haben, wäre prüfenswert.

---

19 Zur Begründung des Begriffs „Ostdeutschland“ vgl. Wolfgang Engler 1999

11. Die ostdeutschen Familien sehen sich überwiegend als „Wendeverlierer". Einige der von uns befragten Frauen kritisieren, dass unter den neuen gesellschaftlichen Bedingungen die Vereinbarkeit von Beruf und Familie schwerer geworden ist. Eine Reduzierung auf die Mutterrolle lehnen sie vehement ab. Viele der von uns interviewten Männer leiden unter der Arbeitslosigkeit und infolgedessen unter Selbstwertproblemen. Hinsichtlich der Geschlechterverhältnisse wirkt sich der gesellschaftliche Transformationsprozess besonders in der familiären Arbeitsteilung aus: Hier beschreiben die ostdeutschen Familien wesentlich häufiger eine Rollendynamik. Einige Unterschiede in den Deutungsmustern und den familiären Aufgabentypen legen die Vermutung nahe, dass modernere „Familienkonzepte" oder Geschlechterverhältnisse nachhaltig tradiert wurden, sodass sie nach wie vor die familiären Selbstdeutungen beeinflussen. Schäfer u. a. (2005) sprechen in diesem Zusammenhang von der „Irritation Ostdeutschland." Zu berücksichtigen ist, dass diese Ergebnisse sich auf Interviews auf die Zeit von 2004/2005 beziehen. Ob dies noch aktuell ist, wäre eine interessante Forschungsfrage.

12. Bei den familiären Aufgabentypen fällt auf, dass der Typ „Fürsorgefamilien: Ganzheitliche Fürsorge für Mutter und Kind" sich nur bei sechs ostdeutschen Familien findet. Es ist zu vermuten, dass die alleinerziehenden Mütter in Ostdeutschland, sofern sie wesentlich in der DDR sozialisiert wurden, bessere Bewältigungsstrategien für diese Familienform entwickelt haben.[20] Der familiäre Aufgabentyp „Überlastungsfamilien: Mütter entlasten, familiäre Aufgaben neu verteilen" findet sich in unserer Stichprobe ausschließlich bei den westdeutschen Familien. Dies verwundert nicht, da es sich bei den Familien dieses Aufgabentyps um Familien mit traditioneller Arbeitsteilung zulasten der Frauen handelt.

13. Unsere Untersuchung hat gezeigt, dass Familien in der Jugendhilfe in verschiedenen familiären Subsystemen (dem Kinder-System, Eltern-Kind-System, Eltern- und Paarsystem und dem Eltern-Großeltern-System) Probleme und Schwierigkeiten beschreiben. Charakteristisch ist, dass dabei nicht einzelne Subsysteme im Vordergrund stehen, sondern in der Regel sich mehrere familiäre Subsysteme gegenseitig beeinflussen. Für die Praxis der Jugendhilfe bedeutet dies, dass Hilfepläne bzw. Hilfeplanmodelle die verschie-

20 Lutz und Drauschke (2005) schreiben dazu: „Das soziale Kapital allein erziehender DDR-Frauen bestand in der Mehrheit in ihrer Qualifikation, ihrem Selbstbewusstsein aus eigener Erwerbstätigkeit und in der Erfahrung, Erwerbsarbeit und Kindererziehung vereinbaren zu können." (S. 182)

denen Subsysteme in ihrer Wechselwirkung aufeinander berücksichtigen sollten.

Mit unserer Untersuchung und dem Versuch, „typische“ Konfliktthemen, Hilfethematiken und Aufgabenstellungen zu identifizieren, die sich auf die Selbstdeutungen der Familien stützen, wollten wir (zumindest in Ansätzen) eine Forschungslücke schließen. Dies betrifft insbesondere die Konstruktion typischer Sichtweisen von Familien. Zum anderen haben wir versucht, eine Methode der sozialpädagogischen Diagnose zu entwickeln. Leitend war dabei der Gedanke, dass die Lebenswelt der Adressaten und Adressatinnen der Jugendhilfe durch Sprache zugänglich ist. Am Anfang der Diagnose steht das „offene“ Gespräch, d. h. die Aufmunterung über sich und seine Welt zu sprechen und eine Form der Aufmerksamkeit, die nicht durch institutionelle Interessen und Vorurteile geleitet wird. Dies betrifft auch die Auswertung des Gesprächs. Hermeneutik als eine Kunst, die gesprochene oder geschriebene Rede eines anderen richtig zu verstehen, bildet eine bedeutsame Methode der Sozialpädagogik. Die hermeneutische Auslegung des Einzelfalls folgt, wie oben schon angedeutet, einer anderen Logik als die Typenbildung. Begriffe, Kategorien und Typen liefern wichtige Erkenntnisse, die auch für das praktische Handeln von hoher Bedeutung sein können. Für einen verstehenden Zugang zur Lebenswelt der Klienten reichen sie nicht aus. Zudem besteht die Gefahr, die Diagnose zum Instrument eines expertokratischen Ansatzes zu machen. Typenbildungen und Typisierungen haben verständlicherweise in der Sozialpädagogik/Sozialarbeit vielfach einen negativen Beigeschmack. Sie werden – insbesondere dann, wenn eine Verknüpfung mit diagnostischen Verfahren hergestellt wird – zu einem „roten Tuch“ für viele Fachvertreter*innen. Die kritische Haltung scheint häufig auch angebracht und berechtigt. Das Insistieren auf die Qualität bzw. auf die individuelle Ausprägung des Einzelfalls führt allerdings in der Praxis auch nicht weiter. Praktiker*innen neigen sehr leicht – ohne expliziten Verweis auf Typologien und Begrifflichkeiten – zur Klassifikation von Problemen und einem subtilen Schubladendenken im Sinne von Zuschreibungen.

Die von uns entwickelte sozialpädagogische Familiendiagnose versucht, einen Mittelweg zwischen subsumtionslogischem Vorgehen und ausschließlicher Einzelfallbetrachtung einzuschlagen. Leitend ist dabei der Gedanke, dass sich die individuellen Eigenschaften, die Besonderheiten des Einzelfalls durch Kontrastierung mit dem Allgemeinen (Ideal-Typen) konturieren lassen.[21] In dem Einzelfall bildet sich auch immer Allgemeines ab (sonst würde der Begriff Sozialisation keinen Sinn ergeben). Diagnose, im eigentlichen Sinn, bedeutet „unterscheiden“, „auseinander erkennen“. Es handelt sich also um einen analyti-

21 Darauf weist auch Schleiermacher in seiner Hermeneutik hin (vgl. Frank 1985).

schen Vorgang, bei dem das Herausstellen des Allgemeinen und des Besonderen im Einzelfall eine zentrale Rolle spielt. Dies geschieht durch systematischen Vergleich seiner Merkmale mit allgemeinen Ausprägungen und Begriffen. Die Sozialpädagogische Diagnose kommt also ohne Kategorien, Begrifflichkeiten und Typologien nicht aus. Allerdings ist sie kein ausschließlich zuschreibendes, zuordnendes Verfahren. Sie oszilliert gleichsam zwischen allgemeinen Mustern (Typen) und Begriffen einerseits und den konkreten Merkmalen des Falls. Lewin (1981) spricht in diesem Zusammenhang von einer Verallgemeinerbarkeit des Einzelfalls zu „einem solchen Fall." Für die Familiendiagnose, die sich auf eine je konkrete Familie bezieht, stellt sich dann das Problem, auf der einen Seite von den Besonderheiten des Einzelfalls auszugehen, auf der anderen Seite aber auch eine Einordnung in Hilfethematiken, Konfliktthemen etc., also in allgemeine Kategorien, vorzunehmen. Die italienische Familientherapeutin Mara Selvini Palazzoli bringt diese Schwierigkeit jeder einzelfallbezogenen Praxis in Anlehnung an den französischen Wissenschaftstheoretiker Morin folgendermaßen zum Ausdruck: „Das Prinzip der Universalität ist zwar gültig, aber nicht ausreichend. Es ist nicht zu trennen von dem komplementären Prinzip der Verstehbarkeit, das uns vorschreibt, vom Speziellen und Einzelnen auszugehen." (Selvini-Palazzoli u. a. 1992, S. 370)

Das von uns entwickelte Modell einer Sozialpädagogischen Familiendiagnose versucht, das Allgemeine und das Spezielle gleichermaßen zu berücksichtigen: Es werden zunächst leitfadengestützte Interviews mit den Familienmitgliedern im Haushalt geführt und auf Tonband aufgenommen. Ein Team aus Fachkräften wertet diese Interviews gemeinsam aus. Dabei werden die Aussagen der befragten Personen mithilfe der oben genannten 12 Erfahrungs- bzw. Auswertungskategorien protokolliert. Auf dieser Grundlage werden die individuellen Lebens- und die Familienthemen unter Einbezug der eltern-/erwachsenenbezogenen Themen und Hilfethematiken sowie eines „Diagnosemanuals", das aus 45 typischen Deutungsmustern besteht, herausgearbeitet. Dabei bilden die Originalaussagen der Familienmitglieder – nun in Form von „Ich-Sätzen" formuliert – das entscheidende Material. Das Diagnosemanual (siehe Anhang), das die erarbeiteten Merkmalsräume in den zwölf Erfahrungsdimensionen umfasst, hat sich in der Praxis als überaus hilfreiches Instrument zur Fokussierung der Selbstdeutungen der Familienmitglieder in der Teamauswertung erwiesen. Es scheint ein hilfreiches Vokabular in der Diskussion unter den Fachkräften zur Verfügung stellen zu können. Auch die Typenkonstruktionen können wichtige Bezugspunkte für das Herausarbeiten von Familienthematiken und sozialpädagogischen Aufgabenstellungen im Auswertungsteam bilden.

Die Rückmeldung der Auswertungsergebnisse an die Familie stellt, so hat sich gezeigt, ein wichtiges Element des Diagnoseprozesses dar. Mit der Frage *„Haben wir Sie richtig verstanden?"* zielen wir auf eine „kommunikative Validierung" des Verstehensprozesses ab. Im nächsten Schritt wird das Ergebnis aus dem Vorangegangenen in ein Hilfeplangespräch eingebracht, in dessen Rahmen weitere fachliche Einschätzungen ergänzend einbezogen und konkrete Hilfen und Aufgaben ausgehandelt werden können. Das Ergebnis der sozialpädagogischen Diagnose kann im Kontext des weiteren Hilfeverlaufs immer wieder zur Reflexion und der weiteren Hilfeplanung herangezogen bzw. fortgeschrieben und revidiert werden. Auf diese Weise kann die von Possehl (2004) angemahnte Verknüpfung von Diagnose und Intervention gewährleistet und dem Prozesscharakter von Familienleben und Hilfeverlauf entsprochen werden.

Ein sozialpädagogisches Diagnoseverfahren für Familien, das aus diesen Elementen besteht, kann – so unsere Einschätzung und so auch unsere langjährigen Erfahrungen – einen wichtigen Beitrag zur Professionalisierung der Sozialen Arbeit leisten. Es bietet sich in Praxiskontexten, nicht nur bei der Hilfeplanung, sondern auch bei der sozialpädagogischen Begleitung der Familien als handhabbare Methode an. Das Modell bildet eine wichtige Ergänzung zu anderen diagnostischen Verfahren, weil es die subjektive Problemsicht der Familien transparent macht und so einen Beitrag zur Stärkung der Position der Adressaten bei der Hilfeplanung ermöglicht. Wir erhoffen uns, dass sich durch eine stärkere Berücksichtigung der Selbstdeutungen von Familien auch die „Sprachspiele“ der Professionellen im Sprechen über Familien verändern. Dieser Versuch kann mittlerweile als geglückt angesehen werden: Das Verfahren hat sich in der Praxis – wenn auch in einem überschaubaren Rahmen – etabliert und sich in einer praxisnahen Evaluation als wirkfähig erwiesen.

Zum Schluss wollen wir noch einige Entwicklungsperspektiven aufzeigen: Es hat sich auch gezeigt, dass das die Sozialpädagogische Familiendiagnose bei Kindeswohlgefährdung zu einem Arbeitsbündnis mit den Familien beitragen kann. Lohnenswert wäre eine systematische Evaluation dieser Erfahrungen auch unter Berücksichtigung der Perspektive der Kinder und Jugendlichen: Es wurde nämlich in zahlreichen Interviews deutlich, dass die Interviewsituation und auch die gezielten Fragen zu Kindeswohlgefährdung die Kinder und Jugendlichen motiviert, über Gewalt und andere „gewichtige Anhaltspunkte“ zu sprechen, bemerkenswerterweise auch viele, die schon lange in den Erziehungshilfen betreut wurden. Die Evaluation hat gezeigt, dass gerade bei Kindeswohlgefährdung die Selbstrepräsentation der Diagnoseergebnisse durch die Familienmitglieder mit Hilfe der Flipcharts im Hilfeplangespräch die Fachkräfte im Jugendamt davon überzeugt, dass die Erwachsenen bereit sind, ihre für die Kindeswohlgefährdung relevanten Themen so zu bearbeiten, dass das Kindeswohl gesichert werden kann (beispielhaft dazu der Praxisfall in Cinkl/Krause 2011, S. 234 ff.): Dies verschiebt den Handlungsrahmen von den Maximen „Eingriff“ und „Kontrolle“ zu „Betroffenenbeteiligung“, „Dialog“ und „Kooperation“.

Die ersten Erfahrungen zeigen, dass die Sozialpädagogische Familiendiagnose auch bei geflüchteten und anderen Familien mit Migrationshintergrund gut anwendbar ist, wobei Interviews in der Muttersprache zu empfehlen sind. Da es zunehmend sozialpädagogische Fachkräfte mit Migrationshintergrund gibt, sind fremdsprachliche Teamauswertungen durchaus möglich. Dabei zeigt sich, dass die formulierten Konfliktthemen durchaus universellen Charakter haben und sich auch um die Kindererziehung, biografische Themen, die sozioökonomische Situation oder die Paarbeziehung drehen. Sinnvoll wäre hier sicherlich eine qualitative Grundlagenforschung, um das Verhältnis universeller, familienbezogener Themen zu spezifischen Themen, die mit den besonderen Aspekten der Migration zusammenhängen, zu eruieren.

Ein weiterer, noch zu entwickelnder Anwendungsbereich der Sozialpädagogischen Familiendiagnosen in den Erziehungshilfen liegt bei den sogenannten „psychisch Kranken", die in Bezug auf Kindeswohlgefährdung als besondere Risikogruppe angesehen werden. Hier wäre zu fragen, wie diese jenseits psychiatrischer Zuschreibungen und Diagnosen ihre eigene Lebenssituation und die ihrer Kinder beschreiben. Besonders lohnenswert erscheint es – besonders in Hinblick auf die aktuelle Diskussion um eine „inklusive" Reform des SGB VIII – die Sozialpädagogischen Familiendiagnosen für die Gruppe der Menschen mit Behinderung weiterzuentwickeln bzw. in der Anwendung erste Erfahrungen zu sammeln, wobei auch hier zu konstatieren ist, dass – sieht man von der Studie zu den Lebensentwürfen von Menschen mit ‚geistiger Behinderung' von Trescher (2017) einmal ab – selbstdeutungsbasierte Grundlagenforschung weitgehend fehlt.

Es sollte deutlich geworden sein, dass die Sozialpädagogische Familiendiagnose sich seit ihrer Konzipierung nicht nur weiterentwickelt hat, sondern auch in Bezug auf aktuelle Praxisthemen ein bedeutsames Innovationspotential hat.

# Literatur

Ackermann, Timo: Über das Kindeswohl entscheiden. Eine ethnographische Studie zur Fallarbeit im Jugendamt, Bielefeld 2017.

Ader, S.: Handlungsrationalität versus Erkenntnisrationalität – oder: Was müssen professionelle HelferInnen verstehen? in: Ader, S./Schrapper, C./Thiesmeier, M. (Hrsg.), Sozialpädagogisches Fallverstehen und sozialpädagogische Diagnostik in Forschung und Praxis, Münster 2001.

Ader, S./Schrapper, C./Thiesmeier, M. (Hrsg.): Sozialpädagogisches Fallverstehen und sozialpädagogische Diagnostik in Forschung und Praxis, Münster 2001.

Ader, S./Thiesmeier, M.: Kollegiales Fallverstehen und Fallkonsultation als Instrument sozialpädagogischer Analyse und Deutung, in: Henkel, J./Schnapka, M./Schrapper, C. (Hrsg.), Was tun mit schwierigen Kindern? Sozialpädagogisches Verstehen und Handeln in der Jugendhilfe, Münster 2002.

Allert, T./Bieback-Diel, L./Oberle, H. u. a.: Familie, Milieu und sozialpädagogische Intervention: Möglichkeiten, Handlungsansätze und Probleme sozialpädagogischer Familienhilfe, Münster 1994.

Althans, Birgit: Sozialpädagogische Diagnosen und die Debatte um Kindeswohlgefährdung. Ein Plädoyer für den horchenden Blick, in: Zeitschrift für Sozialpädagogik (ZfSp), 9. Jg., Heft 1/2011, S. 83–110.

Arbeitsgruppe Fachtagungen Jugendhilfe im Deutschen Institut für Urbanistik (Hrsg.): „In guten Händen?“ Clearing und Diagnostik in den Hilfen zur Erziehung. Aktuelle Beiträge zur Kinder- und Jugendhilfe, Bd. 87. Berlin 2013.

Bachtin, M.: Rabelais und seine Welt – Volkskultur als Gegenkultur. Frankfurt a. M. 1995.

Baur, D./Finkel, M./Hamberger, M. u. a.: Leistungen und Grenzen von Heimerziehung: Ergebnisse einer Evaluationsstudie stationärer und teilstationärer Erziehungshilfen (‚Jule-Studie‘), Stuttgart 1998.

Beck, U.: Risikogesellschaft. Auf dem Weg in eine andere Moderne, Frankfurt a. M. 1986.

Berg, I. K./Miller, S. D.: Kurzzeittherapie bei Alkoholproblemen. Ein lösungsorientierter Ansatz, Heidelberg 1995 (2. Aufl.).

Berger, P. L./Luckmann, T.: Die gesellschaftliche Konstruktion der Wirklichkeit, Frankfurt a. M. 1969.

Berghaus, M.: Erleben und Bewältigen von Verfahren zur Abwendung einer Kindeswohlgefährdung aus Sicht betroffener Eltern, Weinheim/Basel 2020.

Bitzan, M./Bolay, E./Thiersch, H. (Hrsg.): Die Stimme der Adressaten. Empirische Forschung über Erfahrungen von Mädchen und Jungen mit der Jugendhilfe, Weinheim/München 2006.

Bock, K.: Politische Sozialisation in der Drei-Generationen-Familie. Eine qualitative Studie aus Ostdeutschland, Opladen 2000.

Bock, T./Klapheck, C./Ruppelt, F.: Sinnsuche und Genesung. Erfahrungen und Forschungen zum subjektiven Sinn von Psychosen. Köln 2014.

Böhnisch, L.: Abweichendes Verhalten. Eine pädagogisch-soziologische Einführung, Weinheim/München 1999.

Böhnisch, L./Lenz, K. (Hrsg.): Familien. Eine interdisziplinäre Einführung, Weinheim/München 1997.

Bohler, K.-F./Franzheld, T.: Der Kinderschutz und der Status der Sozialen Arbeit als Profession. sozialer sinn, Heft 02/2010, S. 187–217.

Bois-Reymond, M. Du/Büchner, P./Krüger, H.-H. u. a.: Kinderleben: Modernisierung von Kindheit im interkulturellen Vergleich, Opladen 1994.

Boscolo, L./Bertrando, P.: Die Zeiten der Zeit. Eine neue Perspektive in systemischer Therapie und Konsultation, Heidelberg 1994.
Boszormenyi-Nagy, I./Spark, G. M.: Unsichtbare Bindungen, Stuttgart 1981.
Bourdieu, P.: Die zwei Gesichter der Arbeit. Interdependenzen von Zeit- und Wirtschaftsstrukturen am Beispiel einer Ethnologie der algerischen Übergangsgesellschaft, Konstanz 2000.
Bowlby, J.: Das Glück und die Trauer. Herstellung und Lösung affektiver Bindungen, Stuttgart 1982.
Brückner, M.: Geschlechterverhältnisse im Spannungsfeld von Liebe, Fürsorge und Gewalt, in: Brückner, M./Böhnisch, L. (Hrsg.), Geschlechterverhältnisse, Weinheim/München 2001.
Buchholz-Graf, W.: Empowerment und Ressourcenorientierung in der Familien-, Kinder- und Jugendhilfe. Zwei Konzepte, ihre Allianz und ihre Methoden, in: Kreuzer, M. (Hrsg.), Handlungsmodelle in der Familienhilfe. Zwischen Networking und Beziehungsempowerment, Neuwied/Kriftel 2001.
Büchner, P./Fuhs, B./Krüger, H.-H. (Hrsg.): Vom Teddybär zum ersten Kuss. Wege aus der Kindheit in Ost- und Westdeutschland, Opladen 1996.
Bundesministerium für Familie, Senioren, Frauen und Jugend (Hrsg.): Zehnter Kinder- und Jugendbericht, Bonn 1998.
Bundesministerium für Familie, Senioren, Frauen und Jugend (Hrsg.): Stressbewältigung und Wohlbefinden in der Familie, Stuttgart/Berlin/Köln 2001.
Bundesministerium für Familie, Senioren, Frauen und Jugend (Hrsg.): 11. Kinder- und Jugendbericht, Stuttgart 2002.
Buttner, P./Gahleitner, S. B./Hochuli Freund, U./Röh, D. (Hrsg): Handbuch Soziale Diagnostik. Perspektiven und Konzepte für die Soziale Arbeit, Freiburg, 2018.
Castells, M.: Die Macht der Identität. Teil 2: „Das Informationszeitalter“, Opladen 2002.
Cecchin, G./Lane, G./Ray, W.: Respektlosigkeit. Provokative Strategien für Therapeuten. Frankfurt a. M. 2005.
Cinkl, S.: Den Subalternen eine Stimme geben. Sozialpädagogische Diagnosen für Kinder, Jugendliche und Familien. In: Eggert-Schmid Noerr, A., Finger-Trescher, U./Gstach, J./ Katzenbach, D. (Hrsg.): Zwischen Kategorisieren und Verstehen. Diagnostik in der psychoanalytischen Pädagogik – Jahrbuch für Psychoanalytische Pädagogik 25. Gießen 2017.
Cinkl, S.: „Und da hörte ich eben, dass die Kinder dort gebrochen werden“: Betroffenenbeteiligung im Rahmen Sozialpädagogischer Diagnosen – eine Einzelfallstudie. Internationale Gesellschaft für erzieherische Hilfen: Theorie-Praxistransfer 02. Regensburg/Frankfurt a. M. 2018.
Cinkl, S.: Konturen einer Sozialpädagogischen Lebensbewältigungsdiagnostik. In: Stecklina, Gerd/Wienforth, Jan (Hrsg.): Handbuch Lebensbewältigung und Soziale Arbeit. Praxis, Theorie und Empirie, Weinheim/Basel 2020, S. 659–668.
Cinkl, S./Krause, H.-U.: Praxishandbuch Sozialpädagogische Familiendiagnosen. Verfahren – Evaluation – Anwendung im Kinderschutz. Opladen/Farmington Hills 2011.
Cinkl, S./Uhlendorff, U. Sozialpädagogische Familiendiagnosen bei Kindeswohlgefährdung. In: Körner, W./Deegener, G. (Hrsg.): Erfassung von Kindeswohlgefährdung in Theorie und Praxis. Lengerich 2011, S. 278–293.
Ciompi, L.: Affektlogik. Über die Struktur der Psyche und ihrer Entwicklung. Ein Beitrag zur Schizophrenieforschung, Stuttgart 1982.
Conradi, E.: Take Care. Grundlagen einer Ethik der Achtsamkeit, Frankfurt a. M./New York 2001.
Deegener, G./Körner, W.: Risikoerfassung bei Kindesmisshandlung und Vernachlässigung. Theorie, Praxis, Materialien. Lengerich 2006.
Duncan, B. L./Hubble, M. A./Miller, S. D.: „Aussichtslose Fälle“. Die wirksame Behandlung von Psychotherapie-Veteranen, Stuttgart 1998.
Ecarius, J.: Familienerziehung im historischen Wandel. Eine qualitative Studie über Erziehung und Erziehungserfahrungen von drei Generationen, Opladen 2002.

Eggen, B. u. a.: Privathaushalte mit Niedrigeinkommen. Familienwissenschaftliche Forschungsstelle im Statistischen Landesamt Baden-Württemberg (Hrsg.: Der Bundesminister für Gesundheit), Bayreuth 1998.

Elias, N.: Über die Zeit, Frankfurt a. M. 1988.

Engler, W.: Die Ostdeutschen: Kunde von einem verlorenen Land, Berlin 1999.

Euteneuer, M./Uhlendorff, U.: Familie und Familienalltag als Bildungsherausforderung. Weinheim/Basel 2020.

Faltermeier, J.: Verwirkte Elternschaft? Fremdunterbringung – Herkunftseltern – Neue Handlungsansätze, Münster 2001.

Fillip, S.-H.: Kritische Lebensereignisse, München/Wien/Baltimore 1981.

Fischer, W./Goblirsch, M.: Narrativ-biographische Diagnostik in der Jugendhilfe. Fallrekonstruktion im Spannungsfeld von wissenschaftlicher Analyse und professioneller Handlungspraxis, in: Heiner, M. (Hrsg.), Diagnostik und Diagnosen in der Sozialen Arbeit. Ein Handbuch, Berlin 2004.

Foucault, M.: Die Sorge um sich. Sexualität und Wahrheit 3, Frankfurt a. M. 1986.

Foucault, M.: Regierung der Lebenden. Frankfurt a. M. 2014

Frank, M.: Das individuelle Allgemeine. Textstrukturierung und Textinterpretation nach Schleiermacher, Frankfurt a. M. 1985.

Freigang, W.: Verlegen und Abschieben: zur Erziehungspraxis im Heim, Weinheim/München 1986.

Furman, B.: Es ist nie zu spät, eine glückliche Kindheit zu haben, Dortmund 1999.

Galuske, M.: Flexible Sozialpädagogik: Elemente einer Theorie sozialer Arbeit in der modernen Arbeitsgesellschaft, Weinheim/München 2002.

Geertz, C.: Dichte Beschreibung. Beiträge zum Verstehen kultureller Systeme. Frankfurt a. M. 1987

Gehring, T.: Familiensystem FAST, Weinheim 1993.

Gehrmann, G./Müller, K. D.: Praxis sozialer Arbeit. Familien im Mittelpunkt, Handbuch effektiven Krisenmanagements, Bonn 1998.

Gerhard, A.-K.: Autonomie und Nähe. Individuationsentwicklung Jugendlicher im Spiegel familiärer Interaktion, Weinheim/München 2005.

Gerhardt, U.: Typenbildung, in: Flick, U. u. a. (Hrsg.), Handbuch Qualitativer Sozialforschung. Grundlagen, Konzepte, Methoden und Anwendungen, München 1991.

Gintzel, U./Schone, R.: Zur gegenseitigen Inanspruchnahme von Jugendhilfe und Jugendpsychiatrie, in: Gintzel, U./Schone, R. (Hrsg.), Zwischen Jugendhilfe und Jugendpsychiatrie. Konzepte – Methoden – Rechtsgrundlagen, Münster 1990.

Glinka, H.-J.: Ethnographische Fallarbeit, in: Ader, S./Schrapper, C./Thiesmeier, M. (Hrsg.), Sozialpädagogisches Fallverstehen und sozialpädagogische Diagnostik in Forschung und Praxis, Münster 2001.

Grau, I./Bierhoff, H. W.: Sozialpsychologie der Partnerschaft, Berlin/Heidelberg/New York 2003.

Grossmann, K. E./Grossmann, K./Winter, M. u. a.: Bindungsbeziehungen und Bewertung von Partnerschaft. Von früher Erfahrung feinfühliger Unterstützung zu späterer Partnerschaftsrepräsentation, in: Brisch, K. H./Grossmann, K. E./Grossmann, K. u. a. (Hrsg.), Bindung und seelische Entwicklungswege. Grundlagen, Prävention und klinische Praxis, Stuttgart 2002.

Hanses, A. (Hrsg.): Biographie und Soziale Arbeit. Institutionelle und biographische Konstruktionen von Wirklichkeit. Grundlagen der Sozialen Arbeit, Bd. 9, Baltmannsweiler 2004.

Hareven, T. K.: Familiengeschichte, Lebenslauf und sozialer Wandel, Frankfurt a. M./New York 1999.

Harnach-Beck, V.: Psychosoziale Diagnostik in der Jugendhilfe. Grundlagen und Methoden für Hilfeplan, Bericht und Stellungnahme, Weinheim/München 1995.

Harnach-Beck, V.: Ohne Prozessqualität keine Ergebnisqualität – Sorgfältige Diagnostik als Voraussetzung für erfolgreiche Hilfe zur Erziehung, in: Peters, F. (Hrsg.), Diagnosen – Gutachten – hermeneutisches Fallverstehen. Rekonstruktive Verfahren zur Qualifizierung individueller Hilfeplanung, Frankfurt a. M. 1999.

Hauser, R./Hübinger, W.: Arme unter uns. Teil 1: Ergebnisse und Konsequenzen der Caritas – Armutsuntersuchung (hrsg. vom Deutschen Caritasverband e.V.), Freiburg i. Br. 1993.

Heiner, M.: Diagnostik: psychosoziale, in: Otto, H.-U./Thiersch, H. (Hrsg.), Handbuch der Sozialarbeit/Sozialpädagogik, Neuwied/Kriftel 2001.

Heiner, M. (Hrsg.): Diagnostik und Diagnosen in der Sozialen Arbeit, Frankfurt a. M. 2004.

Helming, E./Schattner, H./Blüml, H.: Handbuch Sozialpädagogische Familienhilfe, Stuttgart 1998 (2. Aufl.).

Henkel, J./Schnapka, M./Schrapper, C. (Hrsg.): Was tun mit schwierigen Kindern? Sozialpädagogisches Verstehen und Handeln in der Jugendhilfe, Münster 2002.

Hildenbrand, B.: Fallrekonstruktive Familienforschung – Anleitungen für die Praxis, Opladen 1999.

Hillmeier, H./Huber, G./Pschibl, K.: Est! – Evaluationsprojekt Sozialpädagogische Diagnose-Tabellen, in: Unsere Jugend, 2/2004.

Hock, B./Holz, G./Wüstendörfer, W.: „Folgen familiärer Armut im Kindesalter – eine Annäherung anhand von Fallbeispielen". Dritter Zwischenbericht zu einer Studie im Auftrag des Bundesverbandes der Arbeiterwohlfahrt, Frankfurt a. M. 2000.

Höpfner, N./Jöbgen, M.: Kurzportrait: Pädagogische Diagnostik, in: Ader, S./Schrapper, C./Thiesmeier, M. (Hrsg.), Sozialpädagogisches Fallverstehen und sozialpädagogische Diagnostik in Forschung und Praxis, Münster 2001.

Husserl, E.: Die Krisis der europäischen Wissenschaften und die transzendentale Phänomenologie. (1936) Hamburg 1996

Imber-Black, E. u. a.: Rituale. Rituale in Familien und Familientherapie, Heidelberg 1998.

Institut für soziale Arbeit: Wirkungsorientierte Jugendhilfe Bd. 9. Praxishilfe zur wirkungsorientierten Qualifizierung der Hilfen zur Erziehung. Münster 2009

Jakob, G./Wensierski, H. J. v. (Hrsg.): Rekonstruktive Sozialpädagogik: Konzepte und Methoden sozialpädagogischen Verstehens in Forschung und Praxis, Weinheim/München 1997.

Julius, H.: Die Bindungsorganisation von Kindern, die an Erziehungshilfeschulen unterrichtet werden, in: Sonderpädagogik, 31/2001.

Kaufmann, F.-X.: Die Zukunft der Familie: Aufgaben und Perspektiven moderner Familienpolitik, Sankt Augustin 1998.

Kaufmann, J.-C.: Schmutzige Wäsche: zur ehelichen Konstruktion von Alltag, Konstanz 1994.

Kelle, U./Kluge, S.: Vom Einzelfall zum Typus: Fallvergleich und Fallkontrastierung in der qualitativen Sozialforschung, Opladen 1999.

Keppler, A.: Tischgespräche. Über Formen kommunikativer Vergemeinschaftung am Beispiel der Konversation in Familien, Frankfurt a. M. 1995.

Keupp, H./Ahbe, T./Gmür, W.: Identitätskonstruktionen. Das Patchwork der Identitäten in der Spätmoderne, Reinbek b. Hamburg 2002 (2. Aufl.).

Keupp, H./Röhrle, B. (Hrsg.): Soziale Netzwerke, Frankfurt a. M./New York 1987.

Kindler, H./Lillig, S./Blüml, H./Meysen, T./Werner, A. (Hrsg.). Handbuch Kindeswohlgefährdung nach § 1666 BGB und Allgemeiner Sozialer Dienst (ASD). München: Deutsches Jugendinstitut e.V. 2006.

Kirchhöfer, D.: Veränderungen in der sozialen Konstruktion von Kindheit, in: Zeitschrift für Pädagogik, 37. Beiheft/1997.

Koch, G./Lambach, R.: Familienerhaltung als Programm – Forschungsergebnisse, Münster 2000.

Körner, W./Deegener, G.: Erfassung von Kindeswohlgefährdung in Theorie und Praxis. Lengerich 2011.

Kohli, M.: „Die Institutionalisierung des Lebenslaufs. Historische Befunde und theoretische Argumente." in: Kölner Zeitschrift für Soziologie und Sozialpsychologie, 1/1985.

König, T./Maihofer, A.: „Es hat sich so ergeben" – Praktische Normen familialer Arbeitsteilung, in: Familiendynamik, 3/2004.

Kramlinger, P./Cinkl, S.: „Systemsprenger*innen" verstehen (und erst dann handeln) – eine österreichische Studie oder wie man geschlossene Unterbringung auch in Deutschland vermeiden kann. Forum Erziehungshilfen, Heft 2/2020, 26. Jahrgang, S. 117–121.

Krumenacker, F. J. (Hrsg.): Sozialpädagogische Diagnosen in der Praxis, Weinheim/München 2004.

Kudera, W.: Zusammenfassung der Ergebnisse, in: Projektgruppe „Alltägliche Lebensführung" (Hrsg.), Alltägliche Lebensführung. Arrangements zwischen Traditionalität und Modernisierung, Opladen 1995.

Leisering, L./Müller, R./Schumann, K. F.: Institutionen und Lebenslauf im Wandel – die institutionentheoretische Forschungsperspektive, in: Leisering, L./Müller, R./Schumann, K. F. (Hrsg.), Institutionen und Lebensläufe im Wandel. Institutionelle Regulierungen von Lebensläufen, Weinheim/München 2001.

Lenz, K.: Soziologie der Zweierbeziehung, Wiesbaden 1998.

Lewin, K.: Gesetz und Experiment in der Psychologie (Werkausgabe: hrsg. von C.-F. Graumann), in: Métraux, A. (Hrsg.), Bd. 1: Wissenschaftstheorie, Stuttgart/Bern 1981.

Lüschen, G.: Verwandtschaft, Freundschaft, Nachbarschaft, in: Nave-Herz, R./Markefka, M. (Hrsg.), Handbuch der Familien- und Jugendforschung, Bd. 1: Familienforschung, Neuwied/Frankfurt a. M. 1989.

Lutz, R./Drauschke, P.: Individualisierung von Risiken. Ostdeutsche allein erziehende Frauen im Transformationsprozess, in: Schäfer, E./Dietzsch, I./Drauschke, P. u. a. (Hrsg.), Irritation Ostdeutschland. Geschlechterverhältnisse seit der Wende, Münster 2005.

Merchel, J.: Hilfeplan als Aushandlung des Hilfebedarfs, in: Blätter der Wohlfahrtspflege – Deutsche Zeitschrift für Sozialarbeit, 5/1995.

Merchel, J.: Der mißverstandene Charakter von Hilfeplanung, in: Nachrichtendienst des Deutschen Vereins für öffentliche und private Fürsorge, 7/1997.

Merchel, J.: Zwischen „Diagnose" und „Aushandlung": Zum Verständnis des Charakters von Hilfeplanung in der Erziehungshilfe, in: Peters, F. (Hrsg.), Diagnosen – Gutachten – hermeneutisches Fallverstehen. Rekonstruktive Verfahren zur Qualifizierung individueller Hilfeplanung, Frankfurt a. M. 1999.

Minuchin, S.: Familie und Familientherapie. Theorie und Praxis struktureller Familientherapie, Freiburg 1977.

Minuchin, S. u. a.: Families of the slums, New York 1967.

Mollenhauer, K./Brumlik, M./Wudtke, H.: Die Familienerziehung, München 1975.

Mollenhauer, K./Uhlendorff, U.: Sozialpädagogische Diagnosen. Über Jugendliche in schwierigen Lebenslagen, Weinheim/München 1992.

Mollenhauer, K./Uhlendorff, U.: Sozialpädagogische Diagnosen II. Selbstdeutungen verhaltensschwieriger Jugendlicher als empirische Grundlage für Erziehungspläne, Weinheim/München 1995.

Napp-Peters, A.: Familien nach der Scheidung, München 1995.

Nave-Herz, R.: Ehe- und Familiensoziologie. Eine Einführung in Geschichte, theoretische Ansätze und empirische Befunde, Weinheim/München 2004.

Nave-Herz, R./Markefka, M. (Hrsg.): Handbuch der Familien- und Jugendforschung, Bd. 1: Familienforschung, Neuwied/Frankfurt a. M. 1989.

Nestmann, F.: Familie als soziales Netzwerk und Familie im sozialen Netzwerk, in: Böhnisch, L./Lenz, K. (Hrsg.), Familien. Eine interdisziplinäre Einführung, Weinheim/München 1997.

Nestmann, F./Hurrelmann, K. (Hrsg.): Social Networks and Social Support in Childhood and Adolescence, Berlin/New York 1994.

o. A. (2002): Familien Forum Schweiz, Online im Internet: http://www.ffes.ch/ffesge/ffs02.pdf [Stand: 1.9.2005]

Otto, H.-U./Thiersch, H. (Hrsg.): Handbuch der Sozialarbeit/Sozialpädagogik, Neuwied/Kriftel 2001.

Otto, U. (Hrsg.): Aufwachsen in Armut. Erfahrungswelten und soziale Lage von Kindern armer Familien, Opladen 1997.
Permien, H./Zink, G.: Endstation Straße? Straßenkarrieren aus der Sicht von Jugendlichen, München, DJI 1998.
Peters, F. (Hrsg.): Diagnosen – Gutachten – hermeneutisches Fallverstehen. Rekonstruktive Verfahren zur Qualifizierung individueller Hilfeplanung, Frankfurt a. M. 1999.
Petzold, M.: Entwicklung und Erziehung in der Familie, Baltmannsweiler 1999.
Possehl, K.: Struktur und Logik professioneller diagnostischer Informationsarbeit in der sozialer Arbeit, in: Archiv für Wissenschaft und Praxis der sozialen Arbeit, 3/2004.
Putnam, R. D.: Bowling alone: The Collapse and Revival of American Community, New York/London/Toronto 2000.
Reuband, K.-H.: Veränderungen in den familialen Lebensbedingungen Jugendlicher seit der Jahrhundertwende. Eine Analyse auf der Basis retrospektiver Daten, in: ZSE, 12/2000.
Riemann, G.: Die Arbeit in der sozialpädagogischen Familienberatung. Interaktionsprozesse in einem Handlungsfeld der sozialen Arbeit, Weinheim/München 2000.
Rücker-Embden-Jonasch, R.: Auf der Suche nach weiblichen Ressourcen – Die transgenerationale Perspektive anhand des „historischen Genogramms", in: Rücker-Emden-Jonasch, R., Ebbecke-Nohlen, A. (Hrsg.), Balanceakte. Familientherapie und Geschlechterrollen, Heidelberg 2000.
Sander, C.: Praktische Umsetzung der Klientenrechte in der Jugendhilfe anhand von Hilfeplänen – eine empirische Studie, in: Nachrichtendienst des Deutschen Vereins für öffentliche und private Fürsorge, 7/1996.
Schäfer, E./Dietzsch, I./Drauschke, P. u. a.: Irritation Ostdeutschland. Geschlechterverhältnisse seit der Wende, Münster 2005.
Schattenhofer, K./Thiesmeier, M.: Kollegiale Beratung und Entscheidung – Die Inszenierung einer Diagnose, in: Ader, S./Schrapper, C./Thiesmeier, M. (Hrsg.), Sozialpädagogisches Fallverstehen und sozialpädagogische Diagnostik in Forschung und Praxis, Münster 2001.
Schefold, W./Glinka, H.-J./Neuberger, C. u. a.: Hilfeplanverfahren und Elternbeteiligung. Evaluationsstudie eines Modellprojektes über Hilfeerfahrungen von Eltern im Rahmen des KJHG, Frankfurt a. M., Deutscher Verein für öffentliche und private Fürsorge 1998.
Schleiffer, R.: Der heimliche Wunsch nach Nähe. Bindungstheorie und Heimerziehung, Weinheim/München 2001.
Schmidt, M./Schneider, K./Hohm, E./Pickartz, A./Macsenaere, M./Petermann, F./Flosdorf, P./Hölzl, H./Knab, E.: Effekte erzieherischer Hilfen und ihre Hintergründe. Schriftenreihe des BMFSFJ, Band 219. Stuttgart 2002.
Schmidtchen, G.: Schritte ins Nichts. Selbstschädigungstendenzen unter Jugendlichen, Opladen 1989.
Schneider, N. F./Krüger, D./Lasch, V. u. a.: Alleinerziehen. Vielfalt und Dynamik einer Lebensform, Weinheim/München 2001.
Schütz, A./Luckmann, T.: Strukturen der Lebenswelt, Darmstadt 1975.
Schütze, F.: Prozeßstrukturen des Lebenslaufes, in: Matthes, J. u. a. (Hrsg.), Biographie in handlungswissenschaftlicher Perspektive, Nürnberg 1981.
Schütze, F.: Verlaufskurven des Erleidens als Forschungsgegenstand der interpretativen Soziologie, in: Krüger, H.-H./Marotzki, W. (Hrsg.), Erziehungswissenschaftliche Biographieforschung, Opladen 1995.
Selvini-Palazzoli, M. L./Boscolo, G./Cecchin, G. u. a.: Die Behandlung der Kinder durch die Kurztherapie ihrer Eltern, in: Selvini, M. H. (Hrsg.), Mara Selvinis Revolutionen. Die Entstehung des Mailänder Modells, Heidelberg 1992.
Sennett, R.: Der flexible Mensch. Die Kultur des neuen Kapitalismus, Gütersloh 2000.
Shazer, S. de: Kurzzeittherapie, Stuttgart 1989.
Simon, F. B./Stierlin, H.: Ein Vokabular. Die Sprache der Familientherapie, Stuttgart 1984.
Soest, G. v.: Der Hilfeplan im Rahmen einer partizipativen Jugendhilfe, Kassel 1998.

Statistisches Bundesamt (2004): Aktualisierte Tabellen zum Datenreport „Die Familie im Spiegel der amtlichen Statistik". Ausgewählte Ergebnisse des Mikrozensus 2003, Online im Internet: <http://www.bmfsfj.de/RedaktionBMFSFJ/Broschuerenstelle/Pdf-Anlagen/Familie-im-Spiegel-aktualisierte-Tabellen,property=pdf.pdf> [Stand: 1.9.2005].

Stierlin, H.: Eltern und Kinder. Das Drama von Trennung und Versöhnung im Jugendalter, Frankfurt a. M. 1980.

Stierlin, H./Simon, F. B.: Die Sprache der Familientherapie, Stuttgart 1984.

Straus, F./Höfer, R.: Kohärenzgefühl, soziale Ressourcen und Gesundheit. Überlegungen zur Interdependenz von (Widerstands-)Ressourcen, in: Wydler, H./Kolip, P./Abel, T. (Hrsg.), Salutogenese und Kohärenzgefühl. Grundlagen, Empirie und Praxis eines gesundheitswissenschaftlichen Konzepts, Weinheim/München 2000.

Straus, F./Höfer, R./Buchholz, W. u. a.: Die Bewältigung familiärer Probleme im sozialen Netzwerk – Überlegungen zur Praxisrelevanz der Netzwerkperspektive in der Familienarbeit, in: Keupp, H./Röhrle, B. (Hrsg.), Soziale Netzwerke, Frankfurt a. M./New York 1987.

Thiersch, H.: Lebensweltorientierte Soziale Arbeit. Aufgaben der Praxis im sozialen Wandel. Weinheim/München 1992

Trepper, T./Barrett, M.: Inzest und Therapie – Ein (system-)therapeutisches Handbuch, Dortmund 1991.

Trescher, H.: Behinderung als Praxis. Biographische Zugänge zu Lebensentwürfen von Menschen mit ‚geistiger Behinderung'. Bielefeld 2017.

Tronto, J.: Demokratie als fürsorgliche Praxis, in: Feministische Studien Fürsorge-Anerkennung-Arbeit (extra), 18/2000.

Uhlendorff, U.: Sozialpädagogische Diagnosen III. Ein sozialpädagogisch-hermeneutisches Diagnoseverfahren für die Hilfeplanung, Weinheim/München 1997.

Uhlendorff, U.: Hilfeplanung, in: Schröer, W./Struck, W./Wolff, M. (Hrsg.), Handbuch Kinder- und Jugendhilfe, Weinheim/München 2002.

Urban, U.: Individuelle Hilfeplanung im strukturellen Widerspruch Sozialer Arbeit, in: neue praxis, 4/2001.

Verband Katholischer Einrichtungen der Heim- und Heilpädagogik: Der Hilfeplan nach § 36 KJHG: eine empirische Studie über Vorgehen und Kriterien seiner Erstellung, Freiburg 1995.

Wallerstein, J./Lewis, J. M./Blakeslee, S.: Scheidungsfolgen – Die Kinder tragen die Last. Eine Langzeitstudie über 25 Jahre, Münster 2002.

Watzlawick, P./Beavin, J. H./Jackson, D. D.: Menschliche Kommunikation, Bern 1969.

Weiß, H. (Hrsg.): Frühförderung mit Kindern und Familien in Armutslagen, München/Basel 2000.

Wieners, T.: Familientypen und Formen außerfamilialer Kinderbetreuung heute. Vielfalt als Notwendigkeit und Chance, Opladen 1999.

Winkler, M.: Eine Theorie der Sozialpädagogik, Stuttgart 1988.

Wolff, R./Flick, U./Ackermann, T./Biesel, K./Brandhorst, F./Heinitz, S./Patschke, M./Robin, P.: Kinder im Kinderschutz. Zur Partizipation von Kindern und Jugendlichen im Hilfeprozess. Eine explorative Studie, Köln 2013.

Wulf, C./Althaus, B./Andehm, K.: Das Soziale als Ritual. Zur performativen Bildung von Gemeinschaften, Opladen 2001.

Wydler, H./Kolip, P./Abel, T. (Hrsg.): Salutogenese und Kohärenzgefühl. Grundlagen, Empirie und Praxis eines gesundheitswissenschaftlichen Konzepts, Weinheim/München 2000.

# Anhang

## 1. Interviewleitfaden Erwachsene

1. *Zu Beginn möchten wir mit Ihnen über Ihre allgemeine Lebenssituation sprechen.*

- Bitte erzählen Sie uns zuerst etwas über Ihre Familie: Wer gehört dazu, wer macht was, wie wohnen Sie und so weiter?
  (Alle Familienmitglieder – Alter – Beschäftigung (Zufriedenheit damit?) – bei Stieffamilien: wer gehört zu wem? – Wohnung: wie groß? – zufrieden damit/genug Platz für jeden? – Wie lange schon vor Ort? Zufriedenheit mit Wohnumfeld? – Nachbarn, Spielmöglichkeiten für Kinder – Eigene Eltern/Verwandte in der Nähe usw.)
- An dem Punkt möchten wir Sie um einige kurze Angaben zu Ihnen selbst und zu Ihrem Partner bitten:
  Wie alt sind Sie?
  Wo sind Sie geboren?
  Was für einen Beruf haben Sie erlernt, und welche Tätigkeit üben Sie jetzt aus?
  Was waren die Berufe Ihrer Eltern?

  *Zu Ihrem Partner/Ihrer Partnerin:*
  Wie alt ist er/sie?
  Wo ist er/sie geboren?
  Was für einen Beruf hat er/sie erlernt und welche Tätigkeit übt er jetzt aus?
  Was waren die Berufe seiner/ihrer Eltern?
- Eine Frage, die Sie nicht beantworten müssen, die uns aber doch wichtig ist: Wie viel Geld haben Sie monatlich zur Verfügung?
  (Größenordnungen: <1000 Euro, <1500 Euro, <2000 Euro, >2000 Euro
  Wie setzen sich die Einkünfte zusammen?)
- Reicht das für die Familie aus?
  (Taschengeld für die Kinder?)

2. *Wir möchten nun den Blick mit Ihnen eher in die Vergangenheit richten.*

- Könnten Sie uns bitte kurz Ihre persönliche Lebensgeschichte erzählen?
  (Herkunftsfamilie/deren Vorstellung von Familie/Erziehung), Ort, besondere Ereignisse, Ausbildung, berufliche Laufbahn, was hat insgesamt besonders geprägt? Evtl. Jahreszahlen erbitten!)
- Erzählen Sie uns bitte auch kurz die Geschichte der Familie!
  (Partner kennengelernt, Familiengründung, Kinder/Zuordnung verschiedene Partnerschaften, wer lebt wo; was für Erwartungen haben Sie an eine Partnerschaft? Haben sich diese bei Ihnen auch erfüllt?)
- Was hätte denn in Ihrem Leben rückblickend anders verlaufen können?
- Könnten Sie versuchen, ebenso kurz auch die Lebensgeschichte Ihres Partners zu erzählen?

3. *Wir möchten nun zur Gegenwart zurück kommen und Ihnen einige Fragen zum Alltag in Ihrer Familie stellen.*

- Könnten Sie uns bitte beschreiben, wie ein normaler Tag für Sie abläuft?
  (Zeiteinteilung, Zeit miteinander, gemeinsame Mahlzeiten, Möglichkeiten, etwas zu besprechen, Zeitknappheit? Wann Zeit füreinander?
  Hausaufgaben erledigen: wo, wie, mit wem?
  Kommt jemand am Tag mit seinen Interessen und Bedürfnissen zu kurz?
  Wer hat Stress? Warum?
  Was machen Sie abends, wenn die Kinder im Bett sind?)
- Wie sind die Aufgaben in der Familie verteilt? – Wer ist wofür zuständig?
  (einzelne Mitglieder, auch Kinder – Zufriedenheit mit Verteilung? Kontakte mit Ämtern/Institutionen – wer kümmert sich, wie hoch ist der Aufwand?)
- Wie sieht ein normaler Tag am Wochenende bei Ihnen aus?
  (wer entscheidet wie über Aktivitäten?)
- Gibt es bei Ihnen bestimmte Gewohnheiten, die allen Familienmitgliedern wichtig sind?
  (z. B. am Wochenende oder beim zu Bett gehen?)

4. *Bei den nächsten Fragen möchten wir uns eher auf die Erwachsenen in der Familie konzentrieren.*

- Könnten Sie bitte versuchen zu beschreiben, wie Sie sich selbst als Mutter/Vater sehen?
  (Erwartungen an sich selbst/Idealbild von Mutter/Vater/evtl. so wie eigene Mutter/Vater? Erwartungen der anderen Familienmitglieder – Zufriedenheit mit Rolle?)
- Welche besonderen Belastungen gibt es da für Sie?
  Fühlen Sie sich dabei gut genug unterstützt?
  (Aufgabenteilung – wer hilft wann? – auch Personen von außerhalb der Familie)
- Was bedeutet Ihre Familie insgesamt für Sie?
- Bitte beschreiben Sie uns auch, wie Sie Ihren Partner/Partnerin als Vater/Mutter sehen!
  (Wie sieht er/sie sich selbst – Erwartungen an seine/ihre Haltung ..., welche Aufgaben in der Familie)
- Welche besonderen Belastungen gibt es für ihn/sie?
- Wer unterstützt ihn dabei?
  (ausreichend? – wo erfährt er/sie Unterstützung durch wen?)
- An diese Stelle doch noch eine Frage zu den Kindern:
  Wie gehen die miteinander um?
  (wer spielt miteinander – wer hilft sich gegenseitig – Streitparteien usw., worüber wird gestritten)

5. *Die nächsten Fragen beziehen sich auf das Zusammenleben der ganzen Familie. Viele Dinge im Leben haben ja eine hellere und eine dunklere Seite.*

- Können Sie uns solche helleren und dunkleren Punkte im Zusammenleben der Familie beschreiben?
  (Worüber besteht Einigkeit, worüber wird gestritten?)
- Was sind in der Familie typische Anlässe von Streit? Wer streitet dann mit wem, und wie wird damit umgegangen?
  (Einzelne Familienmitglieder, wie reagieren sie, welches sind ihre Themen usw. – besteht Einigkeit mit dem Partner...? Worüber bestehen Konflikte in der Partnerschaft, wie werden sie gelöst?)

| |
|---|
| 6. *Das nächste Thema, über das wir mit Ihnen sprechen möchten, betrifft eher Ihre Kinder.*<br>• Wenn Sie Ihre Kinder der Reihe nach durchgehen, wie würden Sie die Einzelnen kurz beschreiben?<br>(besondere Themen, kurze Anekdoten – Beziehungen zwischen den Kindern – besondere Bedürfnisse, Eigenarten, Sorgen)<br>• Was ist Ihnen bei der Erziehung besonders wichtig?<br>(Kann das auch umgesetzt werden – was hindert Sie daran – wie sieht das der Partner – besteht da Einigkeit – warum nicht)<br>Erziehungsstil (neutral beschreiben): – was ist verboten – wie reagieren Sie auf ein Übertreten – reagieren Sie da immer gleich, oder manchmal auch anders?)<br>• Was sollten Ihre Kinder von Ihnen lernen?<br>• Welche Werte wollen Sie Ihnen vermitteln?<br>• Was ist in Hinsicht auf Ihre Kinder im Moment das Thema, worüber Sie sich am meisten Gedanken machen?<br>(Haben Sie das Gefühl, dass eins oder mehrere Kinder eher zu kurz kommen?)<br>• Was wünschen Sie Ihren Kindern für die Zukunft? |
| 7. *Das nächste Thema betrifft mögliche Hilfen für Sie und Ihre Familie.*<br>• Welche sind aus Ihrer Sicht die aktuellen Hauptschwierigkeiten, mit denen Sie persönlich oder die ganze Familie zu kämpfen haben, wo würden Sie sich mehr Unterstützung wünschen?<br>(Sie persönlich – die Eltern – die Kinder – die ganze Familie/Erziehung der Kinder?)<br>• Von wem würden Sie solche Hilfen erwarten?<br>• Wie gehen Sie selbst mit den Schwierigkeiten um?<br>(Was könnten Sie da noch anders machen?)<br>• Gibt es noch andere Menschen oder Gruppen, die für Sie eine Hilfe darstellen?<br>(eigene Eltern/Verwandte/Freunde/Nachbarschaft)<br>• Wie sind Ihre bisherigen Erfahrungen mit Einrichtungen wie Schulen, Kindergarten, Hort o. Ä.?<br>• Wie ist das bisher mit dem Jugendamt oder ähnlichen Einrichtungen gewesen, was für Hilfen haben Sie von dieser Seite schon erhalten?<br>(Anlässe für Hilfen/welche Probleme wurden berücksichtigt – Erfahrungen mit Hilfen/mit Jugendamt – waren sie hilfreich – wenn nein, warum, wenn ja, inwiefern – was kann mit welchen Mitarbeitern besprochen werden)<br>• Wie ist das im Moment? Welche Hilfen erhalten Sie, was soll laut Hilfeplan erreicht werden?<br>(wer hat entschieden, dass diese Hilfen geleistet werden sollen? ist das erreichbar – warum (nicht) – wer führt die Hilfen durch – Zufriedenheit damit – welche Probleme können damit gelöst werden, welche nicht?<br>• Wie müsste Ihrer Meinung nach ein idealer Hilfeplan für Ihre Familie aussehen?<br>(Was müsste er enthalten, und wer müsste daran beteiligt werden?) |
| 8. *Zum Schluss noch zwei Fragen:*<br>• Welche Pläne haben Sie für sich und für Ihre Familie? (Was wollen Sie gerne in den nächsten Jahren erreichen?)<br>• Wenn Sie drei Wünsche frei hätten, was würden Sie sich für sich selbst und für Ihre Familie wünschen?<br>Gibt es noch etwas, das Sie gerne ergänzen möchten, das noch nicht im Interview angesprochen wurde oder zu kurz gekommen ist? |

## 2. Interviewleitfaden Kinder/Jugendliche

| |
|---|
| 1. *Als erstes möchten wir mit dir über deinen Tagesablauf und deine Hobbys reden:*<br>• Wie sieht bei dir ein ganz normaler Tagesablauf aus? Was machst du alles von morgens bis abends? Beschreib doch mal!<br>• Was machst du meistens am Wochenende? (Eventuell das letzte Wochenende beschreiben lassen!)<br>• Was sind deine Hobbys? Was machst du gern, wenn die Schule vorbei ist und du deine Hausaufgaben erledigt hast? |
| 2. *Als nächstes möchten wir mit dir über deine Erfahrungen mit Schule und Ausbildung sprechen.*<br>• Auf welche Schule gehst du zurzeit? (In welche Klasse?) Welche Ausbildung machst Du zurzeit?<br>• Wie läuft es zurzeit in der Schule/mit der Ausbildung?<br>• Wie verstehst du dich mit den Lehrern/Ausbildern?<br>• Wie kommst du mit Deinen Mitschülern klar?<br>• Was könnte anders oder besser sein?<br>• Von welchen Einrichtungen außer Schule wirst du betreut (z. B. Hort, Tagesgruppe, Trainingskurs, Therapie ...)?<br>*Wenn ja:* Bist du mit der Betreuung zufrieden?<br>• Falls der Jugendliche Hilfen zur Erziehung in Anspruch nimmt:<br>Seit wann bist du in der ... Tagesgruppe/Beratung ...?<br>Was gefällt dir an dem Angebot gut?<br>Was gefällt dir nicht so gut? Was könnte besser sein?<br>• Welche Zukunftspläne hast du? (Was möchtest du später beruflich machen? Wie möchtest du später mal leben?)<br>• Denkst du, dass deine Pläne in Erfüllung gehen? Was muss passieren, damit sie sich erfüllen? |
| 3. *Bei dem nächsten Thema geht es um Freundschaft:*<br>• Hast du Freunde?<br>• Wo trefft ihr euch? Was macht ihr zusammen?<br>• Wo leben deine Freunde?<br>• Wie verstehst du dich mit den Kindern/Jugendlichen in deiner Nachbarschaft und in dem Stadtviertel (Dorf) hier?<br>• Welche Treffpunkte (Spielmöglichkeiten) gibt es hier in deiner näheren Umgebung? |
| 4. *Das nächste Thema, über das wir mit dir sprechen möchten, heißt Familie und Familienleben:*<br>• Mit wem wohnst du zurzeit zusammen?<br>• War das schon immer so?<br>• Seit wann wohnt ihr hier?<br>• Hast du ein eigenes Zimmer?<br>• Beschreib doch bitte mal kurz deine Familiengeschichte: Wo und bei wem bist du aufgewachsen? Wer hat sich alles um dich gekümmert?<br>• Welche Familienmitglieder kümmern sich zurzeit um dich, wer ist für deine Erziehung zuständig?<br>• Beschreib doch bitte kurz ein ganz normalen Tagesablauf in eurer Familie!<br>• Welche Mahlzeiten nehmt ihr gemeinsam ein?<br>• Was sind die Gelegenheiten, wo ihr – also du, deine Eltern und deine Geschwister – alle zusammenkommt?<br>• Wer macht bei euch was im Haushalt?<br>• Hilfst du auch mit im Haushalt?<br>• Welche Aufgaben im Haushalt machst du gern? Welche nicht so gern? |

- Findest du die Aufgabenverteilung in deiner Familie gerecht?
- Wie ist das mit den Hausaufgaben: Wo und wann machst du deine Hausaufgaben?
- Wer hilft dir bei den Hausaufgaben?
- Brauchst du noch mehr Unterstützung bei den Hausaufgaben?
- Jetzt hast du uns erzählt, wo und welche Unterstützung du bei den Hausaufgaben benötigst. Gibt es noch andere Bereiche, wo du Hilfe oder Unterstützung brauchst?
- Wie ist das mit den anderen Familienangehörigen: Braucht deine Mutter im Alltag noch mehr Unterstützung? Wenn ja, wo und wie?
- Wie ist das bei deinem Vater? Braucht er Unterstützung im Alltag, also hier in der Familie? Wenn ja, wo und wie?
- Wie siehst du das bei deinen Geschwistern? Brauchen sie mehr Hilfe und Unterstützung? Wenn ja, wo und wie?
- Beschreib doch mal deinen Vater!
- Wie verstehst du dich zurzeit mit deinem Vater?
- Beschreib doch mal deine Mutter.
- Wie verstehst du dich zurzeit mit deiner Mutter?
- Beschreib auch deine Geschwister. Wie verstehst du dich zurzeit mit ihnen?
- Wie ist das mit deinen Großeltern? Hast du Kontakt zu ihnen, kümmern sie sich um dich?
- Wie verstehen sich deine Eltern zurzeit?
- Gibt es auch mal Ärger oder Streit bei euch zu Hause?
  (*Wenn ja:* Wann gibt es meistens Streit? Worum geht es?)
- Wenn es Ärger oder Streit gibt, wie wird das dann geregelt? Wie vertragt ihr euch wieder?
- Wie reagieren deine Eltern auf dich, wenn du etwas tust, was sie nicht mögen, oder was sie dir verboten haben?
- Wie ist das mit Verbieten und Strafen bei euch zu Hause?
- An welche Regeln musst du dich in der Familie halten?
- Findest du die Regeln gerecht? Was könnte anders sein?
- Wie würdest Du die Erziehung deiner Eltern beschreiben? Sind sie eher streng oder nicht so streng?
- Wenn du Vater/oder Mutter wärst, was würdest du anders machen?
- Wie läuft zurzeit das Zusammenleben in der Familie?
- Was könnte in deiner Familie oder im Haushalt anders, also besser sein?
- Wenn du einen Hilfeplan oder Änderungsplan für dich oder deine Familien aufstellen könntest, was müsste er enthalten?
- Was wünscht du dir für deine Familie?
- Wenn du drei Wünsche frei hättest, was würdest du dir für dich wünschen?

## 3. Interviewleitfaden für das Gespräch mit der zuständigen Fachkraft

- Könnten sie die familiären Probleme aus Ihrer Sicht beschreiben?
- Worin sehen Sie die Hauptursachen der familiären Schwierigkeiten?
- Welche Hilfen wurden bisher von der Familie in Anspruch genommen?
- Wie würden Sie den Erziehungsstil der Eltern beschreiben?
- Welche Hilfen bräuchten die einzelnen Familienmitglieder?
- Welche der genannten Hilfen sind umsetzbar? Welche der genannten Hilfen sind nicht umsetzbar – und aus welchem Grund?
- In welche Helfernetze sind die Familienmitglieder zurzeit eingebunden?
- Welche Hilfen bräuchte die Familie oder einzelne Familienmitglieder darüber hinaus?
- Welche Hilfeangebote wären vom Jugendamt aus möglich?
- Wie sieht die Zusammenarbeit zwischen Ihnen und der Familie aus? Was ist gut, was könnte besser sein?

## 4. Auswertungskategorien

1. *Biografische Erfahrungen und Familiengeschichte*

- Herkunftsmilieus: Berufe der Großeltern väterlicher- und mütterlicherseits, soziale und ökonomische Familiensituation der väterlichen und mütterlichen Familie
- Lebensstationen bis zur Familiengründung: wichtige Kindheits- und Jugenderfahrungen, Ausbildung von Vater und Mutter
- Wichtige Familienstationen (chronologisch), zentrale familiäre Ereignisse, kritische Lebensereignisse: Belastungen und Schwierigkeiten der Familienmitglieder (Vater/Mutter/Kinder) während der Vergangenheit (z. B. Verschuldung, Drogen, Erziehungsprobleme, Gewalt, Ehekrisen)
- Umgang mit lebenszyklischen Übergängen

2. *Sozioökonomische Rahmenbedingungen*

- Derzeitige berufliche Situation bzw. Tätigkeit
- Wohnbedingungen: Größe der Wohnung, Art des Wohnviertels, Nachbarschaft
- Ungefähre Höhe des Einkommens, finanzielle Belastungen (z. B. Verschuldung)
- Zufriedenheit mit der sozioökonomischen Lebenssituation

3. *Erfahrungen mit öffentlichen Institutionen*

- Wichtige Erfahrungen mit öffentlichen Institutionen während der Vergangenheit: Kindergarten, Schule, Jugendamt, Einrichtungen der Jugendhilfe, Psychiatrie etc.
- Derzeitige Einbindung der Familie in das öffentliche „Helfernetz“, v. a. Zusammenarbeit mit der Jugendhilfe
- Aktuelle Erfahrungen mit Institutionen, aktuelle Erwartungen an Institutionen

4. *Einbindung in informelle Unterstützungs- und Helfersysteme*

- Unterstützung durch Großeltern, andere Verwandte, ehemalige Partner etc.
- Unterstützung durch Freunde, Vereine, Gruppen, Nachbarschaft etc.

5. *Aktuell relevante sozialpädagogische und therapeutische Belastungen der Familienmitglieder*

- Noch aktuell als belastend erlebte biografische Erfahrungen der Erwachsenen wie z. B. sexueller Missbrauch oder Gewalt in der Herkunftsfamilie
- Aktuelle soziale, psychische, gesundheitliche und materielle Belastungen der Kinder oder Erwachsenen: Erziehungsprobleme, psychische Störungen, Suchtprobleme, Verschuldung, Paarkonflikte, beengter Wohnraum etc.

| |
|---|
| 6. *Familiäre Arbeitsteilung*<br>• Berufliche Tätigkeiten<br>• Wer macht was im Haushalt?<br>• Wer macht was in Bezug auf die Außenkontakte der Familie?<br>• Allgemeine Erfahrungen und Einschätzungen: Zufriedenheit, familiäre Streitpunkte, Änderungswünsche etc. in Hinblick auf die Arbeitsteilung<br>• Wer ist für Grenzsetzung und Entscheidungsfindungen zuständig?<br>• Zuständigkeit für die emotionale und körperliche Fürsorge der Kinder<br>• Arbeitsteilung in Bezug auf die Paarbeziehung<br>• Aufgabenverteilung unter Einbezug der Großeltern und anderer Verwandter |
| 7. *Familiäre Zeitstruktur*<br>• Tagesablauf an den Wochentagen, Ablauf der Wochenenden: gemeinsame Zeit/Aktivitäten; individuelle Zeitpläne<br>• Regelmäßige Gewohnheiten<br>• Zukunftsvorstellungen/offene Vergangenheitsthemen<br>• Zeitrituale (z. B. Feste, bei denen die Großfamilie zusammenkommt) |
| 8. *Kindererziehung*<br>• Erfahrungen der Elternteile mit der eigenen familiären Erziehung<br>• Erfahrungen mit der Aufgabenteilung in der Herkunftsfamilie<br>• Erziehungsziele: Was sollen die Kinder lernen?<br>• Erziehungswerte: Was ist eine gute bzw. schlechte Erziehung?<br>• Beschreibung der Erziehungsstile (z. B. Verhältnis von Erlauben und Verbieten, Strafen)<br>• Erfahrungen mit Erziehungskonflikten |
| 9. *Selbstbilder und Personenentwürfe*<br>• Selbstbeschreibungen/Selbstbilder (Wie sehe ich mich selbst?): persönliche Vorbilder, Selbstbeschreibung als Vater/Mutter bzw. Mann/Frau<br>• Fremdbilder: Wie nehmen sich die jeweiligen Familienmitglieder selbst wahr? Wie werden die jeweiligen Familienmitglieder von anderen Personen beschrieben? Wie nehmen mich die anderen wahr?<br>• Selbstbewertung und Leidensdruck<br>• Beschreibungen der anderen Familienmitglieder/Zuschreibungen: Wie sehe ich die anderen Familienmitglieder?<br>• Verhältnis von Selbstsorge und Fürsorge (für Kinder und Partner)<br>• Aufgaben und Delegationen durch die eigenen Eltern: Was soll ich sein?<br>• Personenbezogene Zukunftsentwürfe: Wie möchte ich mich persönlich verändern? Wie sollen sich die anderen Familienmitglieder verändern? |
| 10. *Familiäre Interaktionserfahrungen, Fürsorgemuster, Bindungen*<br>• Typische Konflikte, Formen gegenseitiger Fürsorge und Unterstützung etc.: Wie gehen die Familienmitglieder miteinander um?<br>• Familiäre Alltags- und Fürsorgerituale<br>• Umgang der Eltern mit den Kindern (Eltern-Kind-System)<br>• Rollenzuschreibungen der Eltern an die Kinder (Sündenbock etc.)<br>• Rolle der Kinder für die Eltern (z. B. Parentifizierung oder Identifikation der Kinder mit anderen Erwachsenen z. B. mit dem Ex-Partner)<br>• Umgang der Eltern miteinander (Elternsystem)<br>• Umgang der Kinder miteinander (Kindersystem)<br>• Interaktion der Großeltern und anderer Familienmitglieder<br>• Ähnlichkeiten Kinder-Eltern-Großeltern (insbesondere gleichgeschlechtlich)<br>• Verpflichtungen der Eltern ihren eigenen Eltern/Schwiegereltern gegenüber (Pflege/Konfliktbeteiligung etc.) |

| *11. Allgemeine Normen und Werte*<br>• Allgemeine Verhaltensnormen<br>• Religiöse und kulturspezifische Werte<br>• Politische Werte<br>• Männer und Frauen betreffende Werte<br>• Werte im Vergleich zu den eigenen Eltern/Schwiegereltern |
|---|
| *12. Partnerschaftskonzepte*<br>• Gegenseitige Erwartungen in der Partnerschaft<br>• Kooperationserfahrungen<br>• Gemeinsame Ziele<br>• Einfluss der Kinder auf die Probleme der Partnerschaft<br>• Liebe und partnerschaftliche Fürsorge<br>• Partnerschaftserfahrungen in früheren Beziehungen/Ehen<br>• Partnerschaftliche Arbeitsteilung<br>• Konfliktthemen und Umgang mit Unterschieden<br>• Einfluss Eltern/Schwiegereltern |
| *13. Subjektiver Hilfeplan*<br>• Wünsche nach persönlicher Unterstützung<br>• Erwartungen an die institutionellen und informellen Helfersysteme<br>• Vorstellungen, wie die Familienprobleme gelöst werden können/„Änderungstheorie"<br>• Veränderungsziele |

## 5. Übersicht über die Deutungsmuster in 12 Erfahrungsdimensionen

### 1. *Biografische Leidensmuster*

| | | |
|---|---|---|
| Deutungsmuster 1: | Das Leben als durchgängige Leidensgeschichte | 29 Familien |
| Deutungsmuster 2: | Das Leben als Erfahrung des Scheiterns der eigenen Familiengründung | 22 Familien |
| Deutungsmuster 3: | Das Leben als eine mit Erziehungsproblemen belastete Eltern-Kind-Beziehung | 17 Familien |
| nicht zuzuordnen bzw. Mischtypen | | 9 Familien |

### 2. *Sozioökonomische Rahmenbedingungen*

| | | |
|---|---|---|
| Deutungsmuster 1: | „Sehr zufrieden, keine Einschränkungen" | 13 Familien |
| Deutungsmuster 2: | „Reicht so, wir sind sparsam" | 41 Familien |
| Deutungsmuster 3: | „Es reicht nicht" | 18 Familien |
| nicht zuzuordnen bzw. Mischtypen | | 5 Familien |

## 3. *Erfahrungen mit professionellen Helfersystemen*

| | | |
|---|---|---|
| Deutungsmuster 1: | Professionelle Hilfe als Schicksalsschlag in Bezug auf ein Kind | 14 Familien |
| Deutungsmuster 2: | Lange Suche nach passender Hilfe für das Kind | 14 Familien |
| Deutungsmuster 3: | Professionelle Hilfe als Schicksalsschlag in Bezug auf die Familie | 18 Familien |
| Deutungsmuster 4: | Leben mit professionellen Helfersystemen | 23 Familien |
| nicht zuzuordnen bzw. Mischtypen | | 8 Familien |

## 4. *Einbindung in informelle Helfersysteme*

| | | |
|---|---|---|
| Deutungsmuster 1: | Eingebundene Familien | 14 Familien |
| Deutungsmuster 2: | Familiensolidarität | 19 Familien |
| Deutungsmuster 3: | Freunden und Nachbarn | 12 Familien |
| Deutungsmuster 4: | Nicht eingebundene Familien | 16 Familien |
| Deutungsmuster 5: | Ein guter Freund/eine gute Freundin | 11 Familien |
| nicht zuzuordnen bzw. Mischtypen | | 5 Familien |

## 5. *Aktuell relevante familiäre Belastungen*

| | | |
|---|---|---|
| Deutungsmuster 1: | Erwachsenenzentriertes Belastungsmuster | 27 Familien |
| Deutungsmuster 2: | Kindzentriertes Belastungsmuster | 27 Familien |
| Deutungsmuster 3: | Zirkuläres Belastungsmuster | 20 Familien |
| nicht zuzuordnen bzw. Mischtypen | | 3 Familien |

## 6. *Familiäre Arbeitsteilung*

| | | |
|---|---|---|
| Deutungsmuster 1: | Partnerschaftliche Arbeitsteilung | 20 Familien |
| Deutungsmuster 2: | „Allzuständigkeit“ | 28 Familien |
| Deutungsmuster 3: | Dynamisch-gleichgewichtete Arbeitsteilung | 8 Familien |
| Deutungsmuster 4: | Dynamisch-personenzentrierte Arbeitsteilung | 14 Familien |
| nicht zuzuordnen bzw. Mischtypen | | 7 Familien |

## 7. *Familiäre Zeitstruktur*

| | | |
|---|---|---|
| Deutungsmuster 1: | Kindzentriertes Zeitkonzept | 18 Familien |
| Deutungsmuster 2: | Konkurrentes Zeitkonzept | 34 Familien |
| Deutungsmuster 3: | Synchrones Zeitkonzept | 10 Familien |
| Deutungsmuster 4: | Erwachsenenzentriertes Zeitkonzept | 7 Familien |
| nicht zuzuordnen bzw. Mischtypen | | 8 Familien |

## 8. *Erziehungsprobleme*

| | | |
|---|---|---|
| Deutungsmuster 1: | „Wir sind uns über die Erziehung der Kinder nicht einig“ | 19 Familien |
| Deutungsmuster 2: | „Ich erziehe inkonsequent“ | 5 Familien |
| Deutungsmuster 3: | „Kinder brauchen Liebe – mir wächst alles über den Kopf“ | 21 Familien |
| Deutungsmuster 4: | „Ich kann mein Kind nicht erreichen – die emotionale Basis fehlt“ | 8 Familien |
| Deutungsmuster 5: | Keine belastenden Probleme | 10 Familien |
| nicht zuzuordnen bzw. Mischtypen | | 14 Familien |

## 9. *Selbstzufriedenheit in Bezug auf familiäre Aufgaben und Beruf*

| | | |
|---|---|---|
| Deutungsmuster 1: | Selbstzufriedene | 13 Familien |
| Deutungsmuster 2: | Selbstkritische | 33 Familien |
| Deutungsmuster 3: | Frustrierte | 17 Familien |
| Deutungsmuster 4: | Gegensatz-Familien | 11 Familien |
| nicht zuzuordnen bzw. Mischtypen | | 3 Familien |

## 10. *Bewältigung familiärer Konflikte – ‚Konfliktkultur‘*

| | | |
|---|---|---|
| Deutungsmuster 1: | Leidenschaftlich-verbindende Konfliktkultur | 11 Familien |
| Deutungsmuster 2: | Beziehungsorientiert-destruktive Konfliktkultur | 26 Familien |
| Deutungsmuster 3: | Sachbezogen-erfolgreiche Konfliktkultur | 19 Familien |
| Deutungsmuster 4: | Sachbezogen-scheiternde Konfliktkultur | 6 Familien |
| nicht zuzuordnen bzw. Mischtypen | | 15 Familien |

## 11. *Partnerschaftserleben*

| | | |
|---|---|---|
| Deutungsmuster 1: | Familienintegrierte Partnerschaft | 14 Familien |
| Deutungsmuster 2: | Identität von Familie und Partnerschaft | 3 Familien |
| Deutungsmuster 3: | Partnerschaft und Familie sind nicht vereinbar | 25 Familien |
| Deutungsmuster 4: | „Männer machen nur Theater“ | 29 Familien |
| nicht zuzuordnen bzw. Mischtypen | | 6 Familien |

## 12. *Subjektiver Hilfeplan*

| | | |
|---|---|---|
| Deutungsmuster 1: | Kunde | 38 Familien |
| Deutungsmuster 2: | Selbstheiler | 7 Familien |
| Deutungsmuster 3: | Kompensierer | 27 Familien |
| nicht zuzuordnen bzw. Mischtypen | | 5 Familien |

# 6. Eltern- und erwachsenenbezogene Konfliktthemen

*Konfliktthemen innerhalb des ersten „Hauptclusters":*

| | | |
|---|---|---|
| 1.1 | „Da standen wir plötzlich vor einer ganz neuen Situation" – situativ erzwungene Neuorientierung in Familie und Arbeitswelt | 3 Familien |
| 1.2 | „Wir (ich) schaffe(n) es einfach nicht, uns (mir) über die Kindererziehung Gedanken zu machen" – die Eltern sind sehr stark belastet, deshalb fällt es ihnen schwer, ein Erziehungskonzept zu entwickeln | 5 Familien |
| 1.3 | „Irgendwie haben wir vieles nicht so umsetzen können, wie wir es uns gewünscht haben" – Scheitern an hoch gesteckten Lebens- und Erziehungszielen | 4 Familien |

*Konfliktthemen innerhalb des zweiten „Hauptclusters":*

| | | |
|---|---|---|
| 2.1 | „Wenn wir uns als Eltern gut verstehen, dann klappt es auch mit der Kindererziehung" – Familie mit schwierigem Kind und engagiertem Vater | 5 Familien |
| 2.2 | „Beruf und Familie unter einen Hut zu bekommen, ist manchmal ganz schön schwierig" – Konkurrenz von beruflicher Selbstverwirklichung und Familienpflichten, abwesende Väter, beruflich engagierte Mütter, „schwierige Kinder" | 7 Familien |
| 2.3 | „Wir haben ganz unterschiedliche Vorstellungen von Erziehung" – Kinder, die nicht in die Fußstapfen der Väter treten wollen und von den Müttern verwöhnt werden, Väter, die sich vom Familienleben zurückziehen | 4 Familien |
| 2.4 | „Wir kümmern uns sehr viel um das Kind, da bleibt keine Zeit für uns" – Balance zwischen der Erziehung des schwierigen Kindes und der Sorge um sich selbst und den Partner | 5 Familien |
| 2.5 | „Wir (Eltern) kreisen ständig um uns selbst, und die Kinder geraten aus dem Ruder" – Erwachsene sind mit familiärer Neuorganisation beschäftigt und in Paarkonflikte verstrickt, Kinder werden auffällig | 4 Familien |

*Konfliktthemen innerhalb des dritten „Hauptclusters":*

| | | |
|---|---|---|
| 3.1 | „Und trotz alledem will ich eine gute Mutter sein" – Muttersein unter extremen Belastungen, Mutter-Rolle als biografischer Anker und als Herausforderung | 5 Familien |
| 3.2 | „Ich muss aufpassen, dass ich nicht noch vollständig resigniere" – subjektives Scheitern als Elternteil, der Familie droht die Auflösung | 3 Familien |

*Konfliktthemen innerhalb des vierten „Hauptclusters“:*

| | | |
|---|---|---|
| 4.1 | „Irgendwie muss ich auch zu mir selbst kommen, ich will nicht nur Mutter/Vater sein“ – psychosozial stark belastete Alleinerziehende mit schwierigen Kindern | 12 Familien |
| 4.2 | „Das Schlimmste ist das Finanzielle halt… meine Kinder sollen es mal besser haben“; Leben in Armut: Arbeitslose Alleinerziehende oder Paare mit gescheiterten Partnerschaften und stark belasteten Kindern, Wunsch nach beruflicher Integration | 5 Familien |

*Konfliktthemen innerhalb des fünften „Hauptclusters“:*

| | | |
|---|---|---|
| 5.1 | „Kann ich eine gute Mutter und gleichzeitig eine gute Partnerin sein?“ – Biografisch stark belastete Frauen ringen um ihre Rollen als Mütter und Partnerinnen | 4 Familien |
| 5.2 | „Wir lieben und streiten uns, aber können wir auch eine gute Familie sein?“ Familiäre Reorganisation ist durch kindbezogene Probleme, Streit unter den Partnern oder schwierige Stiefkind-Beziehung belastet | 4 Familien |
| 5.3 | „Männer müssen sein, aber nicht immer!“ – Mütter mit starken Belastungen durch frühere Partnerschaften, Männer, die gerne Väter sein wollen: Mütter im Zwiespalt zwischen Partnerschaft und Autonomie | 3 Familien |
| 5.4 | „Ich habe keine Gelegenheit, mich als Familienvater zu beweisen“ – Frustrierte Männer, Familien in Neuorganisation mit Rollenkonflikten und individuellen Belastungen der Erwachsenen und der Kinder | 4 Familien |

# 7. Eltern- und erwachsenenbezogene Hilfethematiken

| | | |
|---|---|---|
| 1. | „Wie erziehe/n ich/wir die Kinder?“ Suche nach Handlungsorientierungen und Handlungsmöglichkeiten in der Funktion als erziehende Eltern | 12 Familien |
| 2. | „Wer macht was in der Familie?“ Klärung der Elternrollen und Zeitkonzepte im Hinblick auf die Verantwortlichkeiten und Aufgaben in der Familie | 25 Familien |
| 3. | „Welche Ressourcen habe ich als Mutter?“ Wahrnehmung der Elternrolle unter besonders schwierigen individuellen Voraussetzungen | 8 Familien |
| 4. | „Rauskommen“ Wunsch nach Entlastung von der Elternrolle und Beseitigung von Armut durch berufliche Integration | 17 Familien |
| 5. | „Können wir gute Eltern und gute Partner sein?“ Vereinbarkeit von Intimität in der Paarbeziehung und Eltern-Kind-Beziehung | 15 Familien |

## 8. Familiäre Aufgabentypen

| | | |
|---|---|---|
| 1. | „Fürsorgefamilien“: Ganzheitliche Fürsorge für Mutter und Kind | 22 Familien |
| 2. | „Paarkonfliktfamilien“: Abstimmen wechselseitiger Erwartungen im Elternsystem und Generationengrenzen wiederherstellen | 11 Familien |
| 3. | „Erziehungskonfliktfamilien“: Vater-Sohn-Beziehung stärken | 7 Familien |
| 4. | „Überlastungsfamilien“: Mütter entlasten, familiäre Aufgaben neu verteilen | 6 Familien |
| 5. | „Neugründungsfamilien“: Vereinbarkeit von Partnerschaft und Familie klären, ein zukunftsfähiges Familienkonzept fördern | 5 Familien |
| 6. | „Verselbstständigungsfamilien“: Die familiäre Ablösung der Kinder begleiten, den Dialog zwischen den Generationen fördern | 12 Familien |
| nicht zuzuordnen bzw. Mischtypen: | | 14 Familien |

## 9. Diagnosemanual (Beispiel: Herr Fuchs)

### *1. Verlauf biografischer Belastungen*

| Biografische Zeiträume mit Belastungen / Belastungsverlauf | Belastungen seit der Kindheit | Belastungen seit der eigenen Familiengründung |
|---|---|---|
| Durchgängiger Belastungsverlauf | x | |
| Vorübergehender (episodischer) Belastungsverlauf | | |

### *2. Sozioökonomische Rahmenbedingungen*

| (subjektive) Einschätzung / Familien-einkommen/Person | keine Einschränkungen | Ausreichend, mit Einschränkungen | Nicht ausreichend |
|---|---|---|---|
| Circa 550 Euro | | | x |

## 3. *Erfahrungen mit professionellen Helfersystemen*

| Zeitlicher Verlauf des Kontaktes / Fokus der Hilfen | Episodisch/unvermittelt einsetzend | Kontinuierlich (langer Prozess über größere biographische Abschnitte) |
|---|---|---|
| Überwiegend ein Kind | ? | |
| Mehrere familiäre Subsysteme | | |

## 4. *Einbindung in informelle Helfersysteme*

| Nachbarschaft/ Freunde / Verwandtschaft/ erweiterte Familie | Häufige Kontakte und hohes Hilfepotenzial | Keine oder sehr wenige Kontakte, geringes Hilfepotenzial |
|---|---|---|
| Häufige Kontakte und hohes Hilfepotenzial | | |
| Keine oder sehr wenige Kontakte, geringes Hilfepotenzial | | × |

## 5. *Aktuell relevante Belastungen*

*1. Vorwiegend erwachsenenzentrierte Belastungen* ☒

- Die kindbezogenen Probleme treten zeitlich nach den Problemen der/des Erwachsenen auf.
- Die Erwachsenen beschreiben eigene Belastungen in folgenden Bereichen: noch aktuell wirksame biografische Belastungen und kritische Lebensereignisse, aktuelle Paarkonflikte, Probleme mit der dritten Generation.
- Die Erwachsenen stellen einen Zusammenhang zu den Problemen der Kinder her.

*2. Vorwiegend kindzentrierte Belastungen* ☐

- Die kindbezogenen Probleme treten zeitlich vor den Problemen der/des Erwachsenen auf.
- Die Erwachsenen beschreiben keine eigenen Belastungen bzw. Belastungen, die sie auf die Probleme der Kinder zurückführen.
- Wenn die Erwachsenen Belastungen beschreiben, sind sie entweder auf die Belastungen durch die Kinder zurückzuführen bzw. sind unabhängig von diesen (z. B. Belastungen durch die eigenen Eltern).

| *3. Vorwiegend zirkulärer Belastungen* ❑ |
|---|
| • Kind- und erwachsenenbezogene Probleme lassen sich chronologisch in keinen Zusammenhang stellen bzw. eine zeitliche Zuordnung lässt sich nicht treffen.<br>• Die Erwachsenen beschreiben eigene Belastungen in folgenden Bereichen: noch aktuell wirksame biografische Belastungen und kritische Lebensereignisse, aktuelle Paarkonflikte, Probleme mit der dritten Generation.<br>• Die Erwachsenen beschreiben Eltern-Kind-Konflikte bzw. Auswirkungen der kindlichen Belastungen auf die Beziehungsebenen der zweiten und dritten Generation.<br>• Die Erwachsenen führen die kindlichen Probleme auf die eigenen Belastungen zurück bzw. den Kindern werden Merkmale zugeschrieben, die auf Belastungsbeteiligte hindeuten. |

## 6. *Familiäre Arbeitsteilung*

| Aufgabenverteilung quantitativ / Rollendynamik | Aufgaben sind nicht personenzentriert | Aufgaben sind personenzentriert |
|---|---|---|
| Rollendynamik schwach | | x |
| Rollendynamik stark | | |

## 7. *Familiäre Zeitstruktur*

| Bedürfnisse der Kinder / Bedürfnisse der Erwachsenen | Werden berücksichtigt | Werden nicht berücksichtigt |
|---|---|---|
| Werden nicht berücksichtigt | x | |
| Werden teilweise berücksichtigt | | |
| Werden stark berücksichtigt | | |

## 8. *Kindererziehung – Erziehungsprobleme*

### 8.1 *Problemstellungen an der Nahtstelle zwischen Erziehungskonzept und Erziehungsverhalten im Alltag (Performanz)*

| Performanz / Konzept | Konsequente Umsetzung des Konzepts im Alltag | Inkonsequente bzw. ambivalente Umsetzung des Konzepts im Alltag |
|---|---|---|
| Strenger Erziehungsstil, klare Regeln, Prinzipien und Grenzen | | |
| Permissiver Erziehungsstil, verständigungsorientiert | | x |
| Oder: Kein Konzept erkennbar, Erziehungsstil wird kaum reflektiert oder widersprüchliches Konzept | | ❑ |

### 8.2 *Problemstellungen an der Nahtstelle zwischen normativen Erwartungen und emotionaler Unterstützung*

| Emotionale Zuwendung / Normative Erwartungen | Die Eltern geben dem Kind emotionalen Rückhalt und Fürsorge | Der emotionale Rückhalt des Kindes durch die Eltern (oder durch ein Elternteil) ist schwach, Fürsorgestrukturen sind eher schwach |
|---|---|---|
| Hohe Verhaltenserwartungen der Eltern an die Kinder, spezifische (altersentsprechende) normative Erwartungen | | |
| Eher niedrige Verhaltenserwartungen an das Kind, die normativen Erwartungen sind eher gering oder sehr allgemein | x | |
| Oder: Ambivalent, schwer zuzuordnen | | ❑ |

## 9. *Selbstbilder/Selbstzufriedenheit*

| Berufliche Rollen / Familienbezogene Rollen | Überwiegend zufrieden | Eher unzufrieden |
|---|---|---|
| Überwiegend zufrieden | | x |
| Eher unzufrieden | | |

## 10. *Interaktionserfahrungen „Konfliktkultur"*

| Konfliktfolgen / Konfliktthemen | Verbindend, lösend | Trennend, keine Lösung |
|---|---|---|
| Beziehungsorientierte Konflikte | | |
| Inhaltliche Konflikte | x | |

## 11. *Partnerschaftskonzepte*

| Aktuell dominante Bewertung von Intimität (Fürsorge und Gemeinsamkeiten) / Vereinbarkeit von Intimität mit familiären Aufgaben | Überwiegend positive Bewertung | Überwiegend negative Bewertung bzw. fehlende Beschreibung von Intimität |
|---|---|---|
| Vereinbar | | x |
| Nicht vereinbar | | |

## 12. *Subjektiver Hilfeplan*

| Erwartungen an professionelle Helfersysteme / Reflexion bzgl. eigenen Belastungen und Ressourcen | Hoch | Eher gering |
|---|---|---|
| Hoch | | x |
| Eher gering | | |